中国工程院院士
是国家设立的工程科学技术方面的最高学术称号，为终身荣誉。

中国工程院院士传记

伦世仪传

陈坚 王武 主编

人民出版社
中国轻工业出版社

内 容 简 介

《伦世仪传》分为十五章，以自述与他述方式相交集，写出了伦世仪院士青少年阶段的时代背景及艰难曲折的求学历程；写出了他终生服务于高等教育事业，不断培元固本、守正创新，引领学科发展，为发酵工程与环境生物工程等领域做出重大贡献的故事；本书也以客观平实的语气，力求彰显伦世仪院士谦逊、低调、朴拙的品格与师德风范。

图书在版编目（CIP）数据

伦世仪传 / 陈坚，王武主编．— 北京 ：中国轻工业出版社，2022. 10
（中国工程院院士传记）
ISBN 978-7-5184-3860-0

Ⅰ. ①伦… Ⅱ. ①陈… ②王… Ⅲ. ①伦世仪—传记
Ⅳ. ①K826. 15

中国版本图书馆 CIP 数据核字（2022）第 005967 号

中国工程院院士传记　伦世仪传
Zhongguo Gongchengyuan Yuanshi Zhuanji　Lun Shiyi Zhuan

责任编辑：江　娟
策划编辑：江　娟　　责任终审：唐是雯　　封面设计：锋尚设计
版式设计：徐　晖　　责任校对：朱燕春　　责任监印：张　可

出版发行：中国轻工业出版社（北京东长安街 6 号，邮编：100740）
印　　刷：北京君升印刷有限公司
经　　销：各地新华书店
版　　次：2022 年 10 月第 1 版第 1 次印刷
开　　本：720×1000　1/16　印张：22. 25
字　　数：288 千字　插页：12
书　　号：ISBN 978-7-5184-3860-0　定价：98. 00 元
邮购电话：010-65241695
发行电话：010-85119835　传真：85113293
网　　址：http：//www. chlip. com. cn
Email：club@ chlip. com. cn
如发现图书残缺请与我社邮购联系调换
211155Z1X101ZBW

中国工程院院士、江南大学教授伦世仪

1983 年 9 月，伦世仪（前排右一）随轻工部食品科学教育考察团访问美国

1983年9月，轻工部食品科学教育考察团访问美国期间全体成员在威斯康星大学校园与Johnson博士夫妇合影（左一伦世仪）

1983年9月，伦世仪（右一）随团访问美国威斯康星大学

1983年9月，伦世仪在美国普渡大学校标前留影

1984年，发酵工程系首任系主任伦世仪向发酵学科奠基人朱宝镛及资深教授请教（左一朱宝镛，左二王鸿祺，左三伦世仪，左四檀耀辉）

1985年，伦世仪（左二）和学生在一起

1986，伦世仪（右一）陪同世界银行贷款项目专家现场检查工作

1986年，经国务院学位委员会专家评审，批准伦世仪为博士生导师。图为伦世仪指导前三位博士生（右一伦世仪，右二曹宁军，左一陈坚，左二夏友坤）

1986年，伦世仪参加李建科硕士学位答辩会，并同答辩委员成员合影（左起伦世仪、王慕臧、向瑞春、朱宝镛、王鸿祺、吴佩琮、李建科）

1987年6月，伦世仪（左一）在第四届欧洲生物工程学术会议的论文摘要厅内，与日本北海道大学高尾彰一教授及其博士研究生合影

1987年6月，伦世仪在第四届欧洲生物工程学术会议期间访问瓦格宁根大学的微生物学系和污染控制系，参观UNSB系统的三相分离装置

1987年6月，伦世仪（左一）在第四届欧洲生物工程学术会议期间，应邀下榻位于荷兰阿姆斯特丹的荷兰友人寓所

1987年11月，伦世仪在全国高校发酵（生物化工）学科教学研讨会上发言

1988年12月，伦世仪（后排右三）和无锡轻工业学院新老领导与校友毛庚年率队的香港荃湾区议会代表团在校园内合影

1988年，伦世仪（前排右一）参加无锡轻工业学院首位博士毕业生陶文沂答辩会留影

1988年，伦世仪（前排右一）参加无锡轻工业学院首位博士毕业生陶文沂答辩会

1988年，伦世仪在全国第二次发酵工程学术讨论会议上发表题为“毒害性化合物的就地生物去毒和降解”的大会报告

1988年12月，伦世仪（右一）在校园内与校友毛庚年握手交谈

1988年12月，伦世仪教授在85级发酵专业研究生毕业答辩会上1

1988年12月，伦世仪（右一）在85级发酵专业研究生毕业答辩会上2

1990年年底，粮食部科技司在徐州酒精厂主持现场鉴定会，伦世仪主持完成国家“七五”重大攻关项目“酒精发酵废水生产单细胞蛋白”，图为伦世仪在鉴定会上做工作汇报

1990年，伦世仪参加陈坚博士学位论文答辩会后合影［左起分别为曹宁军（秘书）、吴佩琮、章克昌、丁霄霖、赵一章、张坤民、王鸿祺、伦世仪、陈坚］

1990年，伦世仪（右四）在德国斯图加特霍恩海姆大学与对方首席代表——食品科学家 Hammes（左一）会谈两天，就中德联合食品研究所项目进行磋商

1991年5月13日，伦世仪（左一）在UASB技术研究鉴定会上

1992年4月，国务院学位委员会颁发给伦世仪的感谢信和奖牌

1992年4月，伦世仪与国务院学位委员会颁发给他的感谢信和奖牌

1992年，高尾彰一奖学金颁奖仪式（左三伦世仪）

1992年11月1～6日，伦世仪（右一）在美国化学工程师学会1992年年会期间与该学会主席、里海大学Humphrey院士及其夫人合影

1992年11月1～6日，伦世仪应邀参加在美国迈阿密举行的美国化学工程师学会1992年年会

1994年1月17日，伦世仪在表彰优秀研究生导师会上

1995年5月，伦世仪当选中国工程院院士，图为中国工程院院士证书封面

1995年5月，伦世仪当选中国工程院院士，图为中国工程院院士证书内页1

1995年5月，伦世仪当选中国工程院院士，图为中国工程院院士证书内页2

1995年，伦世仪（前排左三）参加第三届三次国务院学位委员会评议组会议在北京京西宾馆合影

1995年11月，轻工部教育司组团访问日本多所大学（后排左二伦世仪）

1996年5月11日，伦世仪（右一）与来校进行“211”工程预审的专家在一起交谈

1996年5月11日，伦世仪（左）与来校进行“211”工程预审的专家在专家楼交谈

1996年，接待校友秦含章先生来访，于生物工程学院前合影（前排右一伦世仪，前排右四秦含章）

1997年，伦世仪（右排中）访问德国波恩大学食品微生物系

1997年，伦世仪在部级教学成果一等奖、国家级教学成果二等奖鉴定会上做工作报告

1997年5月6日，伦世仪（右二）被解放军总后勤部军需部聘为军需科技发展特邀顾问

1997年5月6日，伦世仪（中）被聘为解放军总后勤部军需部军需科技发展特邀顾问后合影留念

1997年9月，伦世仪（前排左8）参加普通高校轻工、食品类专业教学指导委员会会议后合影

1997年11月，伦世仪（前一排左十一）参加第三届国际酒文化学术研讨会合影

1997年11月，伦世仪（右）在第三届国际酒文化学术研讨会上发言

1999年，伦世仪（左一）、陈坚（左二）指导博士生

2000年4月5日，伦世仪（右）在校2000年研究生工作会议上发言

2002年5月21日，伦世仪院士（中）和姚穆院士（左一）接受学生采访

2008年，在江南大学纪念建校50周年庆祝大会上，伦世仪院士（右）被授予“江南大学终生成就奖”

2015年，伦世仪（左）和陈坚（右）为“伦世仪教育基金”成立揭牌

2018年11月，伦世仪（左）在江南大学纪念建校60周年校友大会上与陈坚校长（右）合影

2018年11月，伦世仪（左一）在江南大学纪念建校60周年校友大会上和校友季克良（右一）、陈坚（左二）合影

2019年年底，伦世仪夫妇和两位院士弟子一门三院士——伦世仪院士（左二），陈坚院士（左一），任洪强院士（右一）

伦世仪院士（1986 年）

伦世仪院士（1989 年）

伦世仪院士（1999 年）

中国工程院院士传记丛书

本书编委会

主　编　陈　坚　王　武

编　委　堵国成　倪松涛　刘　龙　刘延峰　王　维
王能文

校　审　倪松涛　蔡爱国

总 序

20世纪是中华民族千载难逢的伟大时代。千百万先烈前贤用鲜血和生命争得了百年巨变、民族复兴，推翻了帝制，肇始了共和，击败了外侮，建立了新中国，独立于世界，赢得了尊严，不再受辱。改革开放，经济腾飞，科教兴国，生产力大发展，告别了饥寒，实现了小康。工业化雷鸣电掣，现代化指日可待。巨潮洪流，不容阻抑。

忆百年前之清末，从慈禧太后到满朝文武开始感到科学技术的重要，办“洋务”，派留学，改教育。但时机瞬逝，清廷被辛亥革命推翻。五四运动，民情激昂，吁求“德、赛”升堂，民主治国，科教兴邦。接踵而来的，是18年内战、14年抗日和4年解放战争。恃科学救国的青年学子，负笈留学或寒窗苦读，多数未遇机会，辜负了碧血丹心。

1928年6月9日，蔡元培主持建立了中国近代第一个国立综合性科研机构——中央研究院，设理化实业研究所、地质研究所、社会科学研究所和观象台4个研究机构，标志着国家建制科研机构的诞生。20年后，1948年3月26日遴选出81位院士（理工53位，人文28位），几乎都是20世纪初留学海外、卓有成就的科学家。

中国科技事业的大发展是在新中国成立以后。1949年11月1日成立了中国科学院，郭沫若任院长。1950—1960年有2500多名留学海外的科学家、工程师回到祖国，成为大规模发展中国科技事业的第一批领导骨干。国家按计划向苏联、东欧各国派遣1.8万名各类科技人员留学，全都按期回国，成为建立科研和现代工业的骨干力量。高等学校从新中国成立初期的200所增加到600多所，年招生增至28万人。到21世纪初，高等学校有2263所，年招生600多万人，科技人力总资源量超过5000万人，具有大学本科以上学历科技人才达1600万人，已接近最发达国家水平。

新中国成立60多年来，从一穷二白成长为科技大国。年产钢铁从1949年的15万吨增加到2011年的粗钢6.8亿吨、钢材8.8亿吨，几乎是8个最发达国家（G8）总年产量的2倍，20世纪50年代钢铁超英赶美的梦想终于成真。水泥年产20亿吨，超过全世界其他国家总产量。中国已是粮、棉、肉、蛋、水产、化肥等世界第一生产大国，保障了13亿多人口的食品和穿衣安全。制造业、土木、水利、电力、交通、运输、电子通信、超级计算机等领域正迅速逼近世界前沿。"两弹一星"、高峡平湖、南水北调、高公高铁、航空航天等伟大工程的成功实施，无可争议地表明了中国科技事业的进步。

党的十一届三中全会以后，实行改革开放，全国工作转向以经济建设为中心。加速实现工业化是当务之急。大规模社会性基础设施建设、大科学工程、国防工程等是工业化社会的命脉，是数十年、上百年才能完成的任务。中国科学院张光斗、王大珩、师昌绪、张维、侯祥麟、罗沛霖等学部委员（院士）认为，为了顺利完成中华民族这项历史性任务，必须提高工程科学的地位，加速培养更多的工程科技人才。中国科学院原设的技术科学部已不能满足工程科学发展的时代需要。他们于1992年致书党中央、国务院，建议建立"中国工程科学技术院"，选举那些在工程科学中做出重大的、创造性成就和贡献、热爱祖国、学风正派的科学家和工程师为院士，授予终身荣誉，赋予科研和建设任务，请他们指导学科发展，培养人才，对国家重大工程科学问题提出咨询建议。中央接受了他们的建议，于1993年决定建立中国工程院，聘请30名中国科学院院士和遴选66名院士共96名为中国工程院首批院士。1994年6月3日，召开了中国工程院成立大会，选举朱光亚院士为首任院长。中国工程院成立后，全体院士紧密团结全国工程科技界共同奋斗，在各条战线上都发挥了重要作用，做出了新的贡献。

中国的现代科技事业比欧美落后了200年，虽然在20世纪有了巨大进步，但与发达国家相比，还有较大差距。祖国的工业化、现代化建设，任重道远，还需要数代人的持续奋斗才能完成。况且，世界在进步，科学无止境，社会无终态。欲把中国建设成科技强国，屹立于世界，必须持续培养造就数代以千万计的优秀科学家和工程师，服膺接力，担当使命，开拓创新，更立新功。

中国工程院决定组织出版“中国工程院院士传记”丛书，以记录他们对祖国和社会的丰功伟绩，传承他们治学为人的高尚品德、开拓创新的科学精神。他们是科技战线的功臣、民族振兴的脊梁。我们相信，这套传记的出版，能为史书增添新章，成为史乘中宝贵的科学财富，俾后人传承前贤筚路蓝缕的创业勇气、魄力和为国家、人民舍身奋斗的奉献精神。这就是中国前进的路。

宋健

2012年6月

序

经过一年多的精心筹备和撰写，《伦世仪传》终于脱稿了。作为伦世仪院士的学生，我感到非常欣慰、非常开心。

本书共分为十五章，介绍了伦世仪院士鲜为人知、曲折坎坷的童年经历，孜孜以求、勤奋上进的求学过程；讲述了他在江苏南京和无锡不同时期的教学、科研和管理工作的业绩；表达了他守正创新、与人为善、敦朴清廉的嘉德禀赋；记载了他在发酵工程与环境生物工程领域一生奋斗不懈的故事，彰显出他对相关领域教育与科研的卓著贡献。

在一般年轻学子的眼里，老院士们可能离他们很远，完全不同的成长年代，条件艰苦的治学环境，高不可及的学术水平。的确，老一代科技与工程泰斗是在现今一代人难以理解的状况下，为了彻底改变祖国曾经落后的科技实力和物质条件，孜孜求索、不懈进取、尽其所能，义无反顾地担起党和国家所交付的重任，开辟和发展出一个又一个科学技术领域。许多故事即使已经过去很久，但它仍然是一个蕴含丰富的“聚宝盆”。我们后辈学者有责任、有义务去挖掘，梳理他们的理想、思维和谋略，让这些宝贵的、不可多得的精神财富，代代相传并发扬光大。这就是撰写本书的初衷。

伦世仪院士平实而不平凡的人生中，有许多可圈可点的故事，本书由于篇幅所限只介绍了其中一部分，还有一些可能已经淹没在年代久远的旅途辙痕中。如何全面、客观、恰当地描述伦世仪院士的形象特点，并非易事。倘若塑造成“高大上”的人物形象，那不是他的风格所在，亦非他的性情使然；他自己不希望，我们也不打算这样误导读者。因此，我们还是以实事求是的态度、朴实无华的语言，原原本本地阐述他对高等教育的贡献，也映衬他那执着、朴拙和低调的特质。

希望本书对学术界以及后来人而言，能转化为润物细无声的生动教育。

谨以此书向我们的老师伦世仪院士致以崇高的敬意！

中国工程院院士、江南大学教授

陈坚

2022年6月

自　序

抗日战争爆发那年，我初小毕业。当年底，我随家人从出生地——山东诸城县城逃亡到农村，过着动荡艰难的生活。幸而村里有几位从城市辍学的青年，义务为我们几个因战乱而失学的儿童补课，使得我于1941年夏季考入山区一所免费的初级中学。那里的教师大多是为了避难从京、津、沪等著名大学返乡的中青年教师和学生，他们给我以启蒙教育，促成了我学习进取的意志和毅力。但好景不长，两年后我又因战乱而失学。因我不愿在敌人统治下的学校里读书，便于1944年初离乡外出寻求受教育机会，进入皖北的一所专门接纳战区流亡学生的中学继续学习，时年15岁。

1944年秋后，日军攻占了平汉铁路，学校奉命西迁陕南。少数有家庭依靠的学生车船代步，我只得背负单薄的行囊，随同年长的同学徒步西行，途径南阳、十堰，逆汉江峡谷而上，沿途历经艰难，于年底到达陕西汉阴县。次年初夏，就在那里完成了我的初中学业。不久，我和一位有意报考大学的同学结伴，搭便车去重庆，找到了舅父家，受到亲切的接纳。1945年8月在沙家坪，我享受到了抗战胜利的欢乐，又接到了设在青木关的国立中央大学附中高中部的录取通知书。从此，我才有了一个比较稳定的学习环境。

1948年，我于位于江苏南京的国立中央大学附中高中毕业，随即被保送到国立中央大学就读，我自愿选择了农业化学系。该系当时有两个学科方向：一是土壤学，二是发酵工学。我选了后者，这是在既缺乏咨询，又无长者指导的情况下选择的，我全凭一时的感觉。不久之后，我才愈发觉得这个选择是我的幸运。此前我并不太清楚发酵工学的学科内涵是什么，更不知道，20世纪40年代初期，由于多领域学者的协同努力，解决了在发酵过程中连续供氧、严格确保无杂菌等前所未有的难题，使得抗生素家族的第一个成员——青霉素的发酵工业蓬勃兴起，随之一门新兴学科——生化工程学也就诞生了。与此同时，从1928年弗莱明发现青霉素的经典方法中，微生物学家们总结出一整套从自然界筛选各类目标微生物的原则以及行之有效的改善代谢性能的物理和化学方法，这实际上揭开了新时代发酵工学及产业的序幕。

1952年全国高等学校院系大调整，南京工学院（现为东南大学）从南京大学分裂出来，南京大学、浙江大学、武汉大学等校的应用微生物学类的学科合并，在南京工学院成立了当时国内的第一个发酵专业。作为发酵专业的学生，我毕业前在上海第三制药厂实习，那是一个以国外先进设备重点建设的青霉素生产实验基地，由著名的业界前辈童村先生任厂长，厂里汇集了数百名不同学缘的大学毕业生。同班12位同学中有5位毕业后也加入了这个行列，我则留校当助教。这次实习留给我的印象和影响极为深刻。20世纪50年代末，代谢调控育种技术得到应用，继抗生素系列之后的第二大系列需氧发酵产品——氨基酸类以及多种微生物酶的发酵工业陆续问世，蓬勃发展。面对日新月异的科技进步，备感自身知识之贫乏，只得在工作之余潜心自学，以求进取。但这种做法为当时所难容。

“文革”中期，我被认定为在资产阶级教育大染缸中受染太深，不适合继续任教的一类人，于是被迫“靠边站”。所幸当时江苏无锡有一家创建不久、以生产多种微生物酶制剂而闻名的新型发酵工厂，承担着多项国家科研课题，亟需多学科人才协同攻关。借此契机，该厂提出借调我到厂里参与科研工作，直至1978年底，我才返校恢复教职。在此期间，我受到身边科技人员及工人师傅的信任和支持，得以在当时很有限的条件下尽我所能努力工作。作为技术负责人，我完成了该厂承担的一项国家研发课题——食品级枯草芽孢杆菌液化型淀粉酶的精制研究，制订出一条经济可行、成品符合世界卫生组织（WHO）卫生标准的工艺路线，并设计了一整套非标准试验设备，不但促进了酶制剂产品升级，还明显减轻了原工艺造成的严重环境污染。那几年无锡酶制剂厂因工艺落后，致使发酵残留菌体自溶而产生难闻气味；工艺提取过程残留的硫酸盐在工厂附近的缺氧水体中被微生物进一步还原生成硫化氢，也造成恶臭，这促使我对国内发酵工业面临的难题及发酵工学教育的问题展开深层次的思考。

发酵工程在传统上重视从自然界选育具有所希望的代谢途径和相应高活性酶系的微生物，以期生物合成出许多具有重要用途的化合物，这对提高人们的生活质量和振兴国民经济当然是很重要的，这是发酵工程的主要使命。另外，自然界中广泛分布的异养微生物群体能将复杂的有机化合物降解成简单的无机物，使之返回到生态系统的元素循环中去，这对维持生态系统的可持续发展起着不可或缺的作用。设想若无这种机制的存在，地表必定早已被动植物的残体所覆盖，环境中有限的元素只被消耗而不能自然循环的情景是不堪设想的。由于后来人类社会的迅猛发展，仅靠天然的微生物自净化作用早已不可能维持生态系统的平衡。

重返校园执教，我决定将生物工程发扬光大的同时，以发酵工程与环境工程交叉结合，作为另一研究方向，着力从工程角度，利用和强化微生物的分解代谢功能，使之对液态、固态、气态不同形态存在的天然有机污染物及毒害性化合物进行降解和矿化，发挥出环境生物技术的学科交叉优势。这是一类挑战性很强的课题，通过多年的潜心研究，我们在现代发酵技术和环境生物技术方面取得一些成绩，我有幸于 1995 年当选为中国工程院院士。

但我深刻认识到环境生物治理还有很长的路要走。目前最令我欣慰的是，后起之秀正在成长。我的研究生中不乏志同道合的人，我培养的一名博士已成为我校最年轻的教授和博士生导师，以他的清华大学环境工程专业的根基，又吸取了发酵工程学科的营养，如今已成长为我校环境生物技术这一交叉学科的带头人，2017 年，他也当选为中国工程院院士。我的另一名博士毕业生任洪强，也是环境科技与工程领域的带头人之一，现在是南京大学知名教授，他于 2019 年也当选为中国工程院院士。

作为一位大学教师，尽管面临科学技术创新和拔尖人才培养等诸多方面的挑战，但我还是觉得乐在其中。

伦世仪

2021 年 12 月

目 录

第一章 家乡诸城故土回顾

中国工程院成立伊始，就于 1994 年 9 月开展了增选院士的工作，首次按照新的程序和规定，在全国各有关方面对候选人认真提名、遴选的基础上，经过 6 个学部全体院士的两轮评审、民主商议，最后进行差额、不计名投票选举，于 1995 年产生了 216 名中国工程院院士，其中就有伦世仪院士。

第一节　出身诸城的伦世仪院士

一、伦世仪院士的简介

伦世仪，汉族，山东诸城人。1954 年于南京工学院发酵工学专业本科毕业。1954—1985 年，分别在南京工学院、无锡轻工业学院任助教、讲师、副教授；1986—2018 年，在无锡轻工业学院、无锡轻工大学、江南大学任教授、博士生导师。1984—1989 年，担任无锡轻工业学院发酵工程系主任。为著名的发酵工程学家，国家级发酵工程重点学科奠基人之一。曾任国务院学位委员会第二届、第三届、第四届学科评议组成员；第三届、第四届轻工纺织学科组召集人；担任中国食品科学技术学会常务理事，《生物工程学报》《工业微生物》编委等。1995 年当选中国工程院院士。

在改革开放恢复研究生培养的初期阶段就参与该项工作，基于对研究生培养质量的重视，和长期工作在培养第一线的工作实践，从 1983 年至退休前夕，通过营造优良的学术研究氛围，建立导师与研究生互动机制，实施全过程精细培养管理，逐步形成了“以形成敏锐的科研意识为基础，掌握正确的科研方法为核心，激发坚韧的科学精神为内涵”的一整套高层次人才培育思想和切实可行的培养实践体系，培养出优秀的博士、硕士人才40余人，其中两名博士人才后期在环境生物工程领域做出卓越的学术贡献，分别在2017年、2019年当选为中国工程院院士。

从繁忙的教书育人岗位上卸下重任后，伦世仪院士有了精力开始回忆自己的青少年时代。他将自己的回忆片段陆续整理成文字，准备留给子女。他的自述材料栩栩如生地反映出他的故乡、他的童年、他那艰难曲折的求学历程，以及走上教师岗位的早年经历。

图1-1　伦世仪院士证件照

伦世仪院士证件照见图1-1。

二、故乡诸城历史文化厚重

山东诸城走出了两位中国科学院院士和一位中国工程院院士，也许当地悠久的历史文化对幼年的他们有着潜移默化的影响。关于山东各市县的历史文化，学界历来有“诸城厚，安丘透，博山秀”之说。诸城文化历经千年漫长历史的积淀，其内涵当然是非常丰富的。“厚”字可引申为“博大厚重”。在遥远、漫长的纪元史前时代，诸城地区处在中原文化与东夷文化的交界处，两种文化的交流、碰撞，使这一地区的文化高度发达，充满活力。一部诸城文化史，其实就是一部源远流长、波澜壮阔的地域文明史的缩影，她与中华民族的命运休戚相关。

诸城一带诞生了诸多历史人物。

舜——轩辕黄帝八世孙，中华民族共同始祖之一，父系氏族社会后期东夷部落首领，“三皇五帝”之一。

公冶长——孔子弟子，七十二贤之一。

伏无忌——东汉时期的经学大家，居山东琅琊东武（一说原籍诸城人）。

张择端——闻名世界的中国绘画大师，山东诸城人，宋徽宗时供职翰林图画院，作品《清明上河图》《金明池争标图》等，皆为我国古代艺术珍品。

苏轼与超然台——苏轼虽不是诸城人，但在此地任职两年多，勤于政事，修造了破败的城楼台，苏辙题名为“超然台”，意：超然物外，无往不乐。

王尽美——中国共产党创始人之一，山东中国共产党组织最早的组织者和领导者。

……

受过良好教育、学识渊博的诸城人不胜枚举，诸城人厚朴敦良，在非常艰辛的年代中执着不怠，想方设法创造条件，争取受到最好的教育，诸城唯一的伦姓家族何尝不是这样。

三、本县只有一支伦姓人家

在伦世仪院士的回忆录中记述：“我的老家在山东诸城县台下街。1937 年冬季因日军入侵，全家逃到 35 华里外的范家车村——我的外婆家，遗憾的是，从此再也没有回迁。在我的记忆中，印象最深的是那座高大的‘超然台’，它就建在台下街南端，紧接城内最热闹的县前大街的北端。小时候，常常爬上这个著名的观景台玩耍，年幼无知，对建筑内的塑像碑文等则熟视无睹。中学时代我读了苏东坡的《超然台记》，才知道自己幼年时期对东坡圣贤似乎有点大不敬，心中难免有了几分歉意。1995 年秋，有机会回访故土诸城县台下街，返乡怀旧的旅程之一便是寻找‘超然台’，岂料当年的超然台荡然无存，几位当地老人把我带到了当年的遗址，大家在原址上非常惋惜地顿足敲地、摇头叹息：‘超然台原先就建在这儿的！’（据资料记载显示，诸城市委和市政府于 2007 年 2 月决定重建‘超然

台'并于 2009 年完成，图 1-2）

图 1-2 超然台

当年在诸城县城，伦姓只有一支，共三户人家。听说我的曾祖父母膝下有两个儿子。我对叔祖父这支家庭不甚了解。祖父在我出生之前已经逝世。祖母高氏，1939 年因胃病逝于范家车村，享年 70 岁。

父亲伦仲奇，是我祖父母的独子。祖父去世后他从济南高中毕业回家继承父业，入县立第一小学高小部任教。据祖母说祖父曾在青岛经营布业，失利后回诸城购田地 50 亩，此地租收益和父亲的工资是我家经济收入的全部。1937 年底避难范家车村后父亲失业在家。战乱时期，每年父亲只能收得一些多少难以预测的收益，加上早年的些许积蓄，全家得以维持生活。但父亲终年疾病缠身，对家庭的未来前景满怀忧虑，极度压抑。1944 年秋，父亲因肺结核晚期，不治病逝，很可惜年仅 42 岁。

我的母亲范氏，生育了近 10 个子女，在那个流行病猖狂、没有特效药的年代，麻疹继发肺炎或痢疾是无情的杀手，最终只成活了我们兄弟 4 人。我的小弟在父亲去世前 2 年出生，是母亲最疼爱的儿子，他的成长过程给过她极大欣慰，然而在他初中三年级时，在未成年的年纪，以莫须有的反革命罪名，被判8年冤狱，给母亲带来难以想象的痛苦。母亲于小弟出狱后的第三年，1971年7月，因肝癌去世，享年69岁。我1943年底离家后，与她只相聚过两次，第一次是1952年我在济南三舅父家养病时，第二次是1962年，她由弟弟世杰陪同来无锡老轻院相聚后，她便和世杰返回范家车村了。1970年初，世杰通知我，母亲在潍坊医院被诊断患了肝癌，希望我去见最后一面，可是当时无锡的‘文化大革命’尚未结束，我竟然被牵扯入一桩莫须有的‘5.16’案件中，成为被审查的、顽固不认账的对象，不得脱身。此案一直拖到1972年9月30日才结束，最终撤销了对我的监控，最后以相关负责人向我当面道歉而告终。可是我失去了与母亲告别的最终机会，后来听说，母亲临终前凝视着我们当时那张家人已不齐全的合影，久久不肯放下。这是我心中难解的、终生的愧疚。

在我成长的过程中，母亲娘家人给予我很多的帮助。除了给我们家提供落脚之处，还在我童年辍学阶段为我进行了阅读指导、答疑。我在国立中央大学读书期间，还得到了在南京国民政府工作的三舅的帮助。在1949年2~3月，三舅夫妇打起行囊，说要去广西与李宗仁会合（据说当时三舅是国民党30余位中央常委之一，是要求蒋介石下台的积极分子），带着儿子们离开南京走了。5月份上海刚解放不久，三舅家4人出乎意料地回到了南京。原来三舅早已决心与国民党决裂，他联络一些留下的同事们发表了脱离国民党、拥护共产党的声明。回南京后不久就应民革中央的邀请，加入民革，并赴京任民革中央组织部副部长。我的表弟志禹与志尧同年夏季分别考入国立中央大学和华东军政大学。还有一位表兄志民当时以国立中央大学艺术系四年级学生的身份参军，其后转业，在上海艺术出版社任主编。

我于1943年底离家求学后不久，解放军进入了五莲地区，我的大哥世任和三弟世杰先后都受到共产党的教育。土改开始前，他们将家中的地契上交当地政府，因而土改时家中未受过分的冲击，但母亲被定为‘地主分子’。世杰参军从事医务工作；世任先后担任区的完小校长，后任县的教师进修学校校长，为当时文化落后的五莲县做出了贡献。他们退下来后皆为离休干部。

1995年初秋，小弟世荣陪我回诸城老家——五莲县城范家车村，并回访了大榆林中学旧址。最大的收获是在范家车村见到了久别的世任大哥和未曾见过面的大嫂孙秀兰。他们夫妇家有三间砖瓦平房，院子里有盛开的花卉和一眼唧筒式机井，饮用及洗涤尚称方便。大哥对自己的生活很是满足，自称每月离休工资500元，是本村的‘首富’。离开时大哥拿200元给我，我说我的工资比他多，我应该给他才对，他说我的应酬多，所以他该给我。我当然没接受，但是他的宽厚和质朴令我极为感动。这是我第一次近距离地认识和亲近我的大哥，也是这次故乡之行的最大收获。”

即便到了耄耋之年，伦世仪院士回忆起那个生活时间不算很长的故乡诸城，和那些接触时间不算多的兄弟们，依然有着剪不断的思绪和割不舍的情结。

第二节　基础教育阶段的艰难岁月

一、小荷开始露出了尖尖角

伦世仪于2014年写给儿女的一份往事回忆中，提到自己幼年的故事，他回忆道：“因为母亲范氏共生育了十个子女，她长年处于生育、照顾幼婴的状态，我是由祖母带大的，从记事直到1939年祖母病逝，我一直跟着祖母生活，晚上就睡在她的身旁。父亲就是小学教师，他当然非常重视子女的基础教育，孩子们都得送出去念书，这是天经地义的事。记得当年我就读的是诸城县立观海书院小学(县立第一小学)。

刚上小学一年级时，每日清晨祖母就把我叫醒，帮我穿衣洗脸、背上书包，塞给我几个小铜板。我跑出家门，跟着我的七姑伦钟秀去上学。七姑在小学附近的初级师范学校读书，她走路很快，绰号叫‘小飞轮’，因此跟在她身旁的小侄子只得跑步上学了。中途常在一个定点的小摊上吃早点：一碗粥，可能还有油条；若时间来不及，买几粒生汤团，边走着，边吞下去就算了。不久七姑毕业了，我就得学会掌控时间，徒步独立上学了。”

伦世仪院士说：“很奇怪，至今我竟然还记得小学一年级的一些事情，甚至记得多篇语文的课文内容，如手拍手，拍拍手；排排坐，吃果果；哥哥大，拍大球；弟弟小，拍小球；还记得孔融让梨，曹冲称象，司马光砸缸以及课本中相应的插图等。”可见幼年的伦世仪就已呈现出读书很投入、记忆力超强的优点。他甚至还记得那位级任老师比较凶。同一课桌、共坐一条长凳的那个同学身体不适出了丑，被后排同学举报，那位老师不问青红皂白，就命令两个同桌的孩子都得当众验明，被连带的幼年伦世仪深感委屈，号啕大哭，他却不晓得要老师当面说声“对不起”，多年之后仍有些耿耿于怀。

伦世仪院士说：“父亲把大哥世任和弟弟世杰安排到其他学校就读，他们在县政府大院旁边的县立第六小学读书，该校离家很近，也是一所有名的小学。父亲就在那里任教，兼顾他们也很方便的。因为父亲是高小部的教师，我小时候不知道他教的是哪门课，后来才知道他是美术教师。

接着形势严重恶化，日军大面积攻入山东，很快占领了诸城县城，并开始沿着潍县到台儿庄的公路向南继续进犯。尤其是在台儿庄大决战期间。当时有多支游击队活跃在台潍公路的两侧，或夜间挖断公路，或敷设地雷，趁机伏击日军的运输汽车队。母亲的娘家在范家车村，这个村庄坐落在公路的东侧，至公路的直线距离不足 10 里，中间横隔着一条高数十米称为“北岭”的丘陵。国运多舛、民不聊生的年代，根本无法保证一个幼童能够正常学完小学阶段的基础功课。我在懵懂之年就跟随家庭开始了逃难迁居、四处求学的生活。”

二、避难不误养成自学习惯

“母亲范氏家族相对殷实，在当地也是有一定名望的乡绅。伦家于 1937 年举家避难迁往范家车村。那个村庄坐落在称为‘南岭’的山岭下面。那个时期的孩子们已经对日军深恶痛绝，自然而然也有着高度的警觉性。幼年的我跟着村里的孩子们，每天早晨爬上南岭，一边收割、整理着柴草，同时警惕地观察着北岭那边的动静。一旦发现有任何异动，就发出警报，村民便举家上岭，以躲避日军突然进村烧杀抢掠。

1939—1940 年期间，台潍公路沿线的日军把注意力放在控制交通干线方面，他们离开驻军据点、四处骚扰的军事行动略微减少，范家车村一带总算可以稍稍缓口气。但那个时期的小学教育处于半瘫痪状态，幸亏我的舅舅们都有文化，家中的古典小说也不少。翻翻看看《三国演义》和《西游记》，有时让我非常入迷。有问题便可请教舅舅们。五舅教孩子们一起读《三字经》，选读和背诵《古文观止》中一些容易理解的段落。早年我还能熟练背诵诸葛亮的《前出师表》的重点片段，而如今能背出的只剩下‘先帝创业未半而中道崩殂’了。

范家要求孩子们在农忙季节必须干些力所能及的农活。五舅还教过我如何独立管理一小块菜地。白日我常与当村农家孩子一起上南岭割草、捡柴，晚上到河边的树林里，寻找那些从地表下破土，刚爬上树干，但尚未脱壳的蝉蛹，炒了后可以吃。乡土的日子在战争的威胁下，苦苦挣扎，自寻其乐。

我的父亲擅长美术，手也很巧，钓鱼的鱼钩也是自制的，父亲将缝衣针烧红，在针尖附近割出一个倒刺，让吞了饵的鱼儿脱不了钩。当时的孩子们从心底佩服他的手艺，和父亲一起到小河边钓鱼，便是我们儿时的快乐时光。晚饭后在院子里，坐在小板凳上仰望满天的星星，在大人的指点下，观察着被银河隔在两岸的牛郎星和织女星，听大人讲述传说中的神话和故事，也是蛮惬意的时光。

夏日里，便和村里的孩子们在村边河里裸身游泳，这好像成了我每日的必修课，没有什么行家指教，全是手足并用、轮番击水的‘狗刨式’，游不了多快的。上岸后偶尔也会捡起薄瓦片，在河面上打起石片水漂。有一次我打得出奇地好，那瓦片在水面上几度弹跳跃起，竟然击中了对岸河面上一位表侄子的头皮，孩子们喊道：‘谁干的？见血了！’把我吓了一跳，心中十分内疚，好在他的头皮很快就愈合了。就这样读点书，找点乐，在范家车村过着无拘无束的日子，根本不曾考虑过自己的未来。”

三、初中教师出自名牌大学

伦世仪院士回忆：“十三岁了，父亲突然命令大哥伦世任和我准备好过冬的衣物行装，到 80 里外五莲山下的一所新建的初中（诸城县立大榆林初级中学）去读书，学费全免。那里离敌占区相对较远。当时我没有问父亲，他是如何为儿子们报名的。只是推想他可能早已知道这所学校的筹办背景，也可能是通过被聘在榆林初中任音乐或美术教职的老同事办理的。”

伦世仪院士记得，校长是山东保安第二师的师长张步云。报考者必须先领准考证，通过语文和算术考试，另外还要通过体检，最后要由校长张步云亲自面试。他并未完成小学六年的完整学业，这次算是高跳一级半，争取直接考入初一就读。他的语文和算术的功底自不必说，至于口试，他说没有留下多少清晰的记忆。

伦世仪院士对初中老师们的姓名和特点记得一清二楚：“听说诸

城县几位颇具影响力的文人高参常为张校长出谋划策，这所中学的教师多是由高参们推介的，在战乱的时期，榆林初中能聘请到一批出色的教师队伍，实属不易。其中就有，教务主任王志毅，兼任英语和物理教师，他是北京大学物理系毕业的；王志毅夫人王佰莉，生物学教师，是南开大学毕业的；化学教师张达干，出自清华大学化工系；数学教师祝子眉，原为山东大学数学系讲师；地理教师郭老师，同济大学毕业生。只有音乐、美术教师是来自原县立观海书院小学的丘润生和臧阶平，他们都曾是我父亲的同事。语文和历史两位老师则是身着长袍的老者。”

特别是前几位中青年老师都显得神采奕奕，才学并茂，在少年伦世仪的眼中，他们是那么有学问，他就希望自己将来能成为老师那样的人。之所以至今伦世仪院士还记得初中老师的姓名和当年的容颜。可能正是因为当年的懵懂少年有了心目中的样板，有了个崭新的梦想，于是开始明白，在求知成长的道路上应该尽自己最大的努力。

“全县城只有这么一所省立的初级中学，1941 年上初一时只有一个班，同学的年龄差距很大，我是班上年龄最小的。有位男同学已有了一个幼儿，他的文言体作文得到老师加倍的称赞，令同学们很是佩服。那时的初一数学课上，就出现过‘鸡兔同笼’的算术题，按照老师教的方程式计算，觉得有点困惑。到了初二学习代数了，豁然开朗，觉得用代数解题，太不成个问题了。”

伦世仪院士还记得：“校长张步云的两个儿子与我同班，二人竟然佩着短枪来上课，其实初二年段时，我的成绩非常优秀，但在第二学期即将结束时，驻防在日照一带的国民政府军（于学中将军辖下）对省保安二师张步云的师部发起了夜袭，这一带又成了战区，榆林初中办不下去，我只好再回到范家车村。解放后得知：于学忠部曾经获悉张步云部有投敌的意向，故而先发制人。后来听说，张步云果然投靠了日寇，还率部重返五莲山旧地；再后来张步云部被解放军击溃，张步云只身逃往青岛，最终被告上军事法庭，处以死刑。”

榆林初中这两年的学业虽不完整，但毕竟有那么些优秀的教师为少年伦世仪打下坚实的知识基础。尽管学业停停打打，求学过程实属不易，伦世仪在诸城本县接受的基础教育，无论如何，对于这位诸城优秀子弟而言，产生了一生中不可忽视的影响。

第三节 少年离家辗转多地只为求学

一、第一次独自解决自己的问题

伦世仪院士回忆道：“离开榆林初中之后的一段日子，拿现在的话说：‘放羊了’，暂时无学可上，只好靠自学，幸亏有了两年初中的学业基础，加上长辈的指教，日子也不算荒废。失学回到范家车村后，我搬到五舅家那套闲置房的一个单间里独住，便于开始自我复习功课。那时我得知在皖北阜阳建有一所国立第22中学（图1-3），专门接纳敌占区的失学青年，费用全免。要想到国立第22中学去求学，一是缺旅费，二是缺敌占区的身份证件。我开始先寻思如何解决身份证件的难题，终于想到了我的同班同学，就是那位文言体文章出手不凡的大龄同学，他出身乡绅家庭，住在12里外的枳沟镇附近的村子，那里属于敌占区范围，但实际上却没有敌军驻扎，我的大龄同学答应给我办证。记得有一天我独自找到他家，他请了一位摄影师给我拍了照，在他的户口簿上登记我是他家的亲戚。不久我终于拿到了那张在我相片上盖有钢印的‘良民证’。这是我独立做成的第一件大事，我为自己感到高兴。因为没有它，绝对不能通过敌占区，达到我的求学目的。此时我的一位表兄也准备到阜阳寻找出路。与他同行，家里比较放心。父亲给了我400元汪伪国民政府发行的纸币，于1943年12月启程，途经高密、济南、徐州、商丘、亳州、界首奔向阜阳，一路疲惫不堪，1944年1月终于到达阜阳。

图1-3　山东国立第22中学

国立第22中学的校长是92军军长李仙洲将军。学校有两处初中部，分别在县城和后湖；一个师范部在三王寨；校本部和高中部在柴集。我先到后湖初中部，见到了分部主任赵湘茵女士（她是王荣光和王恩多的母亲，后来得知王恩多于2005年当选为中国科学院院士，心想，哦！这个世界怎么就这么小！），因为那里的班级都是秋季始业的，而我要求就读的是初三上学期，于是赵湘茵主任就介绍我去了处于柴集的校本部，恰好那里有一个春季始业的初三班上学期就要开学了。志华表兄则考取了警官学校，转到四川万县去了。

我是新到国立第22中学的插班生，同学们对我不错。讲课的教师有几位也是从山东沦陷区聘来的知名老师，教务主任兼物理课教师梁尚志就来自青岛最著名的礼贤中学；数学老师田迪安也是位名师。他们的教学经验和水平比起榆林初中的教师们，好像又技高一筹。我在那儿顺顺利利地完成了初三上学期的学业。生活条件依然非常艰苦，主食总是全麦粉做的粗馒头，每8个学生蹲围着一盆像是‘出家人’吃的家常菜，但比起榆林中学的伙食，还是要好一些。老同学多身着灰色粗布棉军装，气候转暖了，就把棉花掏出来，变成了单衣接着穿。天气转冷了，再把棉花铺回单衣夹层的原处。那里的卫生条件照样很差，四害横行，跳蚤猖獗；疥疮传染性强，我很快也成了‘疥友’。晚上同学们只好裸出患处，有的甚至脱个精光，涂上硫黄膏，围着炉火取暖，颇为‘壮观’。那时的条件即使困苦如此，我也毫无怨尤，能够读书就好。离家独自求学在外，也让我的独立生活能力有了一定的进步。”

二、随校西迁辗转国内四省险情不断

伦世仪院士回忆道：“当年安稳的日子实在太短暂，刚以为能够松口气，没想到连阜阳也待不住了。在阜阳的东侧，日军原来只控制着徐州至浦口铁路沿线的城镇，还没有占据郑州至信阳沿线的城镇，因此皖豫两省的中部连成一片，便是政府军的防地。但就在1944年的上半年，日军攻占了河南省沿京汉铁路线上的城镇，并恢复了火车通行，这等于切断了豫东、皖北地区与四川、陕西等大后方的密切联系。于是国民政府的教育部下令将国立第22中学立即西迁至陕西安康的汉阴地区。校方很快就行动起来，8月中旬就分小组，按分配的日期开始徒步上路。师生在既定的接待站点过夜。最危险的路段是在驻马店以南地区，我们要在夜间穿越京汉铁路，为了不被敌人察觉，一切都是小规模的秘密行动，成千人的迁移行动估计进行了月余；有一个迁移批次遭遇敌人，十多位初中生遇难了。这些学生在年少时就随时面临死亡的威胁。我所在的小组8月27日上路，历时10天左右，所幸安全到达河南重镇南阳，再赴西乡县陡沟镇休整。

可能是在10月中旬，我们分组再向陕西安康进发。经丹江口、均县、十堰、草店、黄龙滩进入汉江峡谷；从此便步入开凿在山腰上的羊肠小道，小道外侧之下方便是湍急的汉江，一旦失足，定是千古之恨。此前几日我是边发着疟疾，边走路的，上了山腰小道，小腿直发抖。为了不影响下批同学的入住，我只得勉强随队徒步前行，麻木地走着走着，渐渐适应了，小腿也就不再抖。至于汉江峡谷沿途住过的站点，好些已经遗忘，现在凭借着地图，还能勾起明确记忆的有：鲍家店、白河、冷水河、蜀河、旬阳、安康、汉阴。其中最难以忘怀的就是冷水河，记得夜里听到室外狂风呼啸的声音，自己就有些冷飕飕的感觉；天亮了才发现原来那是上游的汉江水下泄，遇到河中一排巨石的阻拦，而发出的咆哮声，并非狂风呼啸所致。当时我一转念，觉得'冷水河'这个名字真是太贴切了。

读完了初三上学期；继而穿越皖、豫、鄂、陕步行千余千米，我的初三下学期总算又开学了。由于我的班级是春季始业的，经过紧赶快赶，大约 4 月底就完成学业了。就这样，轮番车船，行千里路，在远离家乡的地方，初中毕业了。

同年 5 月初，我升入了国立第 22 中学的高中。高中部设在汉阴县的涧池镇。校本部坐落在镇北郊，那儿看来原本就是一所学校，与涧池镇之间只隔着一条安康通向四川的公路。镇南前边是一条河，河南面建有一些庙宇和房舍，我们的宿舍就安排在那里。其他分部设在安康与涧池之间的地方。在那儿等待全部人马到齐，准备就绪，可以开学的时候，想必是 1945 年的 1 月了。就读了不多时日，高中同学孙致远（我的邻县同乡）对我说，他要到重庆考大学，已联系到一辆到成都的空载军车，可以免费带他到成都，他建议我到重庆考高中，他可以带我去。那时的我一切由自己做主，我想到三舅在重庆，有个依靠，就同意了。于是我办了退学手续，拿了学业证书，就跟着他乘敞篷卡车上路了。”

三、少年自豪考入国立中央大学附中

"在敞篷车上颠簸了两天，终于到达了成都。在南门府城河边的一家小旅馆里，被臭虫狠狠地咬了一整夜，然后换乘成渝长途客车，终于到了重庆。三舅家住南岸黄桷椏新市场路37号，事先未经联系和许可，我是个不速之客，进门说明身份后，三舅母接纳了我。那时的新市场路处于市郊和农村的结合部，在新市场路的东边有几幢白墙的二层小楼，是高级公职人员的住处。当时三舅日间在市内办公。大表哥范志民从北京育英中学高中毕业后，来重庆投考大学，因旅途过度劳累染重病在家疗养。他喜爱音乐，拉小提琴，自学英文。他后来被国立中央大学艺术系录取。二表哥范志坚，也是北京育英中学高中毕业，复旦大学英语专科毕业后，自愿为在印度的远征军任翻译，在飞赴印度的飞机起飞后即失去音讯，至今仍无下落。在我的眼里，范家的表哥们见多识广，才高八斗，他们都考上了当时全国最好的大学，这对于我是一种无形的鞭策。

大约在1945年6月下旬，我投考了重庆北郊百余里的青木关国立中央大学附中高中，它是公立高中的名校，特别是'公费'二字非常吸引人的，这成为我唯一的选择。我有幸被录取了。小表哥范志禹后来从重庆南开中学转学到国立中央大学附中高中，并与我同班。报到入学后，才知道高中男子分部坐落在两条山岭之间的一处较宽的带状平地上，故名袁家沟，这儿没有电灯，也无自来水。女子部在青木关镇上，电和自来水都有，还有教育部和国立艺专在其附近。女子优先嘛！西方文明已经对国立中央大学附中产生了影响。

高一有两个班。同学们绝大多数是抗战初期来到重庆的公务人员子女，'下江人'子弟居多，但如我这样，在日本业已投降之后还来凑热闹的下江人实属唯一了。这里的学习环境仍然艰苦，但一切比过去正规了许多，如可以围着餐桌站着吃饭了，饭不够，自己从饭桶里添，菜是定量的，汤可以任意添。这样的条件已经让我很满意了，跋山涉水，能够来到一所名牌高中读书，我比别的同学更加珍惜这个来之不易的求学机会。

1946年夏季，搬到沙坪坝的国立中央大学决定迁回南京，因为日本人已经投降了，附属中学随迁。不少学生打算返回原籍，转学就读，因此学校给每位学生发了一份肄业证书；证书上附有这一学年的每门课程成绩和按周学时数加权的平均分数，我的平均分数为八十五点几分，已是全班总分第一。

那个时期，我被19世纪俄国和英国的文学大师的一些巨著迷着了。读了列夫·托尔斯泰的《战争与和平》《安娜·卡列尼娜》《复活》，陀思妥耶夫斯基的《被侮辱与被损害的》，还有英国狄更斯的《大卫·卡波菲尔》等小说。从中了解到许多发生在中国之外的故事，吸取了东西方许多做人处事的宝贵精神营养。对弱者应有同情心；无知中伤害了他人，应怀愧疚；故意伤害了他人，则是罪恶，应当自赎。我认为这些和孔夫子教诲的“己所不欲勿施于人”的理念是相通的。这些道理曾被批判为剥削阶级虚伪的人道主义，其实这分明是普世的道德观。我信奉这种道德观，并在自己的人生轨迹中遵循之。

国立中央大学附中在南京察哈尔路复办。同班同学中90%都换了模样。一批来自重庆沙坪坝的国立中央大学附中，及建在南京的国立中央大学附中的一个实验班，其中不少是国立中央大学等高校员工的子弟。教师队伍全换了新人：教务长兼物理课教师是扬州中学的陈杰夫；数学教师郃明秋，是安徽大学数学系讲师；英语教师是当时的英汉大词典的编者之一；穿长袍的语文教师也是古文高人，只记得是徐州籍，却忘记他的大名。

高三的英文课增加了口语课。任课教师是位英国女士，40岁左右，未婚。南京的冬季很冷，我们早餐吃粥，学生都怕冷，早上坐在三面透风的大教室内都戴着帽子，有时脚底下难免还会发出点响声来。下课铃响起，同学急着夺门而出，为的是抢占进入厕所的优先顺序，小便急了不饶人。她很不适应这种局面。对此她总要拿英国学生如何对待教师，举止如何文明有礼说事，借以批评我们。有一次她在论及时政时，一位同学猛地站起来，痛斥丘吉尔是“战争贩子”，说英国是帝国主义，香港本是中国的领土等。那时“战争贩子”是个崭新的名词，是《新华日报》发明的，此报和《中央日报》《大公报》并排地挂在教室的墙壁上。这位女士目瞪口呆了一瞬间，咚咚咚地快步走出了教室。这是她第一次享受到了我们给予她的‘女士优先’待遇。她当然生气了，罢教了。这可不是件小事！训育主任将我叫过去问话，我说那位老师课上指责国民政府无能，官员贪污腐败，于是某同学就反击她了。主任听罢摆手，示意办案完毕，几分钟就解决了问题。其实我们对待这位教师的态度的确不恰当，当时我们不懂得可以通过课后交流取得相互的理解，结果受损失的还是我们。等到我们悔过了，为时已太晚了。我作为班长太失职了。

以前我的交际能力较差，除了努力学习之外，对班上的同学了解甚少，稀里糊涂地过了两个学期。最后听说我又是全班总分数第一。我想因为我数学、语文及英文的成绩很高，而这3门课的加权系数都是6，其他课最高是4，有的是2，我在主课上占了便宜。到了高三，大概因为我高二的考试成绩好，被全班同学选为班长。我改变了许多，对班上同学及周围的事情了解渐多。高中三年级共有甲、乙、丙3个班，只有我所在的乙班是纯男生班，其他两班是男女合班。我们班上有多位是从沙坪坝国立中央大学附中来的，其中有国立中央大学文学、地理、史学专业著名教授们的儿子；有方苞、李鸿章的后裔；还有几位政府文官的儿子。大家穿着同样的制服，吃同样的公费伙食，从不拿自己的家庭背景说事。学校或班级间有什么赛事，大家总能同心协力，夺得冠军。学生会主席的竞选中，我们推出的候选人也竞胜了具有校方‘训育处’背景的对手而顺利当选。

毕业典礼后，同学们各自找老师题字留念，最后是全班同学合影。最遗憾的是合影中只有班主任金其湘老师，他除了教我们世界地理之外，很少与我们接触。其实我们大家后来最怀念和感恩的老师却无人涉及。我本该邀请更多的任课老师与我们合影，这是我作为班长的最大失职和遗憾。”

伦世仪院士成为资深院士后，开始回忆自己的一生，特别是那个久远的青少年时代。下一代也希望他能花些时间，把自己过往的经历和故事写下来，给后代留些精神食粮。他陆陆续续回忆着，点点滴滴地记载，终于在2014年，形成了一份自述体文字资料。正因为有了这份资料，我们今天的传记才有了鲜活的素材，加上伦世仪院士零星的补充，我们对他青少年时期所经历的苦难与挫折，所表达出的对知识的渴望与追求，以及他离家独立求学过程中自律、自强，自觉领悟做人处事的价值取向，如何在学业过程中成为佼佼者，逐渐有了比较清晰的认识。他的自述材料既平实坦诚，又谦逊率真。事实上，他的一生始终保持着这样的做人准则。

第二章

难忘大学时光

青年伦世仪是在南京度过了难忘的大学时光。1948 年，他以优异的高中毕业成绩，被保送进入国立中央大学深造，但他的大学求学过程并非一帆风顺，不仅因为期间整个国家发生了天翻地覆的变化，高等教育体系也随之经历大刀阔斧的变革，还因为在青少年时期历经磨难，他染上了肺结核等较严重的疾病，不得不中断了大学学业，经过休学治疗、复学，最后从南京工学院食品工业系本科毕业。

第一节　以成绩前三保送国立中央大学

一、对母校国立中央大学的回顾

源自三江师范学堂的国立中央大学（National Central University，图 2-1），建在南京，是中华民国时期中国最高学府，也是当时国立大学中系科设置最为齐全、规模最大的大学。鼎盛时期的影响力居亚洲大学之前列。

图 2-1　国立中央大学礼堂

20 世纪翻页之际，国濒危亡，民不聊生。民众求强思变，志士忧国忧民，探寻振兴民族之道，力促晚清政府废科举、兴学堂、育人才。1902 年，刘坤一、张之洞、魏光焘等二度呈上《创办三江师范学堂折》，终获批。1903 年“三江师范学堂”（图 2-2）在北极阁前挂牌开办。而后的二十五年间，校名多次更改为“两江师范学堂”“南京高等师范学校”“国立东南大学”“国立第四中山大学”“江苏大学”，直至 1928 年 5 月 16 日由“江苏大学”改称“国立中央大学”。

图 2-2　三江师范学堂

三江师范学堂的设立起因于近代有识之士“求强思变”的思潮，起步阶段就体现出“关注国计民生”的特点，早年学校的办学方针为“中学为体，西学为用”，倡导“崇实务本”，校训为“嚼得草根，做得大事”。而后强调“论究学术、阐求真理、昌明国粹、融化新知”，“大学应承当起创立民族文化的使命”“把民族存亡的念头放在胸中，完成振兴中华的伟大理想”。

1932 年罗家伦出任校长后，治校方略个性鲜明，优秀师资逐渐云集，优良校风首开先河。教师辛勤耕耘，教材新颖超前，科研十分活跃，学生刻苦治学，国立中央大学的教育质量堪称亚洲一流。

“卢沟桥事变”后，日军频繁轰炸南京，企图打垮国民政府。罗家伦校长迫于无奈，决定迁校至重庆、成都等地办学，史称“重庆时期国立中央大学”。抗战胜利后，国立中央大学于1946年11月回迁到南京，恢复元气，继续办学，即便如此，当时仍然拥有理学、工学、医学、农学、文学、法学、师范7个学院、36个系科和26个研究所。

国立中央大学的学生来自全国五湖四海，他们中绝大多数人思想高度活跃，民族意识强，治学态度严谨，遇到挫折不屈不挠。青年伦世仪对国立中央大学仰慕已久，能够被保送进入国立中央大学就读，是他一生的荣耀。

1949年全国解放了，8月8日，接南京市军管会通知，国立中央大学更名为“国立南京大学”。1950年10月10日，接华东教育部通知，校名去“国立”二字，径称“南京大学”。1952年，在全国高校院系调整中，南京大学的工学院保留在原国立中央大学四牌楼校址办学，与其他学校有关系科合并，成立全新的南京工学院（今东南大学）；文学院、理学院迁往金陵大学鼓楼校址，与金陵大学文学院、理学院等合并，仍称南京大学，继承了原国立中央大学及其前身学校档案；调出的相关院系作为主体成立或参与建立了十多所院校，发展为今天的东南大学、南京农业大学、南京师范大学、河海大学、南京林业大学、江南大学、江苏大学、南京工业大学，以及建在江苏之外的西北工业大学、第四军医大学、华东政法大学、上海体育学院等。

二、选择发酵专业的动机与努力

尽管时隔多年，当伦世仪院士回忆起当年他被国立中央大学免试录取，选择攻读发酵专业的动机时，记忆依然生动而清晰：“1948年夏季，我从国立中央大学附中高中毕业了，无论是按这所名校的知名度，还是学校所处的地理位置而言，国立中央大学皆是我的首选。我以班级成绩前三名的资格被保送到国立中央大学，按规定可任选专业。但当时国民政府日渐衰败，国内各业凋敝，各地民不聊生，哪有什么前途可展望？再说以我的健康状况，不适合选择大科学、大工程类的专业，只能避重就轻了。我去国立中央大学查看了公布的各院系的专业和课程表。将来当中学老师可能轻松些，但肺部健康问题不允许'吃粉笔灰'；选择理科吧，课业很重，搞不好毕业后还是'吃粉笔灰'；我的数理基础很好，照说可以攻读重点的工科，据说功课太累人，对身体也有不利的影响。

后来我到了农学院，看到农化系一年级的课程表，下午全被排空，可以有较完整的自学和休息时间。再说农化系除了土壤专业，还有个发酵专业，听说后者研究各种酒类的酿造和酒精等化学剂以及抗生素的发酵技术。我顿时心头一热，记得在重庆时期，汽车在平地行驶时以木炭燃气为动力，爬坡时才舍得改用酒精为燃料。虽然我当时尚不知道美国于1945年就已开始用发酵法大规模生产青霉素了，我的选择便是农化系的发酵专业了。当时并没有意识到，我的一生从此与发酵工程相濡以沫。"

三、未曾谋面的魏嵒寿教授

回忆起自己在国立中央大学就读时所听到的学科泰斗的故事，青年伦世仪最为佩服的是当年农化系主任魏嵒寿教授（图2-3），虽然他们未曾谋面，但伦世仪院士经常提起他。

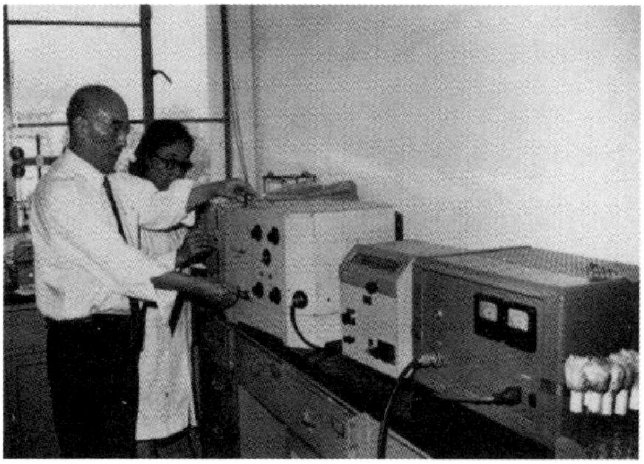

图2-3 魏嵒寿教授（左）

魏喦寿，微生物学家，应用化学家。中国近代工业微生物学的奠基人之一。1922 年，赴日本留学，就读京都大学化学工程科，主修化学和微生物学，师从当时日本微生物化学权威喜多源逸教授。从 20 年代中期开始到离世，魏喦寿终身从事应用微生物学研究和教学工作。

1927 年归国后，他从事中国传统发酵食品中微生物的分离和研究工作，1929 年在美国《科学》（*Science*）杂志上报道了他在腐乳中分离的一个毛霉新种，这是第一篇纯属本土的研究成果被 *Science* 报道刊出。

1930—1937 年，魏喦寿任国立中央大学农业化学系教授，兼系主任。其间致力于用近代生物化学方法，研究中国传统发酵食品的制作技术。他分离的一种拟青霉曾被青霉菌专家 C. 汤姆（Thom）所重视，并于 1930 年出版的《青霉菌》（*The Penicillia*）专著所收录，这是中国科学家从发酵食品中分离出的第一批工业微生物菌种，为中国工业微生物学的起步阶段奠定了重要的基础。

1935 年，经民国实业部举荐，魏喦寿兼任中国酒精厂总工程师。其间他曾试验用甘薯发酵生产酒精，通过筛选酵母品种，采用优良酵母纯种发酵，大大提高了酒精发酵生产强度，当时正值抗日战争时期，各种物质资源非常匮乏，条件非常艰苦，魏喦寿教授研发的酒精发酵技术在三个酒精厂推广应用，一批又一批的发酵酒精弥补了抗战时期因日军封锁而稀缺的能源。伦世仪院士说：“从今天的角度看，在中国可再生能源研究与生产研究方面，魏喦寿教授的相关成就应该算是首开先河。”

抗日战争胜利以后，魏喦寿奉民国政府之命，赴台湾去接管台北帝国大学（今台湾大学）。直至他在台湾过世之前，魏喦寿教授持续在抗生素、淀粉酶、柠檬酸、谷氨酸、藻类单细胞蛋白、豆制品发酵等分支领域辛勤耕耘，硕果累累，培养了一大批应用化学与应用微生物学的高等人才；他发表了学术论文近百篇，半数在国际权威期刊上发表。

作为一个诞生于20世纪初的中国知识分子，在国难当头、内忧外患不断的年代，魏嵒寿以一己渊博知识服务于社会。在几十年如一日的教学和科研生涯中，他为开拓和发展中国的生物化学与工业微生物学及应用事业，做出了卓著的贡献。魏嵒寿教授是伦世仪院士一生所敬重的学术典范和追崇的榜样。

四、就读国立中央大学的艰难历程

回忆起大学学业的难度，伦世仪院士总是实话实说，他回忆道："入学后，没想到课程表完全'变脸'了，下午的时间全部填满了实验课、农场实习之类的课程。数学、物理、化学的授课和实验与化学系、化工系的学生同堂安排，在资源有限的前提下，这也算完全合理的。最不当的是与农学院的学生修读同样的'动物课'和'植物课'及相关实验，另加'农业概论'和'农场实习'，课业负担极为繁重。根本就没有多少时间复习，加深对基础性主课的理解和掌握。

记得当年国立中央大学不仅课业繁重，而且考试难度高，判分非常严苛。第一学期下来，我的化学课考试就出了小问题，只因对一道计为40分的计算题上犯了个低级错误，结果被严判为58分，作补考处理，这是我的第一次补考。农场实习课，就是安排在一块面积不大的土地上，实践种植一种作物的全过程，我的得分好像也不是很高。学期末的一天，我在丁家桥分部图书馆看书备考，当时馆里人员稀少，我的植物学实验课女教师匆匆走来，问我'你认识伦世仪么？''有事么？'我问，'请告诉他，他的实验报告中的绘图（植物根茎叶组织的显微镜视图）不够数，尽快补交，否则实验成绩只给60分！'我答道：'兵荒马乱的，给他60分就好了！'不知为何，那时的我还有这般幽默。她转身就匆匆离去，看样子是急着要去台湾，那时已经是1948年的年末了。

1949年秋开始，大学二年级的我摆脱了农学院的必修课，但又增添了新的麻烦。我们专业的‘化学定性、定量分析’和‘有机化学’的讲课和实验课都安排在南京四牌楼本部，靠校车交通往返，增加了额外的时间和疲惫辛劳。定量分析的最后一次实验令我难忘，对象是每人领一份各不相同的未知固体化学物样本，13：30进入实验室，我一直做到了21：30才离开，想不起来自己是如何回到丁家桥的。就是在这个学期结束前，我的体检X光片显示：我的‘右肺尖第一二肋间患轻度浸润性肺结核’。这对我是一个巨大的打击。当时学校没有隔离住宿条件，仍和其他7位同学同住一室，虽然他们对我亲切如常，但我内心充满了自责，患有这种可以夺命的传染病的自己，虽然当时没有查出传染性，但与他们长住在一室是很不道德的。我在这种巨大的心理压力下，坚持上到第五个学期结束，身心疲惫，几近崩溃。于是决定提出休学治病的请求。

我表兄志禹（1949年考入国立中央大学）主动向舅父舅母提出希望能接纳我去舅父舅母家休养，他们立即同意了。山东刚刚解放，我的三舅任民革山东省委员会主委、山东省政协副主席。他的宿舍在济南，记得那是政协机关大院内的一幢二层楼的底层；一字排开有五间卧室的面积，卧室在两端，中间形成了一个较长的客厅兼餐厅。我住的那间原来是放置着衣物箱的储物间，加一张单人床还觉得宽敞。

当时治疗肺结核的特效药异烟肼不容易得到，只是静养，增加营养，每天牛奶、鸡蛋少不了。到了第二年，山东省府医务室给我开了半个月的粉末状异烟肼，说是试验品，用完就没有了。最后悔的是我没有到专业的医院去求诊。好在不久山东省府医务室X光片结果表明，原病灶进入纤维化稳定期了。这段时间里每日除了到大明湖沿岸散步，就是多读些文学巨著，如《静静的顿河》《钢铁是怎样炼成的》等苏联文学作品，也重温了不少古代文学与诗词名作，这些对于我这个理工科出身的人多少增加了些文科的滋养。”

第二节　在南京工学院完成本科学业

中华人民共和国成立前后，中国的高等教育体制发生了翻天覆地的变化，青年时期伦世仪的大学本科学业竟然历经三个不同但学脉相承的知名高校。伦世仪院士说："我的第一个学年的课业，是在国立中央大学完成的，尽管那时的学业非常饱满，课程安排非常紧张，但是国立中央大学为我打下了良好的数理化基础。接着，南京解放了，几个月后，国立中央大学改名为国立南京大学（随即就去掉国立二字，直接命名为'南京大学'），而后的三个学期，我是在南京大学农学院新成立的食品工业系继续攻读发酵专业。1952 年，我休学治病期间，中国在苏联高等院校设置体系的影响下，中央人民政府大规模调整了全国高等学校的院系设置，把民国时代的现代高等院校系统改造成'苏联模式'高等教育体系。我所在的南京大学农学院食品工业系被调整到了新成立的南京工学院，所以我病愈复学，则是在南京工学院最终获得本科毕业证书。"

一、国立中央大学更名为南京大学

"所有的社会，在民族危机和重大事变之后，都会尝试重大的教育改革。"这是美国教育学家卡扎米亚斯（Kazamias）说过的名言，用这句话来描述我国百年间高等教育的发展变化，或许再恰当不过。大学是现代文明的产物。近代中国曾经积贫积弱，高等教育发展起步较晚，近代中国高等教育的起源与发展，与西方国家的情境和路径不尽相同。本质上其前期是在一个打破传统、否定过去、学习西方、完善自我的螺旋渐进的循环中发展，20 世纪中叶，由于政治动荡、社会急剧变革等外在因素，中国高等教育的频繁变动甚至可说是近代高等教育发展历程上最突出的特点。

1949 年 4 月 23 日，南京解放。就在南京解放前夕，应中共中央邀请，国立中央大学的三位知名教授梁希、潘菽、涂长望由中共地下党安排，绕道香港赴北京，参加中华人民共和国首届政治协商会议的筹备工作。同年 5 月 7 日，中国人民解放军南京市军事管制委员会主任刘伯承委派赵卓任驻国立中央大学军事代表，紧接着对国立中央大学开展了清点学校资产，登记造册存档，维持教学秩序，做好接管准备工作。

1949 年 8 月 8 日，南京市军管会文教委员会正式通知国立中央大学校务维持委员会：国立中央大学更名为“国立南京大学”。8 月 12 日，南京大学校务委员会正式成立。一开始院系设置的变化不大，南京大学基本上沿袭国立中央大学原有的院系架构：设 7 个学院，33 个系，4 个专修科，另外医学院设 19 个科以及 7 个实习附属医学单位。伦世仪院士所在的农学院系科最多，共有八系一部，农业化学系基本保持原有的学科方向。不过从 1950 年开始，学校用了一年多的时间，对原有的课程体系进行了精简和重组。根据伦世仪院士的回忆，主要的变化是增设了马克思主义政治理论课程，精简了部分基础课程的必修学分，增大了选修课学分的比例。各系科按课程或学科组织若干个教学小组，逐步加大教师与学生接触，比较频繁的教学互动推动了新型师生关系的建立。

国立中央大学更名为南京大学（图 2-4）之后，不仅学科架构基本不变，而且工科部分得到了加强与扩展。农学院在原有农业化学系的基础上，分设成农口的“土壤系”和工科性的“食品工业系”，伦世仪原先所攻修的发酵专业偏工科，与食品关联，自然而然就归到了“食品工业系”。伦世仪院士说：“于是我从第三个学期开始，就变成了南京大学的学生。我更青睐新设的这个食品工业系。”

图 2-4　南京大学

二、南京大学成立食品工业系

1950 年 9 月 22 日，南京大学校务委员会第二十五次会议决定：将农学院农业化学系分设为土壤系和食品工业系，经学校第七十二次常务会议讨论，议案得到通过，即呈报华东地区教育部，批复为原则同意。这是国立高等院校中首个食品工业系。同年，由知名实业家荣德生先生等创办的"私立江南大学"也新设了"食品工业系"，那便是私立大学中的第一个食品工业系。

在回忆起转入食品工业系学习的经历，伦世仪院士依然记得自己的那份初心："我为自己能够转入'食品工业系'学习而感到非常欣慰。我的青少年时代历经战火，硝烟弥漫，饱尝灾荒缺食的煎熬，解决民不聊生的困境，在一定范围内也是发展科技、应用科技的重中之重。发展新中国的食品工业，被人民政府纳入第一个五年建设规划之中，这让我们这些食品工业系的学生感到，现在自己身负重任，把自己打造成为社会主义建设者的使命油然而生。"

在食品工业系学习的过程中，伦世仪院士与工业发酵结缘。"好在食品原材料多是来自农业产品本身，有了农业化学知识和农产品加工技术，再延伸到更精细的食品加工与保藏，必定顺理成章，原先所修的基础课知识都能派上用场。更让我感到欣慰的是，食品工业系成立后，依然保留了发酵学科方向，并于1952年初，正式成立了新中国的第一个‘发酵工学’专业。原先的微生物学的重点也从‘土壤微生物’转到了‘工业微生物’的领域。‘工业微生物’才是工业发酵的主力军，我的一生与之有着不解之缘。”

三、复学来到了南京工学院

1952年6~9月期间，中央人民政府全盘调整了全国高等学校的院系设置，准备把解放初期接管的和少数新办的高等院校格局改造成“苏联模式”高等教育体系。经过大刀阔斧的调整后，全国许多高等学校被拆分。中央政府考虑到新中国经济社会发展的建设任务十分紧迫，决定大力发展独立建制的工科类院校，在较短的时间内，相继新设了钢铁、地质、航空、矿业、水利等行业性质非常明确的专门学院和专业；工科、农林、师范、医药类院校的数量由此前的108所，大幅度增加到149所，而高校总数由1952年之前的211所下降到1953年后的183所，综合性院校明显减少，行业类高校如雨后春笋冒出新芽。一些偏向于社会学、政治学等人文社科类专业被撤销，1952年起，私立高校退出历史舞台，其间有用的系科被调整入各所公办的大学。

1952年的高等教育院系调整，涉及全国四分之三的高校，对中国高等教育的发展影响至深，一方面清晰地记载着，新中国大学为探索培养更加适应国家建设需要的人才而走过的艰辛历程；另一方面也反映出时代背景对中国高等教育的巨大影响力和推动性。这无疑是中国教育史的一个重要转折，20世纪中叶的中国高等教育被鲜明地一分为二成为综合性或单科性，形成了20世纪后半叶中国高等教育系统的基本格局。

作为院系调整的亲历者，伦世仪院士还清楚地记得他在这一时期的经历，尤其是学校对他的关怀，让他感怀至深：“我接到了南京工学院（图 2-5）食品工业系给我的复学通知，于 1953 年 2 月来到食品工业系发酵工学专业复学。这里正是南京大学原来的校本部。当时南京工学院的蓝园有三处别墅，校方将最好、最大的一幢三层楼花园别墅——蓝园 8 号作为患结核病学生的宿舍，那儿本是原国立中央大学校长的宿舍；另一幢二层楼别墅是稳定型或基本痊愈待观察型患者的宿舍，我就住在这儿，2 人一间宿舍。在蓝园 8 号用餐，一杯牛奶免费。医生要我接受异烟肼的标准疗程。我的心理状态逐渐恢复正常。

图 2-5　南京工学院

我们班上有 12 位同学，9 位来自复旦大学，2 位来自浙江大学，只有我一人来自南京大学。系里的政治辅导员王慕臧是我刚入大学时高我一届的老学长，她指定我当班长。我们已经学了 5 个学期的本科课程，要再读 3 个学期将于 1954 年暑期毕业。我们的重头课是贯穿一学年的化工原理和实验，另有机械基础、电工学、热工学及专业课、工厂实习等。这三个学期的学习生活我很满意，特别是在结束上海的毕业实习时，肺部 X 光片表明我的病灶已纤维化了。1953 届毕业班，为了满足国家建设的需要，学制为三年，只有 1954

届的我们是四年制本科生了。”

伦世仪院士认为，高校院系调整让他有机会接触更多名师，在学术上让他受益良多。他回忆道：“很庆幸，此时的食品工业系比南京大学时期要强大得多。因为全国性高校院系调整的过程中，部分设备资源归并到了南京工学院食品工业系，更难得的是，来自浙江大学、复旦大学、武汉大学和私立江南大学的部分师资力量加盟南京工学院，他们分别是全国发酵、食品、粮食、油脂等学科的泰斗和骨干力量。我还记得其中就有：著名的化工与油脂专家王昶教授、发酵酿造专家朱宝镛教授、粮食食品界带头人沈学源教授、农产品加工与分析专家黄本立教授、农产品加工专家向瑞春教授、油脂加工专家刘复光教授以及发酵酿造专家檀耀辉、油脂化学专家汤逢、制糖专家刘树楷、发酵设备专家王鸿祺等。在南京工学院学习的阶段，与名师走得更近，他们对我日后的学术生涯和做人做事准则产生了潜移默化的影响，我一直都很敬重他们。”

回想起当年师生的学习与投入，伦世仪院士的回忆中有着满满的“专业报国”情。他说：“当年发酵专业的使命是发展国家的发酵工业；我们专业的人才培养目标为：全面掌握发酵制品生产过程的工艺工程师。工业发酵的重点涉及：酒精及含酒精饮料的发酵生产，化学溶剂丙酮-丁醇的发酵生产，以及有机酸发酵提取等。本科生学制为五年，要求不仅精通微生物学、生物化学理论和化工知识基础，还要掌握发酵过程技术，控制和管理生产过程，设计发酵工厂，改进发酵生产工艺，改良微生物菌种等，要求还是蛮高的。但是在新中国建设初期，青年学生对未来充满了信心，大家都非常努力，特别是在工厂实习实践阶段，也表现出极强的责任心和求知欲。我就是在这样的氛围中，圆满完成学业，获得本科证书。”

第三节　印象深刻的先师泰斗

青年伦世仪所崇敬的先师中，基本上都是终身从事各自专业的教学与科研工作，他们分别是食品、化工、发酵领域的泰斗，在他后期的工作单位里，有些当年的老师成了他的同事，甚至行政角度上的下属，但对他而言，这些先师始终是仰望的对象与学习的榜样，在各种场合，他都非常诚恳地听取他们的指教，尊重他们的意见和建议。

一、酿酒界元老——秦含章

1941—1949 年，秦含章先生在国立中央大学（后更名为南京大学）农化系任教授。虽然青年伦世仪就读国立中央大学时，尚未直接接触到教授专业课的秦老，但秦老的名声同样如雷贯耳。秦含章教授青年时期曾获庚子赔款奖学金，1931—1935 年期间留学比利时国立圣布律高等农学院深造，获工学学士及农产工业工程师；1935—1937 年于比利时布鲁塞尔大学植物学院博士班进修微生物学；1936 年于德国柏林大学发酵学院专修啤酒酿造。

回国后至中华人民共和国成立，基本上在高等院校任教职，他曾在国外学习多年，掌握五国语言。他长期从事食品发酵和食品工业的教学和研究工作，为中国白酒工业建立了科学理论体系。1939 年晋升为教授。在国立中央大学任教期间，秦老将自己从欧洲多国学到的农学、微生物学及酿造学知识，植入国立中央大学的教程中。难能可贵的是，他大力推进“食品工业系”的设立，也因此被荣德生老先生看重，聘请他担任私立江南大学食品工业系的教授、主任。

秦含章宽阔的眼界、渊博的知识以及他所具备的管理能力，很快得到中央人民政府的赏识。1950年，秦含章离开了大学教职岗位，被调到北京，参与轻工业部的教学、科研机构的组建，秦老曾经历任国家几个行政部门的参事。1960年，他受轻工业部的嘱托，在北京组建轻工业部食品发酵研究所，并担任首位所长。他多年担任全国食品、发酵专业学会的常务理事。几十年来，他撰写的科研报告、论文、译著、著作以及与他人合写的各类书籍计40余部，近6000万字。他在中国食品、轻工科技领域奋斗了近七十年，是食品科学技术和工业发酵与酿造技术的拓荒者和学术带头人。他学识渊博，造诣甚深，理论联系实际，积极培养青年一代，桃李众多，为推动我国食品工业和酿酒工业的发展做出了突出贡献。被尊为中国食品工业奠基人和酒界泰斗。他还当选过第三、五、六届全国人大代表。

伦世仪院士后来在无锡轻工业学院任教，作为发酵学界的学术带头人，经常参加轻工业部各种科技学术平台的会议和评审，在各种重要的学术交流和专业评审的场合经常与秦老见面，早年同在国立中央大学工作和学习的师生有着共同的回忆话题，秦老思路活跃、博识多闻、文理兼收、坦率健谈，给他留下了深刻的印象。他们为轻工业部执掌下的食品与发酵专业建设，专业研究院所与大学合作培养研究生，以及中国食品科技协会的建设，做出共同的努力。他对这位国立中央大学时期的老师、轻工学界的泰斗秦含章教授非常尊重。

二、化工界泰斗——时钧

伦世仪院士的先师泰斗中，有一位教授对他青年时期的化学基础有着重要的影响，他就是中国乃至世界上闻名遐迩的化学工程学家、著名教育家、中国科学院资深院士——时钧教授（图2-7）。伦世仪院士还记得，时钧老师早在1946年就已经是国立中央大学的教授了，1948—1958年期间，时钧院士先是担任化学课老师，而后同在南京工学院任教，不过一开始，时钧是教授，而伦世仪是青年助教。

图 2-6　时钧教授

时钧（1912—2005），江苏常熟人，1930 年，分别收到清华大学和国立中央大学的录取通知书，他选择了清华大学。在清华大学 4 年，他所学课程除两门之外，均为“优”或“优+”。他于 1934 年毕业于清华大学化学系，1936 年获美国缅因大学硕士学位。1946 年 8 月，时钧来到南京，任国立中央大学教授、化工系主任。同时，兼任重庆大学化工系教授和系主任。青年伦世仪在国立中央大学一年级阶段，上过时钧教授及刘有成教授的课，这些大牌的化学家为他打下了良好的化学理论基础和实验技能。

1952 年，中华人民共和国高等学校院系大调整，南京大学化工系自然就调整到南京工学院，时钧继续任南京工学院化工系教授、系主任，同时受命创建中国第一个硅酸盐专业。长达近七十年的教学生涯中，他主讲过物理化学、化工计算、化工原理、工业化学、化工热力学、化工经济等多门课程。1956 年，他与其他几位教授联名上书高教部，建议在化工系设立化学工程专业，并组织制订了化学工程专业的教学计划。

时钧曾兼任国家自然科学基金委员会化学学科评议组成员、化工组组长，中国石化总公司技术经济顾问委员会委员，化学工程国家重点实验室学术委员会主任，煤转化国家重点实验室学术委员会委员，中国化工学会常务理事，江苏省化学化工学会理事长，《化工学报》副主编，《中国化学工程学报》（英文）编委会委员等学术职务。直至耄耋之年，他还主持完成了《化学工程手册》新版以及《大百科全书·化工卷》的编撰工作。

时钧执教60多年，培养了大批高水平的科技人才，其中中国科学院和中国工程院院士16名。20世纪80年代以来，培养了70多名硕士、博士。其中已经当选为两院院士的有：陈家镛、梁晓天、闵恩泽、陆婉珍、胡宏纹、张存浩、朱起鹤、陆钟武、时铭显、陈懿、唐明述、曹湘洪、江东亮、徐德龙、欧阳平凯、徐南平。还有像伦世仪院士这样的，时老当年任课教过的本科学生中，也出了院士。

20世纪80~90年代，伦世仪教授在繁忙的教学和培养研究生的过程中，还担任了不少行政职务和学术兼职。当他受命组建新的系科，设立新的博士点，组织申报国家重点学科点时，会想到去请教自己的老师时钧教授，或者是推荐自己的学生去拜访时老。笔者就接受过这样的任务，记得20世纪80年代末，来到南京化工学院，拜见年近八旬的时钧老先生时，他依然精神抖擞，穿着白大褂，忙碌在搭着化工模型的实验室里。时老再三强调：学科建设一定要投以长远的眼光，紧盯世界最前沿的动态发展。记得当时国际上计算机开发与应用的进展突飞猛进，时老已经将眼光转向应用计算机开展化学反应模拟和反应器设计放大的全新趋势。他并没有过多地直接回答我们的问题，而是非常兴奋地描绘计算机应用于化学工程领域后，将会带来如何美妙的前景。时老对科技发展日新月异的前沿动态的积极关注，如此敏感和全身心地学习投入，让后辈感到惊讶，相比之下感到汗颜。

从时钧老先生身上，伦世仪教授认识到：把眼光放得远些，再远些！在学科建设和学术发展方面也要不断地开枝散叶。

三、啤酒大王——朱宝镛

伦世仪院士说过："朱宝镛（图 2–7）教授既是我的老师，又曾是我工作单位的前辈、领导，我在工作中无论是业务发展还是学科管理方面，时常得到朱先生的指教，实属难得。"

图 2–7 朱宝镛教授

朱宝镛教授（1906—1995），籍贯浙江海盐县，是我国发酵科学的著名教育家、科学家，著名酿酒专家。早年留学日本、法国、比利时，在法国著名的巴斯德学院学习，后转比利时发酵工业学院学习，毕业后获得生物化学工程学位。他掌握多门外语，视野开阔，思维活跃。1936 年学成回国后，他曾在烟台张裕葡萄酒厂任工程师、厂长，为创办国产葡萄酒工业做出了重要的贡献。后在国内著名的国立西北联合大学、四川大学、同济大学等校任教，教授酿酒科学与技术。

1949 年，著名实业家荣德生先生创建的私立江南大学聘请朱宝镛教授前去兼课，并任农产制造系主任。1950 年，朱宝镛教授在私立江南大学创立我国私立高校中的第一个食品工业系，朱宝镛教授先是引进美国麻省理工学院食品工程系和苏联食品工业学院的教学计划，消化后作为本系高起点的人才培养计划。他亲自跑到北京，向高教部、食品工业部汇报，促成私立江南大学的食品工业系与南京大学的食品工业系几乎在同一个时期成立。

1952年院系调整，随着私立江南大学食品工业系并入南京工学院食品工业系，朱宝镛教授到了南京工学院担任我国第一个发酵专业的带头人。那时候全系下设发酵、制糖、罐头食品、油脂4个专业（4个教研组）。朱宝镛教授任发酵教研组主任，他所讲授的酿酒工艺学，啤酒、葡萄酒等相关课程，在当时都没有中文教科书，他夜以继日地吸收国内外先进科技成果，结合自己教学和实践经验，认真地编制讲义，花了一年左右时间，于1954年完成了全国第一部20万字的《啤酒工艺学》讲义，又花了半年时间，编写出10万字的《葡萄酒工艺学》讲义。朱宝镛教授坚持开展啤酒酿造科研长达数十年，第一个提出了用大米或曲代替部分麦芽制造啤酒的新技术；分析并解决了啤酒浑浊问题；他通过改良啤酒酿造工艺，在原有设备的基础上，提高啤酒产能约25%。这些科研成果的应用对当时的啤酒生产有着重要的指导作用。

1958年，朱宝镛教授随南京工学院食品工业系整建制东迁无锡，建立无锡轻工业学院并任副院长，为学校主管教学与学术的副职领导。他长期坚持在教学、科研第一线，并在学校党委的领导下艰苦创业，勤俭办学，自己动手改造实验室，建立教学秩序。特别是对我国传统发酵工业、酿酒工业的教学做出了开拓性贡献，他主持编写了《酿造酒工艺学》教材，曾于1962年招收了我国第一个发酵工学的硕士研究生。朱宝镛教授一贯的教育指导思想是：及时跟踪国际同类学科最前沿的教育体系，让教学的内容更宽泛一些，以后学生的适应性就强一些，发展的余地就更大些。他培养出的许多弟子，在全国乃至国外的啤酒和葡萄酒行业挑大梁，这位酿酒界泰斗被尊称为“啤酒大王”。

“文化大革命”结束后，朱教授虽年事已高仍然放眼世界，勤奋耕耘，1979年他的副院长职务得以恢复。1981年，他又出任国务院学位委员会第一届（工学）学科评议成员，轻纺组召集人之一。1994年在朱老90岁寿辰之时，广大子弟弘扬他的丰功伟业，继承发扬他的治学精神，成立了“朱宝镛奖学金”，作为学生的最高荣誉。

在几十年的教学科研生涯中，朱宝镛教授培养与造就了一大批国内著名科学家、酿造家、教育家、企业家，是中国酿酒工程师的摇篮——江南大学（原无锡轻工大学）的奠基人。如今无锡轻工业学院已发展成教育部直属的江南大学，是国家211重点建设高校之一，发酵科研组发展成生物工程学院，发酵工程学科也成为了国家同类学科中唯一的国家重点学科点，大家不会忘记朱宝镛教授对发酵事业特别是酿酒工业的贡献。2006年，正值朱宝镛教授百年诞辰，朱宝镛教授的半身铜像在江南大学校园新址生物工程学院大厅里隆重安放，以供后人缅怀。

四、油脂界先驱——王昶

在那些曾对他产生积极影响的先师泰斗中，伦世仪院士还记得：他就读的南京大学和调整出来的南京工学院的食品工业系主任都是由王昶（图2-8）教授所担任。

图2-8　南京工学院食品工业系主任王昶（前排右二）

王昶，1906 年出生于安徽省萧县；1926 年于苏州高中毕业后，考入著名学府国立东南大学化学工程科（1928 年 8 月易名为国立中央大学）；1930 年 8 月毕业后，留在国立中央大学化工系任教至全国解放，其间由助教、讲师、副教授直至晋升为教授。国立中央大学重庆办学期间，王昶教授非常重视桐籽油等四川特产油料的研究，在油脂生产与利用开发上取得了多项成果。他认识到油脂在国计民生中的重要性和在工业上的广泛应用价值，倡议设置了油脂专业，教授动植物油脂的研究开发。抗战胜利后国立中央大学回迁南京办学，王昶教授除了在化工系任教之外，又主动请缨到农学院农化系为油脂专业学生授课。南京大学曾经是我国设置油脂工学本科专业的唯一的高等学院，王昶教授是我国近现代油脂学科的先驱泰斗。

在 1950—1952 年，王昶教授任南京大学食品工业系首任系主任，仍保留化工系教授职务，他主导食品工业系设置了发酵、油脂两个本科专业和一个制糖专修科专业。1952 年全国高等学校开始大规模院系调整，南京大学农学院食品工业系与复旦大学、浙江大学、武汉大学的农产制造（加工）系及荣德生先生创办的私立江南大学食品工业系合并，组建成立南京工学院新的食品工业系，王昶教授继续担任食品工业系主任，又增设了食品专业。他狠抓专业建设，制定培养目标、教学与实习计划，在教材建设、实验室筹建、师资培养等方面做了大量的工作，使得新的南京工学院食品工业系稳步发展壮大。1956 年实行薪金制时，他被定为二级教授，这在全国也算是屈指可数的。

鉴于王昶教授的学术造诣和社会声望，1951—1952 年，他先后被食品工业部和粮食部聘任为技术顾问；1955 年，他担任了轻工业部科技委员会委员和高等教育部留学生选拔考试命题委员会委员；1957 年任国务院科技规划委员会轻工组委员。王昶教授于 1950 年在南京大学加入中国民主同盟，1952 年成为南京工学院民盟负责人之一。1954 年，他当选为南京市第一届人大代表。1956 年被吸收为中国共产党预备党员，是党组织向高级知识分子敞开大门后江苏首批入党的高级专家之一。

1957年9月，王昶教授抱病赴京参加全国科学技术规划会议，因突发心脏病抢救无效，于10月3日病逝。先生一贯兢兢业业，先人后己，他的英年早逝，是南京工学院的重大损失，也是我国轻工业、食品、油脂高等教育领域的重大损失。中央政府在北京八宝山革命公墓为王昶教授举行了规格极高的追悼会，据我们所知，只有极其少数的著名学者、大文豪才有资格安葬在八宝山公墓，可见王昶教授的社会地位之高与影响力之大。

直到后来，伦世仪院士已过了知天命之年，被学校指派任务去创建无锡轻工业学院发酵工程系，并任命为首任系主任。这期间，伦世仪院士经常想起他学生时期和任教期间的老领导王昶主任，试图从这位不仅知识渊博，学问精深，技术业务过硬，很有学术声望，而且具有极强的感召力和团队组织能力的前辈身上，吸取力量，获得启迪。他说：“不仅在学术领域，在学科建设与管理方面，王昶教授也是一把好手。当年主要是靠王昶主任以其卓有成效的工作，将南京工学院的食品工业系建得如火如荼，这为1958年南京工学院食品工业系整建制东迁到无锡，独立建校成为无锡轻工业学院，奠定了非常坚实的基础。”

学校编写《江南大学史》期间，编者带着书稿，请伦世仪院士对南京阶段的母校溯源、回忆、核实时，他再次提到了上述的几位教授。当看到我们的书稿中已经摘录了与之有关的若干史料，他感到非常欣慰。

伦世仪院士少年时期的求学过程已经够颠沛流离了，尽管如此，他还能以稳居全班总成绩前三名的出色表现，被保送入国立中央大学，这是他最引以为豪的一段经历。那时的他已经二十岁了，原先那个安分自觉、好学上进的齐鲁少年成熟了许多，他准备在这所全

国领先、亚洲一流的大学里，好好绘制他的人生画卷。可谁又能料到，他的本科经历也并非一帆风顺。在大学阶段，他目睹了国家民族翻天覆地的变化；他的母校跨及三所大学，所在的系科也发生了变化；更有甚者，青少年时期的艰苦生活环境使他染上了肺结核病，他不得不在修业中途提出休学，待到病愈复学时，他转到了南京工学院，最终在那里取得毕业证书。

好在名牌大学就是水平高，不仅整个人才培养计划非常接近国际先进的教育计划，最重要的是拥有一大批名留青史的卓越教师。他们中未必个个都能对青年伦世仪耳提面命，然而他们在校园里的存在，他们的声音在课堂上回荡，这些足以激励青年伦世仪在自己的学科专业中精耕细耘，并在人文精神方面自觉修养。那些先师泰斗的形象在青年伦世仪的身上投下了长长的影子，对他日后的进步形成了不可忽略的影响。总体上看，他的大学时光是可书的，当然也是可爱的。

第三章

金陵名校任教

1952年国家高等教育体系大调整的显性结果是，实用类型的院校得到大力发展，工、农、医和师范高校的数量加起来超过了总量的70%，其中工科院校的数量竟然是最多的。今天再次回顾这段中国高等教育史上非常重要的一页，我们完全可以理解，时值中华人民共和国建立伊始，百废待兴，人才奇缺，摆在人们面前的首要任务是发展工农业生产，快速增强国力。尽管在这项庞大的院系调整行动中，受苏联高等教育体系的影响是毋庸置疑的，但事物往往具有两面性，必须一分为二、应时应景地看待。这一大批术业有专攻的工科院校，确实为国家培养了相当可观的工程人才，特别是在中国被西方敌对阵营封锁扼制、苏联老大哥后来又翻脸撤离的前提下，这项大行动在推动初期社会主义建设事业的破土新生方面功不可没。

第一节　金陵四牌楼旁的名校

一、高校院系调整诞生了南京工学院

南京工学院是中华人民共和国成立之初，第一次高等教育体系大调整的历史时期所诞生的一所新的工科高校。当年兴起这项大行动的原则是：着重改造和重组旧的、系科庞杂的综合性大学；增设并加强高等工科院校；适当增设高等师范院校；将若干政法、财经类的院校与系科进行适当压缩、归并。大力整顿、加强人才培养和改造师资，为国家今后的发展创造条件、储备力量。据说至1953年年底，全面调整后的正式高等学校只有182所，大型综合性大学只剩下了14所，新格局下工科高校39所，师范院校31所，农林类和医药类院校各29所，艺术类院校15所，语言类院校8所，财经类

院校6所，体育类院校5所，政法类院校4所，还有民族学院和其他特殊类院校少许。

南京工学院成立伊始，全校建有七个系：食品工业系（图3-1）、化学工程系、机械工程系、电力工程系、无线电系、土木工程系、建筑学系。食品工业系下设四个专业，在校内也算是专业较多的二级单位，初建时期的南京工学院提出了“学校工作重点转移”的新任务：以教学工作为中心，充分发挥教师的积极性。对此，伦世仪院士回忆道：“我特别敬重当年南京工学院的校领导，他们在全校大会、教师座谈会等各种不同的场合上，屡屡强调要充分发挥教师的主导作用，并提出要向德高望重的老教师学习。校领导走家访户，上门与知名老教授促膝谈心，虚心向他们求教办学之道。按德才兼备、人尽其能的原则，逐步充实基层组织与部门的负责人，推荐知名教授担任各类学术组织的牵头人。学校还积极推介知名教授到更高的平台上发挥作用。”当时的南京工学院，在各级人大和政协兼任人大代表以及政协委员的知名教授已多达30余名；刘敦桢和杨廷宝教授还当选为中国科学院学部委员，杨廷宝兼任国际建筑师协会副主席，参加了好几项国内重大建筑项目的设计与建造。

图3-1　南京工学院食品工业系

回忆起在南京工学院食品工业系留校任教的经历，伦世仪院士印象深刻。他说："1954 年，我从南京工学院食品工业系毕业后，被留在本校本系任教，我是本专业本届同学中唯一一位留校的。早先我就了解到 1952 年毕业的几位学长，有几位已经在大型的国营发酵工厂中任工程师了。当时的工科院校被称为是"工程师的摇篮"，工程师是国家建设最需要的人才，大家的心目中那是个光彩照人的职业。我的自我感觉良好，认为自己复学来到南京工学院，经过最后 3 个学期以工科教育为主线的学习和工程实践，自己非常努力，各方面的学业基础又不比这些学长们差，于是我在工作分配的申报书上填写的都是建在我国北方的几个国营发酵工厂。工作安排的结果出来了，大大出乎我的预料：同班 12 位同学中，有 4 位分配到了华北制药厂——当时国内最大的抗生素发酵工厂，那是苏联派专家来重点援建的项目之一。后来我知道，那 4 位同学中有一位很快就升任该厂的厂长；另 3 位又转到上海第三制药厂，那是国内第一家用美国设备建成的抗生素发酵工厂，准备生产一些放线菌产生的新的抗生素，我们当年的毕业实习就是在该厂完成的。其他的几位分别分配到酒精厂、味精厂等，也都是一些大厂。只有我被留校担任助教，我是院系调整以来，食品工业系留任的第一位助教。现在回想起来有些好笑，一开始去不了国营大工厂，心里头还有些情绪，但转念一想，既然留我在学校里任教，就应该对学校、对系科做些更深入的了解吧。

南京工学院通过留下少数优秀毕业生担任助教，这还远远不够，其实成立伊始就吸引了国内外许多有识之士前来加盟，教师队伍迅速壮大起来，对这个学校早期很快地崛起，在国内外影响力的提升起到了重要的作用。全国各地的高中毕业生中不少佼佼者把高考志愿投向了南京工学院。我从留校到调离南京工学院之前（1954—1958 年），教师数量和在校生人数各翻到三倍以上，特别是在校生超过了 6 千人的规模，这在当时，就算是较大型的高等院校。初办伊始就赫赫有名，我觉得甚至连英文缩写也不谋而合，很有意思，美国麻省理工学院标为 MIT，而南京工学院标为 NIT，非常好记的同时，也意味着 NIT 要以 MIT 为追赶目标，将来也办成一所国际知名的标杆性工科大学。”

二、在南京工学院实现了由农学向工学的转型

当年南京工学院的系科设置既沿袭了南京大学带来的工科基础，又紧紧抓住了中华人民共和国建设最需要的几个工科门类，1952—1957 年，南京工学院的办学规模逐步扩大，虽然系级单位没有增加多少，但本科专业设置数由 10 个迅速发展到了 20 个。食品工业系有了发酵剂制造工艺、粮食贮藏与加工工艺学、油脂工艺学和食品机械与装备专业；化工系有硅酸盐工学、化工机械专业；机械工程系有机械制造工艺与金属切削、铸造工艺及机器、农业机械、建筑机械及筑路机械与设备专业；电力工程系则改名为动力工程系，有发电厂、电网与电力系统，工业企业电气化，热能动力装置，工业热能学专业；无线电系有无线电工学、电真空技术专业；土木工程系有工业与民用建筑、公路与城市道路、装配式建筑混凝土及钢筋混凝土制品工艺专业；建筑学系保持一个专业，但其名称由“房屋建筑”改为“建筑学”。当年南京工学院的七大系科都涉及国计民生最重要的领域，这些专业的设置非常及时、非常实用，且具有可持续发展的前景。

南京工学院的迅速发展，为伦世仪院士由农学到工学的学术发展提供了良好的基础，多年后伦世仪院士还记忆犹新：“作为一所工科类高校，南京工学院极为重视实验与实习条件的建设，在短短的几年内，建成的大大小小的实验室和实习工厂竟然达到了 72 个，不得不说是个奇迹。图书资料也在短短的几年时间内翻了 10 倍，俄文版书籍和期刊大量增加，我原本具有较好的英文基础，现在逼得我不得不抽出业余时间，突击性研习俄文。从原先的农学类系科转到工科，我的任务是尽快实现从农学到工学的转型。有了很不错的实

验与实习条件与环境，我的科研动手水平和工程实践能力都得到了显著的提高。”

三、食品与发酵学科的源头与脉络

关于食品工业系的发展，食品与发酵学科源头的追溯，伦世仪院士有自己的认识。他说：“直到我毕业留在食品工业系任教后，我才逐渐对自己的这个‘母系’有了更多的了解。1952 年，南京大学农学院食品工业系与浙江大学农化系、私立江南大学的食品系和武汉大学、复旦大学农化系中的农产品制造专业等合并，师资队伍、图书资料等都迁到了南京，成立南京工学院食品工业系。然而关于食品学科的主线可以追溯到什么源头？在很长的一段时期内，众说纷纭，意见不一。其实高等教育系科主脉的溯源并不复杂，不过最需要讲究科学论证、历史求证。

2008 年，我任职的学校——教育部直属的江南大学，筹备独立建校五十周年纪念活动时，这个问题又重新提了出来。所谓‘当年不写史’，但建校过了半个世纪之后，学校有责任系统地追溯、整理办学发展历史。2009 年，学校组织力量开始收集校史的有关资料，也向我咨询了若干议题，我也算是元老了，我与食品学科的结缘，历经了五个不同的阶段——国立中央大学、南京大学、南京工学院、无锡轻工业学院以及今天的江南大学，也许可以表达些意见。我个人认为食品学科主线应该要追溯到国立中央大学初期阶段，当时国立中央大学的农业化学系大力推进发酵食品领域的科研与教学。从此以后，发酵食品学科主脉从不断线，直至今日成就了在国内外皆闻名遐迩的两个国家重点学科——江南大学的‘发酵工程’和‘食品科学与工程’学科点。”

伦世仪院士非常诚恳，他说：“我要强调，其实在这个问题上，真正启发我的是国立中央大学校友、学长、美籍华裔教授曹祖宁先生。曹祖宁教授本科毕业后到美国深造，获得化学工程博士学位。

他长期在美国普渡大学任教授，是国际化工界特别是生物化工界和再生能源产业发展领域的知名权威。在国立中央大学读书时，我和曹学长之间并无多少交集，但在改革开放后，通过学术互访，曹教授和我重新建立起密切的联系。曹教授曾为我们学校培养了几位访问学者，联合培养博士研究生，他经常回国访问，在国际会议上做主题发言，他将美国发展生物化工、生物能源的科技动态介绍给我们。我也访问考察过普渡大学曹教授的实验室。

学术互动的同时，不免要拉拉家常、叙叙旧，曹教授告诉我，国立中央大学农业化学系为他打下的基础让他受用终身。他虽然是大化工领域的教授，但所从事的研究依然是建立在发酵工程基础上的生物化工方向。曹教授强调，国立中央大学真正启动发酵食品方向科研和教学的时间节点，应该可追溯到 1930 年，那一年国立中央大学聘请魏喦寿教授前来担任农业化学系主任，并开启新的学科方向，那便是发酵食品方向。曹教授的观点给我留下了深刻的印象”伦世仪院士补充道。

在我们编写《江南大学史》食品学科主脉源头的篇章时，请示过伦世仪院士，他提出，应溯源至魏喦寿教授开创性的阶段，并建议我们到南京大学、东南大学查阅史料，咨询有关的记载。经过相关资料的查阅，我们终于能够清晰地认定：1927 年，魏喦寿教授从日本京都大学学成回国后，一直从事中国传统食品微生物的分离和鉴定以及发酵机理研究。随后他被国立中央大学聘职，于 1930—1937 年担任农业化学系（我国高校的第一个农业化学系）主任、教授。魏喦寿教授不负众望，他在酒精发酵生产技术方面颇有建树。那时正值抗战期间，日寇占据交通要道，封锁我方重要物资包括能源的运输，汽油、柴油极为短缺，魏教授研发的工业酒精的发酵生产技术大大缓解了交通燃料的补充，今天看来，他也是发酵生产再生能源的开山鼻祖。魏喦寿教授还在中国传统发酵食品——豆腐乳中，发现了毛霉的新菌种，经分离鉴定和深入的发酵机理研究后，认定大豆发酵中，毛霉是转化蛋白质成为风味氨基酸的最主要的微生物菌种。他的学术论文发表在 *Science* 期刊上，这是国内研究成果首次在美国的这个重点期刊上发表，一时间引起很大的反响。1931年，他还分离到一株拟青霉，相关的研究成果被英国出版的专著《青霉素》所吸纳。我们的发酵、食品学科主脉追溯到 1930 年的国立中央大学魏喦寿教授所开创的格局，是很有依据的。

前人栽树后人乘凉，在教师们持续努力下，南京工学院的食品与发酵学科发展非常迅速。伦世仪院士回忆：“南京工学院在成立初期建有发酵工学专业、制糖专修科的基础上，1954 年又创建了全国第一个‘粮食加工与贮藏工学’专业，1955 年，又成立了我国第一个‘油脂工学’和‘食品机械’专业。食品类专业的扩增与加强，在一定程度上也归功于浙江大学、复旦大学、武汉大学和私立江南大学的一批骨干师资的加盟，他们分别在应用微生物学、农产品分析、粮食加工与贮藏、制糖工程、油脂加工等领域各有专长。当年南京工学院的食品发酵学科的师资力量，在全国范围内算是屈指可数，无论教学培养体系，还是科研实力、实验室装备而言，都走在全国同类的最前沿。我为自己能够在这样的单位任教而感到自豪。”

第二节　留在食品工业系任教

一、第一个按工学计划培养出来的新手

留在食品工业系任教的伦世仪院士生活虽然艰苦，但工作非常充实，教学能力不断提升。伦世仪院士回忆：“留校任教时，我知道自己是第一个按照工学计划培养出来的新手，这也意味着补充新教

师重在选择工科背景的新人。留校后，我住入泰山坊集体宿舍的一个单人间，那是一个处于一楼和二楼之间称为“亭子间”的小房间，估计原本是杂物间。这个宿舍仅6~7平方米，放着一张单人床，一个书桌，一个书架，在物资匮乏、条件简陋的年代，我竟然不觉得这个空间有多狭小，有独自居住的房间就算很不错了。每日清晨，在路边买一碗豆浆、一根油条，有时加一个鸡蛋，吃完简单的早餐就到校上班；中晚餐都在学校食堂里就餐，很方便；每天忙到晚上9点之后才返回宿舍。

工作很充实，生活很简单，就这样，全天忙个不停。在我工作的第一年内，每逢系里安排学生认识实习，生产实习，或毕业实习，我必定有任务，为学生安排工厂实习计划，带学生下工厂，指导他们的实习，更正他们的实习作业。后来逐渐过渡到，由我主带毕业班最后一学期的毕业实习，以及指导部分毕业生的毕业设计。那个阶段，工作任务饱满，时间过得飞快，要解决的具体问题也不少，我学会了独立完成各种形式的学生指导任务，自己的综合能力也不断增强。”

二、突击俄文，翻译教材，准备新课

1952年，南京工学院成立后，在“全心全意为教学服务”的号召下，教学整体工作进入活跃期。学校共开出256门新课，并大力组织编写或采用新的教材，教学方法和各个教学环节均按苏联高等工程教育的要求，鼓励教师翻译教材。基本保持苏联教材精神、体系者，占20%；以旧有教材为基础、部分吸收苏联教材内容者，占70%。1955年后，才逐步提倡结合中国实际编写教材。伦世仪在南京工学院留校期间，在前辈的指导下，积极投入教材编写的任务中。

伦世仪院士在他的自述回忆稿中提到：“全国院系大调整以来，我作为食品工业系留任的第一个青年助教，眼看着自己的同学都分配到令人羡慕的国营大厂，就把我一个人留在了学校，还没有来得及闹情绪，更多的任务下达了。留校一年后，我接到通知，要求按照苏联发酵工学专业的教学计划，协助王鸿祺副教授（图 3-2）开设出“发酵生产设备”课程（一学期，4 学时/周），同时交给我的就是那本由苏联的波波夫教授编写的一本俄文教材。老天爷！我从小学的是英语，若是翻译英文教材倒也罢了，可是俄文却从来都没有碰过啊。于是整个暑假，我就卖给了俄文突击班，正好学校需要培训一批青年教师具有俄文翻译水平，暑期中就举办了每 20 天一期的“俄文速成学习班”，教材是清华大学编写的，其中的课文和单词有针对性地适用于工科人的需要，突出的特点是着重句法基本架构分析，帮助青年教师在查好单词后，能够迅速组装成译文句子。我真不知道，自己是如何连滚带爬地闯过俄语入门的第一关。

图 3-2　王鸿祺教授

只记得 20 天之后培训班结业，我就开始抱着波波夫写的教材，不分白昼黑夜啃了起来。学过化工原理的人，理解俄文教材中的推理部分没有那么困难，但每日面对成堆的单词和专业词汇，都必须要记牢。为此，我将它们分门别类记在小纸条上，正面俄文，背面中文，一端用橡皮筋扎起来，有空闲就背诵，实在背不出就翻到背面对照中文。随身携带着，走到哪，背到哪，在汽车站候车时也不例外。就这样，加班加点，坚持不懈，一年之后，学生就拿到了我们翻译成的中文讲义。后来在讲义的基础上，我们又补充丰富了关于发酵设备的内容，后来得以正式出版，那是后话了。现在回想起来真是有点不可思议，可是在新中国建设的初始阶段，各行各业的许多任务不都是靠拼命突击才完成的吗？

在这门新课开讲的同时，我又根据学校的统一要求，开始策划下学期学生的毕业设计计划，为学校首次实施这一重要的教学环节做好准备。这一年中，我的工作取得一点成绩，竟然得到了领导的肯定，当年的发酵教研室主任朱宝镛教授（图 3-3）还任命我担任教研室秘书。

图 3-3　朱宝镛教授

1956 年，南京工学院开始了教师职称评级，并随之进行了相应的工资调整。助教分为 10、11、12 三级，我被评为助教 10 级，记得月工资好像是 75 元。而比我晚一年毕业留校当助教的同事，见习期为 1 年，到 1956 年评级时，只有 12 级了。更不幸的是，其后好多年教师们都没有机会调整职称级别和工资，当时我感觉，对他们而言显得不太合理。”

第三节 印象深刻的老领导和骨干教师

一、最敬重的老领导——汪海粟

伦世仪院士的自述材料中，专门提到了南京工学院期间的一位老领导，他就是汪海粟。伦世仪院士说：“我在南京工学院担任的工作虽然任务繁重，但可以说是舒畅且满意，这要归功于当时南京工学院有着一位令人敬重的党委书记兼院长——汪海粟同志。”

汪海粟（图3-4），1933—1937年，在同济大学德文补习科和电工机械系学习。在校期间就参加了抗日救国青年团，领导同济大学的学生救国会。1936年他在同济大学加入中国共产党，担任学生特

图3-4 汪海粟书记

别支部书记。1937年汪海粟毕业于同济大学工学院，正值抗战全面爆发，毕业后他就弃笔从戎，参加了新四军，任宣传科科长。听说1941年皖南事变时，他被捕入狱，而后逃出国民党的牢狱，在江苏和浙江一带组织民众参加抗日武装力量。解放战争期间，他在江苏组织游击队。中华人民共和国成立后，他的主要工作地依然在江苏。

1952年，他出任新组建的南京工学院院长兼党委书记，这是南京工学院的福音。他于11月上任后，就提出要坚持党的集体领导和校级领导个人负责的领导制度。他要求大家大胆工作；提出大力整顿教学秩序、精简校内原先庞杂的组织、严格控制会议的召开、把更多的时间留给教学与科研。他尊重教师，充分调动教师的积极性，特别是历史清白，有真才实学，在学界有崇高声望的教授、副教授们，他不分党内党外人士，而是根据需要，尽量做到用人唯贤，人尽其才。

汪海粟书记的领导魅力，多年之后，伦世仪院士都依然清楚地记得："当年他要求有关行政部门都要为教学优先服务。哪怕我们是年轻助教，因工作和教学需要，只需填好实验器材申请表，投入指定的信箱，有关部门的责任通知人就会主动上门来沟通，了解具体的需要，并说明执行情况。我们长途出差时可以预订硬卧火车票，也只要填表写明时间车次，投入信箱，火车票就会如期送到。

让我最受感动的是，汪海粟书记自己一家住在蓝园的一处小平房内，却把蓝园3处花园别墅中的两处，临时安排给结核病患者，相对隔离居住，另一套小别墅则分配给朱宝镛教授，为的是使他得以安心工作。朱先生子女多，原先两地分居，这样解决了他的后顾之忧，使朱先生腾出更多的精力用在学科建设上。当时学校只有一部苏联进口的'华沙牌'小汽车，照理说他这样级别的老干部完全可以享用，可是他总是骑自行车上下班。记得我为了接送外请来校参与毕业设计答辩会的专家们，曾经多次用过这辆'华沙'车。我有一次生重病，也是由这辆车送我去医院就诊的。这样清正廉洁的老干部，又有名牌大学的学历背景，让人非常敬重他。在他的领导下，那个时期的南京工学院，人心思治，教职工团结奋斗，学校各方面的工作出现了欣欣向荣的面貌。南京工学院在学界也享有更高的盛誉。

1957年反右运动开始时，汪书记还给我们做动员报告，他呼吁大家不要有过多的顾虑，记得他说，‘我保证南京工学院不会有右派分子。’谁知此言一出，他就被抓住把柄了，自己反被划为‘右派分子’。听说，此案一直到了20世纪70年代末，才得到平反。像汪书记这样的好领导得到如此不公平的处理，当时我觉得，汪海粟事件的发生，意味着我在南京工学院本来非常美好的一段时期（1953—1958）就此结束了。”

二、几位很有学问的骨干教师

伦世仪院士对在南京工学院期间与他共事的一些前辈同事也非常尊重。20世纪50年代中就担任了教研室秘书的青年伦世仪，比其他的年轻人有了更多的机会了解教师队伍的情况。

除了朱宝镛教授是顶头上司外，他还是王鸿祺副教授的助教，对他是比较了解的。

王鸿祺同是山东人，1939年毕业于北京大学，精通化学工程与设备，1947年开始，先后在贵州大学、南京工学院任教，特别是到了南京工学院食品工业系后，他在酒精蒸馏工艺与设备方面的专长得到了发挥，他加盟到发酵工学专业，为这个专业带来了发酵设备与工程方向，率先开设了有关方面的课程。伦世仪院士说："我就是给他当助教的过程中，逐步确立我个人的学术专长，从此走入发酵设备设计与生物化工的学术方向。王鸿祺教授101岁才离开我们，也是我的师长中最长寿的一位。

同一教研组的檀耀辉（图3-5）讲师也是业务骨干，他是从浙江大学农业化学系调过来的。檀先生1944年毕业于浙江大学，并留校任教，1952 年来到南京工学院食品工业系后，从事微生物学和发酵工艺学方面的教学与科研。记得檀先生眼睛严重近视，但记忆力超常，上课时他几乎不看讲稿，但对一些基本的概念和关键的数据倒背如流。他经常对青年教师和学生强调：学习微生物学一定要接触拉丁文，记住拉丁词汇的发音规律，才能准确鉴别微生物的科、属、种。檀先生对学生的指导非常认真，有问必答，诲人不倦。他也是我学习的榜样。

图 3-5　檀耀辉教授

王慕臧曾经是我在国立中央大学读书时的学姐，还当过我们班的辅导员，当年就是她指定我担任班长，让我在服务同学的过程中，各方面的能力得到锻炼。她比我先一年留校任教，同在发酵教研组工作，她虽然是助教，但为人处世都很老练，业务上也很精进，上课、辅导学生学习、做学生的思想工作，都很有一套。南京工学院食品工业系成立伊始，她就担任了系教师党支部的书记。1949 年，当王慕臧还是国立中央大学农业化学系学生的时候，就已经参加了迎接解放的革命斗争，后来我才知道她享受离休干部待遇。1958 年她和我们一起东迁来到无锡，继续成为同事，也是我们家很亲近的好朋友。后来因家庭分居两地，她又调回南京去了。

当年的女同事很少，还有一位值得一提的女同事就是跟着檀耀辉先生一起从浙江大学调过来的傅建生助教。傅建生，祖籍浙江绍兴，1928年生于江西南昌。1947年考入浙江大学农化系学习，1951年毕业后留校任教。1952年后到了南京工学院，1958年也和我们一起到了无锡轻工业学院，她和我一样于1961年晋升为讲师。因为家庭两地分居，她调回了南京，先后在南京林学院、江苏省化工研究所、江苏省食品发酵研究所担任学术负责人、高级工程师、副总工程师、副所长。傅建生长期从事微生物发酵的研究，她非常能干，共主持11项科研项目，其中利用甘薯制造丙酮–丁醇的研究获中华人民共和国科学技术委员会科技成果奖；曾被评为江苏省科学大会先进工作者。她还在全国性专业学会和行业情报站任职。可惜五十来岁就因突发心肌梗死过世了。

从南京工学院食品工业系一起调到无锡的还有好几位前辈，我都很敬重他们。其中包括沈学源教授、黄本立、向瑞春、刘复光、刘树楷、汤逢等前辈。”

沈学源教授（图3–6）曾于1928年赴日留学。1935年，获日本九州帝国大学农艺化学科硕士学位。同年6月回国，任江西农学院农化组组长。次年8月，调入国立中央大学农化系任教授。1942年起，历任重庆上川工业公司农化厂、中国粮食工业公司农化厂厂长、总工程师，上海诚义油厂厂长等职。1950年，任上海水产学院教授兼私立江南大学教授。1952年8月，任南京工学院教授。1958年6月，任无锡轻工业学院教授、粮油工程系主任。1962年，任国家科委粮食组成员。1964年、1977年，分别当选为江苏省第三、第五届人民代表。沈学源毕生从事粮油科研工作，曾经是国家轻工业部、商业部的科技顾问和多项评审专家。1981年后，任江苏省科协常委、江苏省食品及发酵学会理事长、中国微生物学会酿造分会副理事长、中国食品工业协会常务理事、中国民主建国会会员等职务。沈学源教授主持研制过军需用“脱水米饭”和“蒸谷米工艺和配套设备设计”，后者曾获1978年全国科学大会奖。

图 3-6　沈学源教授

来自浙江大学的黄本立教授，1931 年从日本学成归国，曾在浙江大学教授过园艺产品储藏与加工、农产品加工、农产品分析和生物化学课程，之前他也曾经在国立中央大学有过教职。黄本立教授也是一位博学多识的老知识分子，在我国的农产品加工和粮油食品领域享有很高的声望。

随着武汉大学调过来的向瑞春教授则从比利时深造归来，并在比利时圣布鲁农业研究所担任过助理研究员。向教授在农产品分析、生物化学等方面颇有建树，还是食品质构研究方向的倡导者。向先生精通五国外语，生性好动，德智体全面发展。他是游泳健将、交谊舞好手，自行车骑行高手（九十多岁尚能骑车）。他于 98 岁高寿之年过世，生前曾经被评为“全国健康老人”。

刘复光教授出生于南通地区一个农村家庭，但他好学苦读，获得赴美国留学的奖学金，一直修到博士学位。他响应国家号召，在欧美同学会的鼓舞下，于 1951 年回国，曾在燕京大学和天津大学任教，而后调到了南京工学院，他长期从事油脂浸出和植物蛋白的研究，是我国第一座弓形优质浸出器的研发设计者。刘复光教授还曾经是全国民进常委、全国政协委员。

刘树楷先生，1948 年从美国威斯康星大学获得硕士学位，回国后受聘为南京大学农化系副教授、制糖专修科主任，后担任南京工学院食品工业系制糖理论与技术方向的带头人，那时他是学院里最年轻的副教授，他曾在国际制糖学术交流会上，以翔实的考证资料和古文献依据，反驳了印度学者号称制糖技术始于印度的说法。

汤逢先生 1937 年毕业于上海大同大学，并留校任教，他是油脂化学与食品化学方面的专家，后来他在新型脂类合成与应用方面具有独到的见解和很深的造诣。他本人后来还担任无锡轻工业学院的副院长，在担任校领导期间，为推动青年教师出国研修，促进研究生培养紧跟国际化前沿动态，做出贡献。他父亲是画家，汤教授随意创作的素描也别有人文气息。他写得一手好书法，在国际交往中，有时就将自创的诗词写成书法中轴，赠予美籍华裔教授。一些国际知名的食品界科学家，如张驰祥教授等，对汤逢先生也非常敬重的。

青年伦世仪在南京工学院任教期间的小结，也许可借用他曾有过的表达："我在南京工学院只度过短短的五年多时间，在那儿取得毕业证书，又在那儿担任四年的助教。南京工学院建在原有国立中央大学的校址上，一切于我都是那么地熟悉，那么地亲切，我对南京工学院有着一份特殊的感情，这也就是为什么，当年的人与事还记得比较清楚。南京工学院就像一座大熔炉，它把一个虽然好学上进，但同时又有些内向腼腆的山东小伙子，逐渐打造成了一个学业方向明确、理想志向坚定、内心充满梦想的青年学者。我之所以要絮絮叨叨地提起这么些老领导、老教师和老同事，确实是因为我非常敬重他们，欣赏他们，正是这些爱国爱校、德行兼备、孜孜不倦的学科奠基人和中坚力量，在无形中感染我、鼓励我、鞭策我。如果说日后我还有那么一点点小成就的话，其间就带着他们的影子。

南京工学院的经历是我一生中最重要的奠基石。离开南京工学院东迁到无锡的那年，正值我‘三十而立’，我开始面临在无锡的‘第二次创业’。”

第四章 东迁无锡初期

20世纪50年代，国家正在大力振兴轻工业，轻工业系统需要大量的人才，设立重点为轻工业生产单位培养高级专门人员的任务，时不我待。中华人民共和国成立之初，江苏省的区划进行了较大的调整，早年共划为三大区块——南京作为省府；以长江为界，设立苏南行署和苏北行署，分别管理南北两片地域，无锡地处苏南的中心地带，曾经是苏南行署的所在地。近代史上，民族工业相对发达，民国政府时期，面粉工业、纺织、丝绸工业位居全国县级工业之首，故而无锡号称“小上海”。选择无锡作为建设新的轻工业高等院校的落址，是很有道理的。1958年8月18日，由江苏省人民委员会批准，南京工学院食品工业系东迁无锡独立建院，成立“无锡轻工业学院”，前三年隶属江苏省领导，随后隶属轻工业部。

第一节　随食品工业系整建制迁到无锡

一、对食品工业系发展成一所学校的认识

关于发展壮大食品学科，并以此为核心成立轻工高校，当年的人们有着清晰的认识。“民以食为天”，食品工业发展对于国计民生意义重大。当时国家经济发展的三大支柱是：农业、重工业、轻工业三大板块。食品工业不仅是为了满足人民的生活需要，提高物质生活水平，对于经济发展的三大板块而言，都有着重要的支撑作用。一是它以农副产品为主要原料，通过精细加工提高其附加价值，推动农业的发展；二是当时国家工业基础薄弱，急需发展基础工业，我国的食品资源丰富，形式多样，独具特色，是出口换汇的重要源泉；三是当年轻工业体系刚刚形成新的架构，食品工业的发展和人

才专家相对而言基础较好，是轻工行业的重要支撑。我国的食品产业历史悠久，在民间各种食品发酵技艺、烹调技艺丰富多彩，急需深入挖掘，科学整理，发扬光大。因此独立成立食品工业学院或以食品学科为核心的轻工业高等院校系统，在当时是明智的决定。

关于南京工学院食品工业系东迁这一决定，伦世仪院士有着自己的认识：“我在南京工学院任教时，对后来关于食品工业系整建制迁移新建独立高校的决定并不觉得诧异。南京工学院作为一所重点工科高校，早在1956年，就已经承担起系科快速发展与筹建新校的任务。1956年，南京工学院分出了无线电系的部分专业，与其他的相关专业合并，成立了新的无线电学校；分出了工程测量专业，会同其他高校的有关专业，成立了测量绘图学院；分出了部分师资参与筹建新的航空学院；1957年，又分出了公路与城市道路专业，会同其他高校成立了公路学院；1958年，食品工业系还分出一些师资，参与筹建南京粮食食品学校。当然对于我们而言，随着食品工业系迁到无锡建校则是人生的一个转折点。”

二、无锡轻工业学院取名过程小插曲

根据校史档案记载：1956年2月，根据中央关于社会主义建设和改造事业“全面规划，加强领导，又多又快又好又省”的方针和高教部关于打算在“十二年内新建230所左右高等院校（其中包括农林院校约75所）”的要求，南京工学院制订了《十二年（1956—1967）工作计划纲要（草案）》，计划在1956—1958年，调出8个专业，新建包括食品工业学院在内的7所高校。

关于无锡轻工业学院成立的前后过程，伦世仪院士有着较为清晰的记忆。他说：“1958年，南京工学院的食品工业系办公楼里弥漫着一股紧张忙碌的氛围。同年4月，南京工学院拟订了《食工系十二年工作规划（草案）》。明确提出：‘根据国家食品工业发展需要，规划本系于1958年调出，单独成立食品工业学院’，要求当前

'以提高教学质量、完成教改为中心，打好基础，作为建院准备'。同年6月，又拟订了南京工学院《食品工业学院建院计划草案》，明确提出了拟设置的系科专业、机构编制、建院步骤和师资、行政人员补充计划等。筹建初期，这所新学校的名称暂定为'江苏食品工业学院'。一开始只知道我们的食品工业系要拓展成一所新的食品工业学院，但不知道是留在南京，还是要迁离南京，反正大家既兴奋，又有些不安。

暑期尚未结束，我们就进入紧急动员状态，全系干部、师生员工，全力以赴，打包装箱。准备搬迁的同时，中共无锡市委指派杨增为学校党政主要负责人。1958年9月9日，无锡轻工业学院行政印章开始启用，9月24日，'中共无锡轻工业学院委员会'图章也刻好了。1958年10月26日，中共无锡市委任命杨增为学校党委书记，1959年2月，江苏省人民委员会任命杨增为无锡轻工业学院院长。

无锡轻工业学院（图4-1）是全国最早成立的轻工高校之一，同一时期，还在北京、天津、大连也成立了轻工业学院，不过各所高校在专业上既有分工也有重合，都归属于刚刚成立不久的轻工业部管理。

图4-1　无锡轻工业学院社桥老校区教学楼

我的印象中，尽管建校初期的条件非常艰苦，但学校里从上到下还是弥漫着一股积极进取的氛围：（1）切实贯彻知识分子政策，一批教师晋升职称；发挥教师专长，对学非所用者进行了合理的调整；为造诣深厚的老教师配备优秀青年教师，作为长期且相对稳定的助手，以继承他们的学术专长，我有幸成为王鸿祺先生的助手。（2）提高本科教学质量，全面调整教学大纲，规范实验课程的教学，加强学生基本技能的训练，规范了课程设计、生产实习和毕业设计各环节的指导，对学生提出更高的要求。我长期参与学生的各类设计指导。（3）1960 年开始，学校在发酵、油脂、粮食等专业开始培养研究生，这是全国同类专业中的首批研究生，记得我们发酵专业的毕业生丁霄霖转到了粮食加工专业攻读研究生，接受苏联专家金斯布尔克教授的指导，还有毕业生袁身淑留校继续攻读发酵专业的研究生。（4）开始培养留学生，当时中国和越南关系密切，我们学校为越南等国家一共培养了 18 名本科生和进修生。1961 年公布的‘高教六十条’对本校的各项工作具有很强的指导性。我作为青年教师，边学习边提高，参与了各个教学环节的工作，眼界大大开阔，能力得到提高。”

第二节　建校初期的手拉肩扛

一、日伪警备司令部旧址被改建成校舍

无锡轻工业学院为全日制的高等工科学校，学校的基础为一个系，所以初创时规模很小，设食品工程、粮食工程和机械工程三个系。下设有发酵工学、食品工学、油脂工学、食品机械、粮食加工

与贮藏五个专业和一个造纸专修科，共35个班。除造纸专修科外，其他专业的学生在校修业年限均为五年。

伦世仪院士说："记得从江苏省人民委员会批准筹建到正式开学仅三个月时间，无锡轻工业学院从一个整建制系迁至异地建成为一个独立学院，面临着很大的困难。当时建院任务重，时间紧；教师少，职工缺；房舍不足，设备匮乏。一切都要白手起家，重起炉灶。建院筹备委员会的领导成员朱宝镛教授来到现场指挥，其他领导成员在南京异地协调。中国人民解放军第二十三速成中学支援了一批干部和职工，确保迁建工作的顺利进行。我们的院长兼书记是无锡市委原宣传部长杨增，我们原来的食品工学系主任朱宝镛教授任副院长。"

建校伊始，条件极为艰苦。当时社桥校区房屋建筑总面积仅为19473平方米，使用面积为13648平方米。其中教学用房只有5053平方米，行政用房为1266平方米，生活用房为7329平方米。在这狭小的区域中，要安排1200余名师生的教学、实验、生活、生产及各种附属用房，人均使用面积与当时高教部颁布的30.5平方米/人的规定相差甚远。但创业者们不畏艰难，充分利用各种条件，为教学、科研提供便利。伦世仪院士还记得："学校校址（社桥校区，图4-2）为沪宁铁路沿线1952年迁来的华东艺术专科学院的旧址，有些来历的。听说抗战期间，日本宪兵队占用时又建了几幢营房。有意思的是，在社桥校区看上去最像样的一幢楼成了学校的行政楼，我们进进出出，一开始并不知道其来历，后来才知道，日伪时期曾是无锡警备司令部旧址。使用单位几经变动，解放战争时期是国民党无锡县县党部，部分房屋为忠勤职业学校和教育学院占用。'天翻地覆慨而慷'。我们刚入驻时，院子大门口还挂着别的单位的牌子。

这里的环境与南京工学院相比，真是天差地别。初来乍到，对社桥校园的印象可用'破旧、杂乱'来概括。园内杂草丛生，房屋破旧，杂乱无章。第一批到无锡的师生面对杂草丛生的校园，立即

图 4-2　社桥老警备司令部大楼

开始清除杂草打扫室内外环境，清理修缮宿舍和教室，补墙的补墙，刷灰的刷灰，很快使校园变了样。

我跟着同事们在南京工学院打包装箱，凡是食品工学系所属实验室的一切设备均可随迁，没有另外的‘陪嫁’。当时正逢大炼钢铁的高潮，自来水管成了紧缺物资，因此我们不得不将原有实验室的水管及其他管件拆光，我和1956年留任助教的杜贵安老师，作为年轻的男教师，不得不钻入楼板和地面的夹缝中，艰难地拆除较大口径的管道及其附件。我是到了1958年11月才正式离开了南京工学院，扎根到了无锡。从南京向无锡陆续发运过来的图书、仪器、设备甚至家具，都是师生去火车站用板车拉回来。幸亏当年的社桥校园距离火车站还算近，每天卸载运送设备和图书等往返好几趟，手拉肩扛，个个汗流浃背。板车坏了，自己动手修。当一排排的图书上了架，仪器设备在一个个的实验室内安装到位，我们深深地感到建校维艰，不过一旦干起来也就忘记了酷热和疲劳。

无锡轻工业学院建院伊始，最缺的是大教室和实验室，食堂等生活用房也有很大的缺口。党政领导当时决定，先集中力量把部分房屋改建成教室和实验室，以应教学之需。同时，合理安排用房，压缩行政用房，优先解决教学、科研、图书馆等需要。为尽量提高教室利用率，每周排课超过40小时，饭厅采用分批进餐。实验室和厂房暂不新建，采取合并利用或轮换穿插使用。由于生活用房紧张，部分教职工眷属仍暂留在南京工学院。对木工、瓦工、电工类附属工房和仓库等，则因陋就简，修理旧房，建造简易房屋和草棚，甚至连日本占领时期留弃的碉堡都被用作仓库。”

二、11月17日开课，后确定为校庆日

所有的努力，都是为了人才的培养。伦世仪院士继续回忆：“全体师生共同克服困难，从发文宣布南京工学院食品工业系迁到无锡独立建校，整整100天后，1958年11月17日，无锡轻工业学院正式为学生们开课了，这一天意义非凡，后来被确定为校庆纪念日。”

本着先迁后建的方针，首先围绕开学展开各项工作，确保能上课。开课阶段面临教学任务重、师资不足等诸多困难与挑战，主要以解决专业基础课和公共基础课的师资作为重点，在自力更生的前提下积极争取外援。南京工学院只为我们无锡的建校配备了很少的几位公共基础课教师，专业基础课和实验指导的教师就更少了。动员专业教师兼任专业基础课及技术基础课，培养高年级学生作为师资。同时，各系广泛地开展了系际和组际之间的相互支持，充分调动教师尤其是中老年教师的积极性。当时，师资力量薄弱，74名教师中讲师以上仅占31%，教学力量大部分集中在几个专业教研组，基础课和共同技术基础课一般只有1~2名教师，有六门课程教师空缺。但是，广大教师不怕苦，不怕累，争相承担教学任务，协同配合无间，发挥了高度的积极性。如数学教研组每个教师每周要担任20小时左右的讲课和习题课任务，教师一人承担两门课的教学任务实属常见。

当时，伦世仪院士作为一名年轻教师，也积极地参与其中，为教学活动的正常开展奉献了自己的力量。他回忆道：“学校动员青年

助教勇挑重担，参加部分基础课的教学任务。响应者还不少。我和另一位青年教师报名教电工课，我成为电工学老师梁家佑先生的助教。梁先生1943年毕业于西南联大的电讯工程系。他从南京工学院带来了整套交直流发电机和电路的实验设备，他还选用清华大学非电工学专业的电工基础教科书作为教材。我们在他的指导下，帮助他一起建成了电工实验室，帮他指导学生实验。对于我这个生手来说，由于电工课是普通选修课，工作量很大，更不用说备课需要大量的时间了。后来我跟人说起我教过电工课，人家都觉得很奇怪。其实那个时候的人非常单纯，服从安排，尽力而为，这些好像都是自然而然的事。

我做了一个学年的电工助教，等到次年，电工专业的青年教师来了，1960—1961学年的第一学期末，我就抽身告退了。1960年秋，学校又安排我开新课《化工仪表》，派我去华东化工学院，师从蒋慰孙教授学习，从讲课到带试验，一年结束。回校后及时为发酵和食品机械专业62届四年级学生开了课。不久就有浙江大学化工仪表专业的毕业生分配到了学校，我又及时告退，1963年回到了我自己的本行专业。不过参与电工和化工仪表等课程的进修与教学，为我扩大了知识面，对后期主持综合性较强的国家攻关项目，还是很有帮助的。”

三、再艰难也要在社桥建实验工厂

1959年，经江苏省轻工业厅批准，无锡轻工业学院以社桥校址为基础，扩建征地26亩。首先建造面积为5850平方米的教学楼，投资29.66万元。1959年8月开工，1960年8月竣工，教学楼的建设使得教室不足且简陋的问题暂时得到缓解，但实验教学条件依然很差。独立建校伊始，广大师生共同整理、安装、拆迁实验设备，因陋就简创建了一批专业基础与技术基础实验室，其中包括无机化学、有机化学、分析化学、物理化学、谷物化学、微生物、物理、电工、化工过程及设备、通风除尘、粮食加工、油脂加工，共12个实验室。实验室建设和使用的原则是避免浪费，充分发挥物资设备的潜力。一方面通过清仓核资工作，处理积压物资；另一方面加强对仪器设备的维修保养；改进仪器设备的采购供应工作，先摸清家底，再根据经费情况制订采购计划，克服盲目采购现象。对部分设备还采取了在全院范围内统一调度的方法，避免重复，提高仪器设备的使用率。

根据当时的要求，作为一所独立建制的工科高校，必须建有实验工厂，这些实验工厂是工科院校教学科研的基地（图4-3）。在艰难的条件下，如何建设实验工厂？当时的师生为此想方设法。伦世仪院士回忆道："在全面'大跃进'、全国办工业的形势下，设备、材料都非常紧缺。学校初建伊始，原先只有一个金工厂，紧接着就建起了米厂、砻糠水解厂、油脂厂、溶剂厂、机械厂，与我们专业有关的，则有白酒酒精厂、抗生素厂、溶剂厂等，随后这些与专业

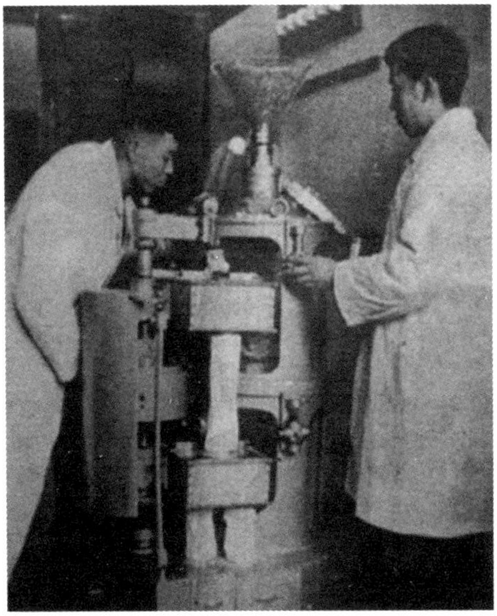

图4-3 学生在实验基地实习

有关的车间又归拢到‘发酵厂’的名下。办工厂贯彻‘先土后洋、土洋结合、因陋就简’的原则，通过‘拆、借、凑’各种办法，教师带领着学生，样样都自己动手，做着木工、泥瓦工、车工、电焊工、钣金工的工作。我参与了发酵设备和酒精蒸馏装置以及相关管线的安装。安装、试车、改进、再试车，这样的实践过程使我的动手能力得到显著的提高。

建在社桥校区的各式各样的小工厂大大地锻炼了教师的动手能力，提高了他们的科研意识，方便了科学实验的同时，还促进了科研转化生产力，带来了可喜的成果。我还记得，当年建在社桥的溶剂厂实际上也是发酵生产溶剂——丙酮–丁醇的生产模型，在这个小小的工厂里，梭状芽孢杆菌能够在厌氧的条件下，把淀粉原料转化成丙酮、丁醇、乙醇，再经过蒸馏设备将混合溶剂中的各种组分拆分、纯化。随后不久，无锡市新建的溶剂厂即上门求助，他们在溶剂蒸馏环节存在着一定的困难，于是我们这些‘知识分子’就派上了用场，我们知道如何选择蒸馏塔类型，如何计算塔板数，我们为无锡溶剂厂安装了膜式蒸馏塔，进行了中试，试图用最简化、最高效的工程改造，达到混合溶剂的有效分离。后来学校还建成了 Co^{60} 放射实验室，用于辐照粮食保藏，化工材料的辐照反应改性，对于我们发酵专业而言，是通过伽马射线物理诱变微生物，提高工业菌种发酵性能的管用的育种手段。我在参加社桥实验中试工厂建设和利用发酵厂开展科研和中试的过程中得到了很好的锻炼。”

四、做好助教工作，大搞科研设计

谈到早年的教学和科研等业务工作，伦世仪院士洋溢着自豪感：“我在社桥校区工作了将近四年的时间，担任了两年多的助教，辅导学生完成课程设计，带领他们到上海的酒精厂、制药厂实习。在南京工学院时参编的《发酵生产设备》讲义虽能派上用场，但讲义远不如教材规范，工程图的内容不够清晰，相关领域的发展也有了新的眉目，于是王鸿祺副教授又组织我们在原有的基础上补充新的知识点和设备介绍，最后教材修订完成。1961 年，财经出版社出版了《发酵生产设备》，这也成了全国同类专业课程中第一部正式出版的教材，此书几经改版优化成了《发酵工程与设备》，后来一直是发酵专业学生的主修课程教材。

那段时间，建设实验室和发酵工厂的任务也不轻，其他时间几乎都投入科研活动中。现在说起来大家可能不相信，当时的校领导对发动教师搞科研是多么地重视。记得新的学校宣布开学十天之后，杨增同志就召开全校教师大会，做了题为‘全面发动群众，大搞科学研究，猛攻尖端科学’的主题报告，要求把学校办成教学、生产、科研的综合基地，提出在全校掀起一个‘人人搞科研，个个争上游’的群众性运动。

我在王鸿祺副教授的指导下，参加了无锡市委托的‘年产 5000 吨酒精厂’的设计，限期是一个月，还要求结合最新的工艺流程来设计。我们教研组还发动一批优秀的高年级学生一起参加设计、计算、绘图。幸亏以前的几位泰斗从事过酒精厂的创建，特别是王鸿祺副教授提出以‘平板模式蒸馏塔’取代传统的‘泡罩式蒸馏塔’，节约能耗约 50%，加工成本降低了 70%，得到当时前来访问的苏联专家的好评。我还有幸参加了另一项中央下达的重大设计任务，那就是年产 500 吨丙酮–丁醇发酵与蒸馏设备的设计，帮助无锡建起了溶剂厂。这次我们是用了土洋结合、国内首创的方法，为国家自主生产发酵型化学溶剂走出了一条新路。1960 年 3 月，轻工业部和化工部在无锡召开了现场鉴定和推广会。王教授作为项目主持人，参加了 1960 年 1 月在北京召开的‘全国文教群英大会’。当年本校的另一位项目主持人陆炎培讲师因主持完成了‘200 万伏特静电加速器项目’，建成了伽马射线辐照主机，各专业在菌种优化改良，粮食保藏、材料改性方面有了新的科研平台。他们两位一同进京向全国文教群英大会献礼。今天看来，社桥校区也是我的福地，我在那里参加实验工厂创建，参加多项科学研究，特别是参与发酵设备和溶剂蒸馏装置的设计。1961 年，我还在那里晋升为讲师。回首那段时光，可以说，社桥留下了我学术成长的印迹。”

第三节　迁到无锡青山湾的二次创业

一、迁校无锡青山湾，隶属轻工业部

1962 年，中央提出了以“调整、巩固、充实、提高”为主线的高等教育方针，也被简称为“八字方针”。同年 7 月，上级决定撤销无锡纺织工学院，部分师生员工和有关设备并入无锡轻工业学院，增设纺织工程系，学校的主体部分逐渐迁到青山湾（原无锡纺织工学院的旧址）。同年 12 月，学校转为隶属国家轻工业部领导。那时候的轻工业可谓“三分天下有其一”，轻工业生产总值、从业的职工数量和出口创汇的贡献，几乎都占了全国的三分之一。由轻工业部统筹协调各地轻工高校的系科设置、人才培养计划并组织重大的教改项目，有着一定的道理。

伦世仪院士说：“我们成为了隶属轻工业部的编制内教职工，自豪感油然而生。那时候，我们学校招生势头很好，录取分数线远远高于农林类院校。很多年之后，我听说一位非常知名的学者抱怨说他就想上轻工类高校，当年他的第一志愿是报考无锡轻工业学院，只因分数差了一点点，只好上了农业高校。不过后来他非常努力进取，也当选了工程院院士。那是后话。如果当年他能如愿，我校不就又多了一名院士校友？”

轻工业部接管了无锡轻工业学院后，对其系科进行了大调整，

造纸、硅酸盐、塑料等专业调整到西北轻工业学院和河北轻工业学院。非常庆幸的是，发酵专业继续保留。学校明确认定，发酵工学专业培养具有现代发酵理论与科学技术的高级工程技术人才，专业方向包括：酒精、饮料酒、酵母、抗生素、发酵食品等，也许那时因为当时的无锡发酵工业在全国小有名气，这里除建有传统发酵的酒厂外，还有全国最早的溶剂厂，以及生产四环素的制药工厂。学校明确发酵专业是重点专业，不仅继续开办，还要扩大招生规模。当时的师生都以自己是发酵专业的人而感到无比自豪。此外，油脂工学、食品工学、糖品工学、食品机械、食品生产过程自动化等专业都得到重视。另外 1960 年新建的“轻工产品造型与美术设计”专业再次得到肯定，明确提出该专业的方向应不同于其他院校，不止停留在平面艺术设计和特种工艺品的制造艺术，而是更加注重产品立体的造型设计了。招生对象也由初中毕业生改为高中毕业生，提高了生源质量。

当年虽然艰苦，但不乏乐趣和希望。伦世仪院士说：“青山湾校区（图 4-4）的校园面积很有限，再说三年严重困难时期，哪有钱搞建设，在那个时期不可能建造教工宿舍。教职员工继续在社桥分部的筒子楼住宿生活，大家每天乘坐公交 10 号线，在惠山直街锡惠公园的边门下车，然后沿着映山湖畔的那条路，步行穿过锡惠公园，再从无锡轻工业学院那个很狭窄的后门进校。岁月异常艰辛，同事们也多是‘身形苗条、面有菜色’，不过每天都能在公交车上碰到同事，一起穿越这个全国小有名气的历史古园，一路上大家海阔天空、无所不谈，这在很大的程度上弥补了早年工作的重负与生活的苦涩。今天回想起当年的点滴轶事，依然有着美好的印象。

不过经过学校千方百计地申请、筹款，到了 1965 年，在青山湾校区周边建造第一批单元式的教工宿舍，这让我们这些长期住在筒子楼的中青年教师看到了生活改善的希望。更加鼓舞人心的是，第一幢真正的实验楼（我们称为“化工楼”）在青山湾校区开建了，

图 4-4　无锡轻工业学院青山湾校址

建筑面积超过 6000 平方米，在当时我们的校园里就算是‘巨无霸’。除了教学用的实验室，还留有较多的空间，建成科研实验室。我们不需要在科研过程中，像以前那样，频繁地奔波于社桥分部和各个企业。科研上有了思路，立项之后，就可以先在青山湾的化工楼里进行摸索和小试，这让我们信心倍增，干劲十足。”

二、当年发酵专业的“五驾马车”

“1958 年，南京工学院食品工业系迁到无锡，有五位泰斗级学科带头人——朱宝镛、王鸿祺、丁耀坤、檀耀辉、吴乃扬，一起为无锡轻工业学院，特别是发酵学科的‘二次创业’与发展肩负重任，他们各自引领着发酵学科五大板块——酿造工艺、发酵设备、应用遗传学、工业微生物学和发酵工厂技术，因而戏称为‘五架马车’。”

朱宝镛

“1958 年迁到无锡，朱宝镛教授被任命为无锡轻工业学院副院长，是唯一熟悉教学业务的领导，朱先生‘临艰受命’，不辞劳苦，以赤诚之心投入无锡轻工业学院的创建工作，勇挑重任，殚精竭虑。无论是行政管理、教学任务抑或专业建设，朱老都面面俱到，不愧为‘开校元勋’！

朱老主张先办好几个老专业，提高质量，创造条件，逐步发展新专业。实践证明，他的建议是正确的。他认为要重视实验室和校办实验工厂的建设，在筹建发酵厂的过程中给予业务指导。还强调要密切联系工厂，教学与生产相结合，要求各专业的教师提出生产上亟待解决的问题作为研究课题。朱先生指导年轻人总是深入浅出，循循善诱，引人入胜，与青年教师和学生建立了浓浓的情谊。1962年，他就招收了第一个硕士研究生贺家明，后来贺家明成为山东省食品发酵工业研究设计院院长。

在1958—1966年这个阶段中，国内酿酒企业开始了可喜的初期发展阶段，朱先生对几家大啤酒厂给予关键性的技术指导，业界广为赞颂。那时他在轻工业部、江苏省兼职多多：国家科学技术委员会轻工业专业组成员、轻工业部教材编审委员（发酵专业教材编审委员会主任委员）、全国微生物学会理事、江苏省政协委员、江苏省科学技术委员会委员、江苏省轻化工业厅评酒委员会委员等，不愧为‘业界泰斗’。在我的工作过程中也得到他许多教诲，他的优秀教风和独特魅力，至今让我记忆犹新，由衷崇敬。”

王鸿祺

“王鸿祺教授是我的指导老师，年轻时便是佼佼学子，南京工学院时期就已经是副教授，担任发酵设备方面的教学与科研，主编《发酵生产设备》，主审《发酵工程与设备》等全国统编教材，1960年他曾获全国教育文化卫生系统先进工作者荣誉称号，参加了改革开放后首次全国科技大会。

王老师还是酒精蒸馏工程的权威。20世纪中叶，我国的酒精蒸馏设备仍然采用苏联的设计体系，计算酒精蒸馏塔的理论塔板数的公式十分保守，泡罩式精馏塔的塔板多达几十层，蒸馏能耗高，塔体质量大。王老师根据国内所用原料的不同，对酒精蒸馏塔板进行重新计算和设计。他思路开阔、创新不断，先后设计过斜孔式塔板、筛板式塔板、浮阀式塔板等，其中波纹浮阀塔，大大降低了塔板数，提高了蒸馏效率。到了20世纪80年代，他作为国家‘七五科研攻关’专题项目的主持人，还完成了‘黄原胶生物反应器的研制’。

他治学严谨，一丝不苟，善待学生；他为人正直，是非分明，诚恳守信。他中年时曾遭受走火枪击而截肢，但始终意志坚强，处世通达乐观、乐于奉献；他勇于创新，在蒸馏设备和新型生物反应器的设计上，不时推出新的作品。作为他的嫡系弟子，我参与了他主持的多项研发工作。‘五驾马车’中，他最长寿，享年101岁。我与王先生的关系最为密切，受到他的指教最多。”

檀耀辉

“随迁到无锡后，檀先生继续承担发酵微生物学、微生物生理学、酿造工艺等多门课程的教学与教材编写工作。他非常擅长查阅利用文献，甚至能翻译许多俄文版《酒精工艺学》教材，以及日文专业期刊的科技资料，不断吸取国外专业发展新动向和新技术。他的视力较差，但反过来养成了惜字如金、过目不忘的本领，能够记住许多重要的知识点和关键的数据。他对日本发酵学界研究开发氨基酸工业发酵的态势一直跟踪学习，创立了氨基酸工业菌种的选育和发酵工艺开发的新途径，后期他主持的‘L-苏氨酸菌种选育’纳入国家‘七五’攻关项目。

20世纪80年代初，他执掌的‘微生物教研组’团队，老中青梯队结构合理，后继有人，研究方向明确，教学成果丰厚，曾被评为学校的先进集体，檀老师本人也多次被评为江苏省、无锡市先进教育工作者。”

丁耀坤

“丁耀坤教授是无锡轻工业学院食品工业系发酵教研组的第一任

主任，还是第一届院务委员会委员。丁老师早先在应用微生物学、工业发酵菌种选育等领域颇有研究，他于1962年就出版了《工业发酵手册》一书，1963年创建了国内首开的‘工业微生物育种学’课程，1964年完成了讲义编写。20世纪60年代初就完成了“生化突变型酒精酵母选育”等项目。他能够独立思考米丘林与摩尔根两个学派之争，他毫不犹豫地以摩尔根遗传学理论指导微生物遗传育种学的发展，并融入《工业微生物育种学》教材编写之中。丁老师首开遗传育种实验课，指导学生掌握微生物育种的系统操作。丁老师为人耿直，坚持己见。最令人痛心的是，在‘文革’中他遭受迫害，不幸英年早逝。”

吴乃扬

“吴乃扬高级工程师早年从上海大夏大学本科毕业后，曾在中央酿造厂、上海良友化工厂等企业单位当过工程师、副总工程师、厂长等，具有丰富的工程设计能力和管理经验；后调入轻工系统所属的北京食品研究所、上海食品研究所担任高级工程师，曾经为国家轻工业系统的多家生产单位从事设计与管理。东迁无锡独立办学不久，学校回归轻工业部领导，吴老师调到学校，那时他已经是高级工程师，主持发酵工厂的建设与科研项目中试过程的指导。我们之所以能在社桥校区快速地建起了发酵工厂，并利用发酵厂开展了许多项科研攻关的中试成功，这与吴老师的工程专长与悉心指导是分不开的。早年我在发酵厂指导学生实习，参加科研中试也得到他不少的帮助。他于1984年退休，因当时发酵厂缺少高级工程师，又返聘三年，年逾花甲才真正退休，也高寿98岁才过世。”

回忆起这些先师们，伦世仪院士充满了深情：“在很长一段时间内，无锡轻工业学院发酵专业的‘五驾马车’在全国同类学科中闻名遐迩。他们都是我的业界师长，我觉得应该提一提‘五驾马车’。”

三、那个时候已经是个讲师了

为了彻底贯彻“高教六十条”，教育部于1962年5月和6月，分别召开了高等学校理科教学工作会议和工科教学工作会议。学校根据教育部提出的要求，制定完善教学计划，努力提高教学质量的指示，进一步调整了课时要求，在加强基础理论和基本技能教学的同时，纠正了过去过高过急的要求。在各门课程计划中，比较正确地处理了课程内容的系统性，避免重复和断档，加强了各门课程之间的配合与衔接性。

提到执行“高教六十条”，伦世仪院士说：“那个时候我已经是讲师了，跟着王鸿祺副教授，对有关课程内容的上下衔接关系进行了切磋调整，尽量满足系统性、完整性与少而精那几个原则。

搬到青山湾后，学校还组织调查研究，发动教师找出问题。学校提出了，以教学为主的前提下，对生产劳动和科学研究要根据既要坚持又要限制的原则，重新进行安排。我记得：一是把生产劳动与生产实习分开；二是科研结合教学，结合生产，由部分教师重点进行，并提倡开展学术交流活动；三是对学生提出了更高的要求，特别是严格规范了实验教学的计划和内涵，对毕业实习与毕业设计环节也做出了更翔实的制度规定。四是要求各教研组加大对青年教师的培养力度，发挥老教师的作用，对他们的基础理论、基本技能和外文水平进行辅导。

1964年，学校组成发酵专业教学调研组，由主管教学的副校长朱宝镛教授负责，着重进行毕业生质量的调查。大家分头到上海、北京、江苏的苏北，对毕业生参加工作后的能力、态度、表现等召开用人单位座谈会或个别访谈，分析毕业生状况，并以此作为进一步开展教学改革的依据。教改试点小组以发酵专业的两个班作为试点，取得了一定成效，接着就推广到了其他专业。

1966年4月，轻工业部召开了部属高校工作会议，上述的教改试点工作和推广成效在会上做了汇报，得到了好评。我大概也算是青年教师骨干，参与了关于发酵专业教学改革的具体工作；参与了对新留校任教的青年教师的指导，他们中的一些人后来都成长为发酵学科的台柱。让我感到非常欣慰的是，我们的发酵专业在许多方面都走在比较前列的位置。同年5月，轻工业部接待越南科学院代表团来华考察学习，介绍了中国轻工高校的办学特色，该团专程到无锡，访问了我校的发酵专业，说明当时我们的学科在师资名望、科研成果和人才培养体系方面是很有借鉴价值的。”

1958年，南京工学院食品工业系东迁无锡，建立无锡轻工业学院，新建的学校秉承原母体南京工学院关于“民以食为天，农以粮为本”的指导思想，着力发展轻纺、农产品加工类专业，原先的南京工学院食品工业系扩展为发酵剂制造工学、食品工学、油脂工学、食品机械、粮食加工与储藏等五个专业，上述专业皆为国内首批建设的特色鲜明的新专业。两年后又兼并了建在无锡的纺织工业学校，设立了纺织工程学科。当年学校划归轻工业部管理，根据国家关于农业、重工业、轻工业的发展规划，学校紧紧围绕国家轻工业经济发展与科技进步的需要以及广大人民群众对吃穿用的需求，不断调整和发展新的学科，积极优化专业方向和人才培养规格。

中年伦世仪从一名南京工学院发酵工学专业最基层的助教，跟随着东迁独立建校的队伍，从南京来到无锡，经历了建校初期非常艰苦的“二次创业”过程，见证了从社桥校区建设，到搬迁移址到青山湾设立主校区的奋斗历程。三年后，他曾经参加过的发酵设备设计与研制项目获奖；参与编写的教材也出版了；1961年，他晋升为讲师，从此走上了教学主讲台，直至1966年，突如其来的“文化大革命”打破了新中国教育战线十七年来奠定的良好基础，他也在那一场浩劫中倍受磨砺，不得不在夹缝中度过那段刻骨铭心的岁月。

第五章

经受“文革”磨砺

1966年的5月至1976年10月，全国范围内开展的史无前例的“文化大革命”，对我国高等教育的冲击和破坏令人触目惊心。无锡轻工业学院的各级党政机构、学术组织也受到了很大的破坏，教学、科研几近瘫痪，招生中断了整整六年的时间。那个时候，校内造反组织林立，派系斗争不断，长时期的无政府状态严重地干扰了办学和发展，无锡轻工业学院也和其他的许多高校一样，走过了非常艰难曲折的路。

第一节　“文革”那十年中的遭遇

一、派系斗争越演越烈

回忆起“文革”期间的窝心事，伦世仪院士说：“虽然年代已经久远，但很多事想忘也忘不掉。”他在自述材料中写道：“过去我一直认为作为一名合格的教师，必须在拥护共产党的领导下，努力提高自己的业务学识和政治觉悟。我这样做了，我自订《人民日报》和《红旗》杂志，每篇必读。尽管造反派组织发表各种立场观点，尽管有人说三道四，我一直在学习中独立思考，那时发现，刘少奇的一些政论观点我是很认可的，有些被批判的电影曾经是自己欣赏过的。我是怎么回事嘛？此时我的信念发生了大地震。于是我响应号召，丢下了书本，决心在群众运动中学习毛泽东思想，识别修正主义。我参加了校内教职工两支相互对立的造反派组织之一，现在竟然想不起来其名称，该派成员多是一般教职员工和干部，我在其中，只是个最最一般的成员，因为家庭出身是‘文革’群众组织最看重的特质，我的家庭出身让我无法趾高气扬。对立的一派成员多是党员干部和教职工，成立得较晚，被前者称为‘保皇派’。

大约在1966年底，上海的造反派首开了夺权的先例并受到中央‘文革’领导小组的支持后，我所在派别的头头们接着也宣布夺了校领导的权。与此同时，市内工人也有了两个对立的造反派：‘主力军’和‘九二’。他们各自与我们校内的两派相联合，并各有后台的强力支持。这和全国的事态发展相一致。1967年出现了两派之间的小规模械斗，愈演愈烈，到暑期，青山湾校区被‘九二’派包围了，教学大楼成了防守的阵地。这明显违背了毛主席‘要文斗，不要武斗’的指示，于是我们全家躲到上海岳父母家中暂住，成了逍遥派。约两个月后，毛主席命令工宣队和军宣队进驻学校，我们全家返回无锡。我们返回时，学校掌权派是以党员干部为主体的那派，其名字也记不得了；被赶出校门的是最先起来造反的‘六·二六’派。”

二、有些事想忘也忘不掉

那段日子，虽然已经过去很久了，但是期间发生的一些事，伦世仪院士始终难以忘怀：“1967年工宣队入驻，提出了‘大联合’的口号，他们说是根据毛主席的指示，要求全体教职员工和学生返校，摈弃派系，实行大联合。建立起两派组织的主要负责人都加入的‘革命委员会’。我自然不在其列。1968年全校师生员工被派往无锡马山，参与围湖造田工程（图5-1）。在马山大堤筑成之前，那是太湖西侧的一座孤山，离无锡陆地尚有一段距离。该工程计划在马山的两端到无锡的太湖岸边建立两条堤坝，再将围堰的湖水排出，最后填土造田。

如今的这片填湖土地，已成了无锡的生物医药高新技术开发区和国家级度假基地。不知人们是否还记得当年无锡轻工业学院的师生们曾在这片土地上付出了多少辛劳和汗水。我们师生共围出了600余亩地。我也参加填湖造田劳动，但与此同时，工宣队派我和几位

图 5-1　马山围湖造田

食品工业系的学生组成所谓的‘教学改革调研小组’，到无锡南郊农村进行所谓的调研。记得当年一位解放军战士开展发酵饲料研究，青贮料经过发酵后，部分大分子组分，如纤维素、粗蛋白等被降解成容易吸收消化的物质，发酵饲料喂猪效果很好，结果上了新闻媒体头条；附近农村还培养一种菌肥，称之‘920 制剂’，其中含有植物生长激素，用以促进蔬菜生长。这些就成了我们调研的主要对象和内容。学生队伍为首的是农村出身的年轻人，他们认为首先应当为农民服务，于是我们又变成养猪的猪倌，整天琢磨如何安排试验，生产出更好的发酵饲料用以喂猪。此等劳动其实是我能够胜任的，但不久就被调回了学校。

1969 年开始了清理阶级队伍运动。有历史问题的人其实早已上了名单，‘文革’开始阶段，他们就经历了被再三审查，甚至被关过‘牛棚’了。这次清理阶级队伍的行动很是特别：全体教职员工，男女有别，分开住入集体宿舍。有几位讲师，在清队的过程中，遭遇到非人的对待，有人被打得腰椎受损，爬不起来；有的人被打得尿血；最惨的是有的人心理受到严重的摧残，自杀了。我自然算不上‘铁杆’，可也算有约一年的造反派身份。我注意到身旁一位军宣队班长的记事本上有我的记录，记载其上的有什么‘中央大学’‘班长’的词不期进入我的眼帘，我意识到可能要清理到我的头上。但是，此事没有发生。其实他们不是不想‘清理’我，只是他们的

‘外调’没有找到我具体的瑕疵。当年我当班长是同学们选的，保送国立中央大学是常规，因为成绩名列班级前三名；我也没有因为我舅父的关系，参加过三青团和国民党。特别庆幸的是，我有几位过得硬的同窗证人：有一位坐在我后排的，是地下党员，他也是国立中央大学保送生之一，是中国青年报社的官员；另一位和我同桌，是中共宜宾市委宣传部的官员，他们都是我的好友；另外，还有一位地下党员，他是前几届国防科工委的主任，授上将军衔，工程院院士，交谈中我知道他对班内同学的情况了如指掌。我相信，这些同学们对我政治上清白无瑕的证言足以使那些企图对我进行‘清理’的人止步。

1970年夏初，师生员工从马山农场劳动归来，工宣队宣布清查‘516反革命集团和反革命分子’的斗争开始了。这次运动的气势尤其嚣张，我们当时根本不知道哪里来了个‘516’反革命集团。这个清查在全国开始叫停的时候，江苏当年的当权者却封锁消息，坚持将‘深挖’进行到底，只是换了个手法，说主动坦白交代的，一律不戴‘帽子’，按人民内部矛盾处理。于是战况进一步扩大。主动坦白的标准是：必须说出你的上级是谁？谁发展你的？你的同伙是谁？

直到1972年中期，全校还有30余位教师和干部拒不承认对自己的诬陷，我是其中之一。同年7月1日，我们这30余人被集中禁闭在社桥1号楼的二楼，集体居住在一个大房间内，楼下是审讯室和有关人员的办公室。白天我们学毛泽东选集，楼下的审讯室里不时传出审讯人员的叫喊声、打骂声。这些审讯人员都是过去那些抬头不见低头见的教职人员，有个别分子竟然对自己的老师动手。三个月后，一多半被关押的对象解除禁闭了。我被提审过几次，出乎意料的是，他们竟没有对我动粗，只是晓之以‘理’。有人审问我，‘学毛选的心得是什么？’答曰：‘人总是要坚持点精神！’他说：‘我劝你应当学一学《敦促杜聿铭等投降书》！’直到9月30日，他们叫我回家过节。我不答应，没有结论我就不回家。他们说：‘这里就要关门了，你回去吧！’我总算回家了。学校里的公开场合从此再也不提及‘516分子’的字眼了。有意思的是，后来本校好几位当上了校行政领导和系主任的同事，曾经也戴过‘516分子’的帽子。可是在十年的‘文革’浩劫中，全校先后共有11名干部师生含冤而死；还有一些人则造成终身残疾，腰椎和关节受损的人数不下几十人。”

三、被清查对象仍旧参加科研

虽然成为被清查对象，但在这一时期，因为国家的需要，伦世仪院士依然获得了参加科研的机会，业务工作因此得以延续。

“与国内其他的一些高校相比，我们学校没有得到关门撤销的通知，就算是万幸了。一大批偏文科的和师范类高校被撤销了，甚至校园都被别的单位占用，学生被分配到五湖四海的工农业基层单位，干部教师则下放到各地农村、山区去接受改造。无锡轻工业学院是国内首批创建的轻工业高校，是轻工业部的嫡系，所培养的轻工业人才是国家发展轻工业极为需要的，我想大概是因为这些原因，无锡轻工业学院没有遭到撤销关门的厄运。最难得的是，师资队伍没有溃散，虽然有些人被下放到苏北农村，后来又被调了回来；有些实验装置被调配到苏北的生产建设兵团，不过大部分还是保留了下来了；几家校办工厂还留在社桥分部，造反派主要在青山湾校区活动，校办厂总体上没有被破坏，整修后还可陆续开工使用，为当年学校接到的紧急科研攻关任务而服务。

对发酵教研组员工的‘516清查’是在学校的社桥分部进行的，在这次清查中，我遇到了不幸中的幸事。那时无论是化工还是军工领域都需要尽快上马国产甘油。发酵法生产甘油比起化学法生产更具优越性，特别是作为医药原料和配剂，发酵甘油是不可替代的。以前我们在南京任教期间，掌握了发酵生产酒精和丙酮–丁醇的工艺和技术，这些溶剂的发酵主要是用厌氧发酵法；而甘油的发酵可采用两类完全不同的工艺，特别是好氧发酵甘油更复杂，更难控制。由于发酵甘油的科研中试必须在发酵罐中连续开机多日不得中断，因人手不够，我们这些人，哪怕是‘516’清查的对象，也得参加中试，每日三班倒轮值看罐，控制各项过程指标，对我而言，又是一个难得的学习过程。在那个荒唐且压抑的年代，还能参加科研中试，把丢掉的业务又捡了起来，每日里除了政治学习，写检讨书，还可以分心投入业务工作中，这就是我认为的‘幸事’吧。

当然，每天还是要抠出八个小时搞清查，有专职的工宣队员在场监督；清查对象每人都面对着‘坦白从宽，抗拒从严’之类的标语，坦白交代自己的所谓‘罪过’，我曾日复一日地重复着几乎雷同的检讨发言，但始终不肯低头承认自己是‘516’分子。我患上了严重的失眠症，幸而那个时候我还是采购员，负责零星实验器材和配件的采购工作，因而我能得到进城的机会，在市内药店购得安眠酮；那是一种强烈的催眠剂，每次吞服 2 粒，就有了昏昏欲睡的效果。这一切都是瞒着其他人，特别是工宣队员进行的。依靠安眠药来维持自己的睡眠，使得自己得以始终保持尊严和体力，熬过了这漫漫昏暗的两年半。但从此我患上了安眠药依赖症，直至如今。”

第二节　下放无锡酶制剂厂既接受教育又当技术员

一、工业生物产业的先驱

20 世纪 70 年代，无锡轻工业学院开始恢复办学。但是，伦世仪院士此时没有得到重返讲台的机会，而是下放到无锡酶制剂厂。在工厂的岗位上，他也同样孜孜以求，承担了一系列的科研攻关任务。

“1972 年，江苏省革命委员会把无锡轻工业学院纳入恢复办学、招收工农兵大学生的高校行列。同年 3 月，学校招收了‘文革’以来的首届工农兵大学生入学，至 1976 年，共招收五届，培养了 1827 名毕业生，我所在的发酵专业因人才需求性较强，在五届的培养过程中，每届各培养两个班，共计 300 人左右，占全校学员总量的 1/6。那个时候我很想参加教学任务，我想我也有能力在发酵工程方面授课并指导设计。可是我没能盼到这样的机会。我被排斥在教课梯队之外，先是做些辅助性的工作，接着就被下放到无锡酶制剂厂去了。”

笔者必须先行解释，1833 年，法国科学家从麦芽水解物中用酒精沉淀得到一种可水解淀粉生成糖的物质，命名为 diastase，就是现在所谓的淀粉酶；1878 年，Kunne 把酵母细胞中催化酒精发酵的物质称为“酶（enzyme）”；1926 年，Sumner 从刀豆种子中提取出脲酶，并处理得到结晶，证实脲酶是一种蛋白质。接着酶研究进入热门阶段，酶被界定为：由活细胞产生，对其底物具有高度特异性和高度催化效能的蛋白质或 RNA。酶分子可在体外进行生物催化，这就奠定了酶具有极为广阔的用途。

20 世纪中叶，发达国家对生物催化剂——酶类的研究，有了突飞猛进的发展，并且逐步形成了大规模生产各类酶制剂的技术和工艺。如淀粉酶，是能够在一定的温和的条件下，水解淀粉成为各种寡糖的生物催化剂，淀粉酶可由多种微生物发酵、分泌而获得；而所谓的蛋白酶则是能够水解各种蛋白质成为寡肽或氨基酸分子的酶类，也可以通过细菌等发酵而获得。酶制剂便是指，规模化生产出来的各种酶的工业化产品。当年所有的酶制剂都依赖于发酵技术生产，发酵过程需要通风搅拌，需要过程控制，因而酶制剂发酵技术本身的研发，带动了那个阶段新型的发酵工业的进步。当然同时这也意味着，酶制剂发酵生产不可再走传统发酵的老工艺，它需要高等院校和科研院所知识分子的科研助力。早在中华人民共和国成立前，无锡就已是江南重镇，运河贯通，交通发达，民族工业遥遥领先，面粉加工业、缫丝工业、纺织业等在此首开先河。选择无锡首建酶制剂厂的理由，不仅在于这个城市的轻工业发展基础好，还在于一所著名的轻工业高校——无锡轻工业学院就建在无锡。

二、下放无锡酶制剂厂

1973 年，中年伦世仪来到无锡酶制剂厂，便得到了厂领导的信任，厂里没有安排他参加劳动改造，而是让他把更多的精力用在科研工作上。

伦世仪院士说："在'文革'期间，无锡能建起一家有一定规模的酶制剂厂实属不易。这是一家继抗生素发酵之后的第二种现代发酵制剂的生产厂家，当时吸引了中国科学院微生物研究所、遗传研究所、植物生理研究所及兰州大学的部分科技人员到厂进行调研，一时该厂盛名远扬。1973 年轻工部又向该厂下达了一项重点科研项目，厂家急缺对口的科研人才，于是通过无锡市革命委员会，按厂方的口吻将我无限期地借调到该厂从事科研工作。我到无锡酶制剂厂厂长室报到的片刻，恰逢当年教研室的当权人士来了电话，我在旁很清楚地听到对方说：'把伦世仪送到厂里的主要任务是让他接受改造，不要委以重任。'那时厂里管生产的副厂长是我早年的学生，厂方对我也有所了解，他们并没有安排我参加劳动改造，而是非常信任，把课题技术负责人的担子交给了我。虽然课题的承担单位是无锡酶制剂厂，后来研究课题结束验收，代表课题组去领奖的是我。记得当时我不想去领奖，因为我的夫人重病在床。最后是她再三催促我，我才去的。

我在无锡酶制剂厂待了六年时间，这是我的幸运。我在厂里除了科研工作，不需要参加其他的活动。我可以自由自在地读书，外出查阅有关的中外文资料，重点的理论和技术部分就翻译出来，汇编成册。我查阅翻译了若干英文、日文资料，在业界有了一些知晓度，和来厂考察的科研院所的研究人员也有些交流，因而中科院生物化学和酶学专家张树政教授也知道了，她答应科学出版社主编《微生物酶制剂》（图 5-2）一书时，特地邀请我作为该书的编委之一，我的资料派上了用场。此书分上下两册，于 1978 年编撰完成，1984 年出版发行。”

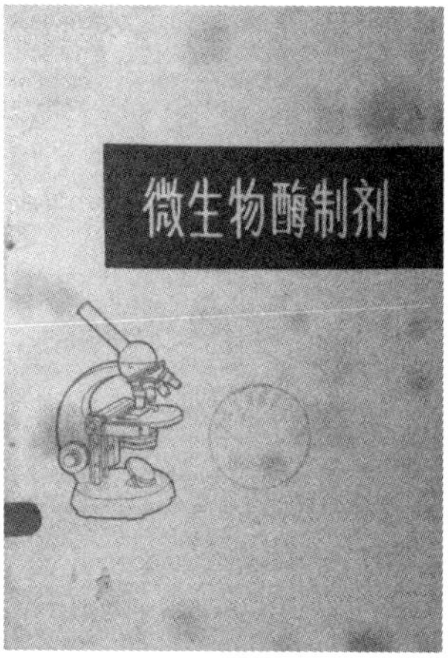

图 5-2　《微生物酶制剂》一书封面

三、开展淀粉酶科研攻关

伦世仪院士在酶制剂厂从事科研工作，承担了一系列重要的攻关任务，发挥了科研人员应有的作用。他回忆：“当时在工厂里搞科研，更重要的是把理论知识应用于实践。1965 年无锡酶制剂厂在国内率先生产 BF-7658 淀粉酶，利用国内自行选育的解淀粉芽孢杆菌作为 α-淀粉酶（图 5-3）发酵的生产菌种，经过发酵、提取而得到的 α-淀粉酶可作为催化剂，对上浆纺织品进行脱浆处理。当然更大的市场在于食品领域，特别是淀粉加工上的应用。不过这种芽孢杆菌可分泌多种酶类，最重要的目标是，降低其他酶类和杂质的生成，提高目的酶种的产率；另外该菌株还会分泌多种分子质量较小的蛋白质组分和杂肽且释放出难闻的气味，充斥在工厂附近的大气中，造成空气污染。生产上寻求新的发酵工艺，研究新的提取方法获取产品质量更好的产品等，一系列的攻关任务都摆在眼前。我更擅长生物化工处理过程，在淀粉酶的提取方面下了些功夫。

图 5-3　α-淀粉酶

接着，又开始了食品级淀粉酶的攻关研制。食品工业涉及要对谷物粗淀粉进行精细加工，如水解淀粉，为其他的酵母发酵工业提供糖质原料；又如生产各类淀粉糖作为甜味剂等。淀粉酶催化的产物将添加到食品中，这些要入口的食品卫生和安全问题，对淀粉酶的质量提出新的、更高的要求。这里可是国内首家酶制剂厂，是同类产业的龙头老大和标杆单位，相关的生产技术标准和产品质量标准将在这里诞生后再推广到同类行业。我很荣幸，又承担起为食品级淀粉酶制定生产标准和产品标准的光荣任务。当年的厂长霍兴云和厂里的好几位技术骨干都是我们学校发酵专业的毕业生，我和他们之间的师生关系良好，科研合作非常融洽。他们有着丰富的生产经验和管理才能，我在厂里的研究室工作，为之提供些国际前沿的理论和技术动态。在那个时期，无论是酶制剂产品的多样性、产品质量等级，还是酶的发酵技术水平，无锡酶制剂厂在国内都是数一数二的，只可惜因生产过程中有废气和废水排放问题，不能在江南地级中心城市的城区运河之畔生存下来，原先的那个无锡酶制剂厂历经转制、合资，最终关张，我心中自然难以割舍。”

第三节 1979年重回学校任教

一、工宣队走后才得以返校

“文革”结束之后，中国便迎来了改革开放。在春风化雨的日子里，伦世仪院士回到学校，走上讲台，全力以赴地投入人才培养和科学研究中去。

伦世仪院士的自述材料中写到：“直到1977年，驻校的工宣队才无可奈何地撤走。他们在学校掌权时间近乎十年，也算是开创了全国的纪录。我于改革开放后的1978年，才离开无锡酶制剂厂，回到学校工作。对于当时返校恢复工作的教师干部而言，最急迫的事就是要求学校对蒙受‘516’冤案的对象给予彻底平反。平反名单宣布后，许多被冤枉的对象甚至家属频频要求追责，有些人非常激动，会上会下控诉那些当时参与逼供的积极分子和其幕后操纵人。现在轮到整人的人日子难过了，他们中竟然有人想出这样的推脱借口，狡辩说：‘你们为什么自己都承认是‘516分子’，当时伦世仪他就不承认嘛！’他们完全混淆了事实真相，那些被害、被冤屈者是在什么样的条件下被屈打成招的？难道是他们自觉自愿、自暴自弃、自投罗网的吗？

后来，党委负责人带领几位参与了对我审讯的人，到我家里赔礼道歉。我想，学校里他们需要去当面道歉的对象很多。但愿以后再也不会发生这样的事件，再也无人需要承担类似的责任，去挨家挨户、带着难看的脸色去道歉了。道歉环节过去后，我虽然不记得有哪些大小责任人受到追责惩处，但是他们的良心已经受到责罚。有人无颜面对那些遭受自己迫害过的同事，主动辞职离校；有的则主动离开原有的系科，调往其他的系部；听说有的人当年在‘文革’中充当造反派头头，是非常得力的干将，后来直到退休都没有得到重用。但愿今后的年代里，再也不会发生那样荒唐且泯灭人性的事件。”

二、业务不丢，外文发挥作用

回顾“文革”十年，伦世仪院士很庆幸，自己没有丢掉业务。他在这一时期坚持外文和外文资料的学习，这让他在后来的研究中获益良多。他回忆：“十年‘文化大革命’运动对于学校的影响和破坏，难以用简单的文字来描述。学校的大好发展时机被耽误了十年，在这场史无前例的浩劫中，不幸之大幸是，学校没有彻底解散，系部设置的基本构架犹存，教师队伍虽几经冲击，但未彻底打散。难能可贵的是，广大教师和干部忠诚于党的教育事业，他们自觉地顶住压力，在极其艰难的环境中，坚持教学和科研。学校的校办工厂因工农兵学员的入学而得到复建，发酵厂、日用化工厂、纺织厂、机械厂、油脂浸出厂、印刷厂等扩建了。这些工厂为学生的实习和教师的科研活动提供了不可或缺的基地，我所参与的发酵设备设计和酶制剂方面的科研也得到校办工厂的支持。

经过‘文化大革命’阶段的磨砺，我觉得自己变得坚强起来，看待问题更加客观，更加内敛些。当时我的信念是，无论如何业务不能丢。别人在闹‘革命’，我就多看些专业的书籍和教材。我在接受基础教育的阶段中，得到过外籍教师的任课指导；在南京上大学和工作的十年间，专业书籍、学术期刊和辅读教材多是英文版的，相对于20世纪60年代的大学生以俄文作为第一外语学习，我的英文底子还算过得去，原有的英文底子可发挥作用。于是在十年浩劫期间，我多多少少捡起了一些英文读本，边查词典，边做笔译，边记要点，积攒了一些业务资料。后来开始接受俄语培训，加上自学，借助词典，也能翻译些发酵工程和发酵设备方面的书籍，但俄语口语太难，敬而远之。

老一辈的先师泰斗中，部分毕业于日本名校，他们的日语水平高，阅览日文资料犹如阅读中文。20 世纪 50~60 年代，日本的工业发酵技术水平相对领先，特别是氨基酸发酵技术是由日本人首创。学校搬迁到无锡后，老一辈先师认为中国的发酵专业应该更多向日本，而不是向苏联学习，一则东方人的生活习俗有些相似，发酵产品的需求也相对接近；二则我们国家与苏联的关系开始冷化，而与日本建立了外交关系。这种情况下，学校图书馆里有关农产品加工、食品化学、发酵酿造的日文书籍和期刊逐渐多了起来。我又开始自学日语。好在日文的资料中不少专业术语与中文相通，粗粗浏览，就能遴选出自己所需要的部分。

阅读和翻译英文、俄文和日文的专业资料，使我勉强能跟得上国际工业发酵的前沿动态。在我编写《发酵设备》《微生物酶制剂》的教材与专著的内容中，自己翻译的资料很好地支撑了理论部分和应用例举。《发酵设备》出版后，几经修改补充，成了轻工高校系统同类专业的经典教材；《微生物酶制剂》是国内酶学方面第一部较为系统的专著，由科学出版社出版。这些业务成果在一定的程度上弥补了我在十年浩劫中所遭受的磨难与挫折。”

三、拨乱反正后走上主讲台

谈到 20 世纪 70 年代的事，尤其是发酵学科的发展，伦世仪院士如数家珍。他回忆道：“1970—1978 年期间，无锡轻工业学院被下放给了江苏省领导。直到 1978 年 11 月才复由轻工业部领导。改革开放后，无锡轻工业学院也是第一批恢复高考招生的。1977 年下半年，学校恢复招生的也包括发酵专业，经过正式高考招来的大学生年级参差不齐，有的才16岁（某些省份的基础教育实行九年制），个子还未长开；有的已经三十出头，结婚生子了，他们真正入学时已经到了1978年年初。届时我结束了下放在无锡酶制剂厂'改造'实为参加科研的经历，回到学校直接投入全新的教学与科研工作。

当时我仍回到化学工程系，该系创建于1960年，1965年停办了。1972年招收工农兵大学生时，学校复建'化学工程系'，原先隶属于食品工业系的'油脂工学专业'改为'日用化工专业'，加上'工业发酵'专业，都划到化工系，我们都在化工楼上班。后来到了1979年，工业发酵专业又重新回到'食品工业系'的大家庭。'工业发酵'专业几经进进出出，固然有些折腾，但划到化工系的那段时间，也有好处，化学基础教师与专业教师混编成的教学小组，相互之间取长补短，对完成综合性较强的科研项目起到促进的作用。对我而言，有关物理化学与化工原理方面的问题请教起来也很方便。

1978年，学校里有四项科研成果（提高糖化酶、蛋白酶活性及提炼工艺，辅酶A生产新工艺，速煮米研制，蒸谷米机械化生产成套设备研发）得到了全国科学大会的奖励。另外还有浮阀波纹酒精蒸馏塔、NF-15A喷风米机等科研与设计项目通过了鉴定，应用于生产且效果良好。上述的成果中有六项获得了江苏省的科研成果奖项。1979年，学校总共又承担了36项科研项目，我为自己能够参与其中的部分项目，成为获奖名单中的一员而感到高兴。是年我还被评为'无锡轻工业学院先进工作者'。

当时发酵教研组里没有几个大教授，除了朱宝镛先生之外，连王鸿祺先生还是个副教授，檀耀辉先生作为资深的老讲师，在职称晋升方面被耽误了好多年。讲师们就是这个时期冲上第一线的承担主要教学任务的群体。教学工作量之大记忆犹新，每位教师平均年教学时数要达到200学时左右；学生认识实习、课程实习、毕业实习的体系重新规范起来。作为讲师，我要经常出差下厂，指导学生各类实践课程与活动。不过新的转机出现，让我重登教学讲台，于是前一段所蒙受的憋屈也就一扫而空。”

对于“文革”十年的亲历者，包括中年伦世仪而言，那段时期不堪回首，即便像他这样一个安分守己、勤勉敬业的普通教师，也难免深受其害，被打成了所谓的“516”分子，历经反复审问、检讨，身心疲惫不堪。所幸的是，中年伦世仪是个意志坚定的人，他绝不肯违心承认原本就不属于自己的错误；哪怕不让他回到心爱的主讲台，也不随意放弃自己的学术追求。好在他还能在发酵饲料试验生产中发挥作用；他被下放到企业单位后，厂里的领导和技术骨干对他是尊重的，没有把他当作改造的对象，而是把重要的技术攻关任务交给了他，赋予他更多自由的时间和空间，为企业技术改造去查阅资料，出差学习请教，在厂里的研究室开展应用科研，这些促成了他在解决微生物酶制剂生产方面，取得了一些可喜的成果。伦世仪院士曾经戏言：“那段时间里，无锡酶制剂厂就是我的福地。”

第六章

振兴发酵系科

第一节　改革开放学校出现新的生机

一、办学重新步入正轨

二、一股春风拂面的感觉

第二节　重新有了用武之地

一、是金子总会发光的

二、发酵专业归属一波三折

三、借助机会增长管理才干

第三节　受命组建学校新的发酵工程系

一、1984 年初被任命为系主任

二、任命后第一件事就是虚心请教老前辈

三、着手新老交替，任命“四大金刚”

四、担任行政工作之余不忘业务进取

第四节　刚成立的发酵工程系蒸蒸日上

一、师资背景多元，教学体系优化

二、明确发展方向，承担更多重任

改革开放后，原国家轻工业部直属有八所本科院校：（1）无锡轻工业学院（现合并为江南大学）；（2）西北轻工业学院（原名北京轻工业学院，现为陕西科技大学）；（3）天津轻工业学院（原名河北轻工业学院，现为天津科技大学）；（4）北京轻工业学院（在原校址重建，现合并为北京工商大学）；（5）大连轻工业学院（原名沈阳轻工业学院，现为大连工业大学）；（6）郑州轻工业学院（现为郑州轻工业大学，唯一保留“轻工业”名称的高校）；（7）景德镇陶瓷学院（现景德镇陶瓷大学，全国唯一以“陶瓷”命名的高校）；（8）中央工艺美术学院（并入清华大学，成为清华大学美术学院），都在第一批恢复招考之列。其中四所院校设有发酵专业。

相对而言，无锡轻工业学院的发酵专业历史最长，可追溯到1951年在南京大学食品工业系成立的工业发酵专业。发酵工程是制造人类所需要的各类产物的新学科，这些产物为轻工、食品、化工、医药、农业、能源等国民经济发展所需要。发酵工程是生物技术新领域的重要组成部分，越来越受到关注与重视。学校在横向调研比较后，更加明确了本校发酵学科的方向，决定独立创建“发酵工程系”，争取在原有老专业的基础上建成重点学科。在发酵重点学科的建设过程中，伦世仪院士发挥了极为重要的作用。

第一节　改革开放学校出现新的生机

一、办学重新步入正轨

1977年底，全国高校恢复统一招考制度，无锡轻工业学院列入全国招生的范围，食品工程系、机械工程系、纺织工程系、化学工程系等恢复本科生培养，1978年初，上述统一招考过线的学生入学了，工业设计系也于1978年开始招收本科生（图6-1）。

图6-1　无锡轻工业学院造型系（工业设计系前身）招生现场人头攒动

1978年，教育部颁布了《全国重点高校暂行工作条例》（试行草案），文中提出要贯彻中央有关“党政干部要明确分工”的精神，学校根据上级规定，酝酿实行党委领导下的院长分工负责制。学校加强了新的历史时期党的领导，根据形势发展和工作需要，初步调整了内部的组织机构，充实院系两级的领导班子，恢复了一批老同志老干部的职务。1983年，学校将“党委领导下的院长负责制”又改为“党委领导下的院长分工负责制”，明确了院长在党委的领导下，组织执行党委讨论决定的行政大事，既对轻工业部负责，又对学校党委负责。副院长们则分别对院长负责。那段时间内有三位德高望重的老教授、副教授被推到校行政班子任副职，九位有业务专长、有一定威信的同志充实到系级领导岗位上，十六位同志还被选为省市人大代表和政协委员。伦世仪院士就在这段时间内，走上行政岗位和政治协商舞台。

二、一股春风拂面的感觉

伦世仪院士回忆：“那个阶段中，确实有一种春风拂面的感觉，心情大为好转。当年学校大抓知识分子政策的落实，各种冤案的平反工作进入扫尾阶段，该召回的教师也陆续从企业和农场、农村回校了。不过当时教师的思想情绪还未调整到完全正常的状况。学校为了检查政策落实的进度，也为了掌握本校知识分子的思想动态，进一步调动教师的积极性，1982 年上半年，由党委副书记钱慈明(图 6-2) 同志负责，带领调研小组重点走访食品工业系的知识分子队伍成员。钱慈明同志出身于无锡当地的名门望族，是钱伟长院士的侄子，他本人也曾是南京工学院的教师。1958—1959 年，他受国家指派赴越南河内第二技术学校任教，他克服了语言困难和异国文化鸿沟，将南京工学院食品工程专业的教学体系和课程计划带到了越南，帮助越南地方学校筹建实验室，挑起了食品与酿造专业方向人才培养的重担。

图 6-2　及时落实知识分子政策的党委副书记钱慈明（右二）

据说，在越南执教期间，工作生活环境都相当简陋，但钱老师克服了种种困难，尽最大可能帮助受援方成立食品专业。由于执教成绩突出，他获得了越南国家政府友谊奖状和“胡志明”友谊奖章。

他的工作作风细致踏实。带领调研组对教师们的思想动态、工作进展和生活状况一一调查了解，调查的结果不仅向校党委汇报，还认真整理成翔实的书面材料，向省市委和轻工业部汇报；对教师们所反映出的问题和工作上的不足之处，梳理出哪些是积重难返的，哪些是通过努力可以解决的问题。学校及时召开了专门会议，根据反映问题的轻重缓急，做出逐步解决的计划。

我也成了这批调研走访的对象。我在南京工学院留校任教时就与钱慈明同志成为同事，我在‘文革’期间的境遇，他是非常了解的，对我本人的学术背景和基本素质也不陌生。前些年，我很少回到学校参加活动，很多人也不了解我在那里的情况。在这次走访的过程中，我有机会汇报了自己在企业参加酶制剂生产工艺改良，特别是在酶制剂提取方面的科研应用工作。我也表达了应该尽快融入发酵专业这个大集体的愿望，希望自己能够在年富力强的时期，多为学校和系科做些力所能及的事情。也许学校通过这次对知识分子的翔实调研，我前些年所做过小小的业绩得到了认可。”

第二节　重新有了用武之地

一、是金子总会发光的

伦世仪院士还记得：“恢复统一招考后，我回到学校，毕竟是与老同事分开了近六年的时间，现在又增加了不少新人，一开始觉得跟大家有点生疏，大会小会座谈发言，我也很少开口。尽管如此，我离开学校在工厂搞科研的一些成果还是逐渐被大家认可。大概是因为当时师资力量极为短缺，我很快就走上了本科教学的主讲台。”

20 世纪 70 年代末，人们普遍看好通过微生物大规模培养，然后从培养物中提取酶，以获取大量酶制剂的方法。很多的商品酶，如淀粉酶、糖化酶、蛋白酶等，主要是来自微生物的。所以酶工程离不开微生物发酵工程，也可以说是发酵工程的产物。中年伦世仪在教学过程中能把这些全新的内容穿插进去，再加上他在酶制剂企业参加科研与技术改造长达六年，积攒了一些实践经验和解决工业实际问题的能力，因而不仅在教学中能够结合实践中碰到的问题与解决思路，为学生传道解惑，而且在学生实验和实习的环节中，也能指导到位，被学生认为“肚子里有货”“很有学问的老师”。

对此，伦世仪院士有着自己的回忆：“教学之余，我继续参与发酵设备方面的研发和教材改编，也参加酶制剂方面的科研工作和有关专著的编写。1979 年，我所参与的酶制剂方面的科研成果获得了无锡市重大科技成果二等奖和江苏省重大科技成果四等奖，同年，我还被评为学校的‘先进工作者’，这是原先自己没有想到的。过了知天命之年，我的学术生涯非常顺利地步入了正常的轨道。

1980 年年底，根据上级部署的教师职称评审工作，我将自己这二十年来的学术和工作积累系统整理出来，参加了副教授职称的申报，并于 1981 年 4 月通过评审，正式升为副教授。回想起来，觉得这副教授职称真是姗姗来迟，我当时 53 岁，在讲师的岗位上整整度过了二十年。再一想，其他与我同龄段的教师不也是有着同样的境遇吗？记得当年学校里的教授凤毛麟角，连副教授也很稀缺。随后我所参编的《发酵工程与设备》（全国高校试用教材，图 6-3）也由轻工业出版社列入选题计划，并于 1983 年正式出版。大家都知道，青山湾校区的面积非常拮据，大家走在校园里往往抬头不见低头见，有时走在路上，无意间会听到他人对自己的议论：‘食工系有个伦世仪知道吗？以前很少人认识他，其实蛮厉害的。’”（笑）

图 6-3 《发酵工程与设备》一书封面

二、发酵专业归属一波三折

国立中央大学从 1930 年就在农业化学系设立了“发酵与酿造”研究方向，到了南京大学阶段，在朱宝镛教授的统筹下于 1951 年正式成立了“发酵工学”专业，该专业长期隶属食品工业系长达 21 年。1972 年，无锡轻工业学院为了招收第一批工农兵学员，也为了加强化学工程系的力量，将油脂工程专业和工业发酵专业重新划归到“化学工程系”的门下。对于工业发酵专业而言，这样调整的好处在于，借助化工系的师资力量，强化了化学基础，特别是“化工原理”“分析化学”等科目的教师与发酵专业教师被编在同一个教学小组，基础与专业的互动结合，有助于解决综合性的研究课题，但毕竟发酵专业与同一个系的“日用化工”专业的学科内涵相差甚远。只强调化学方面基础与专业的互补，在学科建设上则呈现出互补性不够强的问题。

伦世仪院士说：“1978 年 11 月，在我回到学校工作之际，学校重新回归轻工业部领导，改革开放后，发展食品工业生产，丰富人民生活，是国家的重要任务，轻工业算是三分天下有其一。在校党委的领导下，学校提出了建设特色鲜明的'大食品'学科的方案。于是到了1979年，油脂工程专业从化工系撤出，与粮食工程专业合并，成立粮油系；工业发酵专业从化工系撤出，重新并入食品工业系。我的老师王鸿祺在他快要步入古稀之年阶段，还受命重组食品工业系。这段时期内，学校得到教育部批准，恢复了曾中断12年之久的研究生培养权限，发酵、食品、粮食、油脂、日用化工等专业率先于1978年第一批招收硕士研究生，两年之后，这些培养专业又获得了硕士学位授予权。这段时期，无锡轻工业学院还做了一件很重要的事，就是为国内十几家轻工部所属的研究所代培了二三十位硕士研究生，后来他们都成了专业领域内的骨干。我自己于1981年评上了副教授，也就是在那一年，开始了我的研究生培养生涯（图6-4）。"

图6-4　八三级硕士研究生论文答辩

三、借助机会增长管理才干

在改革开放初期的这段时间里，伦世仪院士协助食品工业系主任王鸿祺先生，承担了不少管理工作，增长了管理才干。

“改革开放不久，学校的思路已经非常明朗：要传承优势学科历史，建好大食品学科。因为我曾经是王鸿祺先生的业务助手，在他担任系主任的那段时间（1979—1981年）里，他仍然会与我交流学术思想，并听取我对系科建设的意见，有些时候他忙不过来，也请我帮他整理系务建设材料和工作汇报，参与一些专业建设过程的准备工作。我尚未担任过什么重要的职务，原本就没有行政管理的经验，平时也不太关注这方面的事务，但是在协助王先生做些具体工作的过程中，我对本系的总体情况，特别是对大食品学科建设的实质内涵和发酵专业与食品类专业的关系，有了更加深入的理解，这些都为我日后筹建全新的发酵工程系，奠定了思想基础，也锻炼了工作能力。

王鸿祺先生出任食品工业系主任之后，原先由他牵头的发酵工程与设备这一方向的业务不能丢，但毕竟他年事已高，精力有限，他逐渐让我更多地参与到有关的教学计划的调整，学生实习和毕业设计的组织安排，新教材的改编出版，让我独立指导年轻教师。总之，在这段时间内，日常点滴的教学科研策划安排锻炼了我的组织协调和管理能力。我原本不太擅长于在大众场合侃侃发言，但从那时起，学会了与各部门打交道，参与了国外教授来访的接待，系统汇报业务工作也成了日常事务。”

第三节　受命组建学校新的发酵工程系

一、1984 年初被任命为系主任

20 世纪 80 年代初出访美国回来后不久，早已过了“知天命之年”的伦世仪被学校看中了，让他牵头组建全新的发酵工程系，并于 1984 年 1 月正式任命为系主任（图 6-5）。

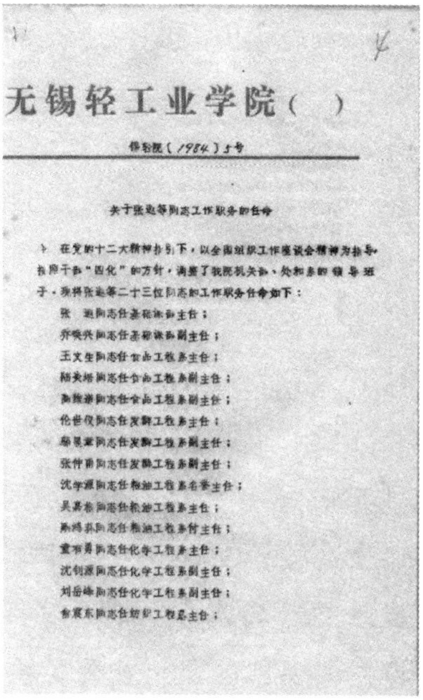

无锡轻工业学院（　）

锡轻院（1984）5号

关于张逖等同志工作职务的任命

在党的十二大精神指引下，以全国组织工作座谈会精神为指导，按照干部“四化”的方针，调整了我院机关部、处和系的领导班子。现将张逖等二十三位同志的工作职务任命如下：

张　逖同志任基础课部主任；

乔焕兴同志任基础课部副主任；

王文生同志任食品工程系主任；

[illegible]同志任食品工程系副主任；

[illegible]同志任食品工程系副主任；

伦世仪同志任发酵工程系主任；

[illegible]同志任发酵工程系副主任；

[illegible]同志任发酵工程系副主任；

沈学源同志任粮油工程系名誉主任；

[illegible]同志任粮油工程系主任；

[illegible]同志任粮油工程系副主任；

[illegible]同志任化学工程系主任；

沈钧源同志任化学工程系副主任；

刘岳峰同志任化学工程系副主任；

[illegible]同志任纺织工程系主任；

图 6-5　无锡轻工业学院发酵工程系主任任命文件

他立马投入新的任务之中，在后来的交谈中他谈到：“当时真的没想到，会让我出来挑此重任，我当然知道万事开头难，自己一度也有点担心，那个时候的食品工业系拥有三四个专业，队伍庞大，师资实力很强，而发酵系暂时只有一个专业，显得势单力薄，在竞争场上恐怕居于下风。但是既来之，则安之，我没有退路，只有一搏。

那个时候，钱慈明同志刚刚从臧晨光老书记手里接下了无锡轻工业学院党委书记的重担。与前任几位老书记略有不同的是，钱慈明同志本身是食品工业系的校友，朱宝镛教授的学生，也是曾经援外的教师，他非常了解大食品学科的内涵，也非常了解学校里的业务骨干的背景和现状。他为人坦诚谦厚，与人交流时总是和颜悦色，他总是表达出对人的信任，给了我很大的鼓励。就具体如何重组一个全新的发酵工程系方面，也给出了他的思路，他表示随时欢迎我与他沟通交流，共谋发酵系的发展。我从他诚恳的目光与平和的交谈中受到了很大的鼓舞，也下决心要干出一点成绩。

从南京工学院一起东迁来到无锡的华静娟老师（图 6-6），在南京工学院时期，她就表现出具有厚实的有机化学知识基础，思维敏捷，理解力极强，更令人欣赏的是，她的课堂教学条分缕析、丝丝入扣，总是得到学生们高度赞许。直到今天，我依然认为，华静娟同志是女教师中的佼佼者。就在我上任之前，她被任命为无锡轻工业学院院长，到了学校行政一把手的位置上，她在许多重大的校务场合都表达过：虽然自己是化学学科的教师，但尊重大食品学科的发展规律，对已经呈现出较强特色、已经拥有较高知名度的食品、发酵学科将给予更大的支持。我很幸运，两位党政一把手都是业务出身，非常了解系科发展规律，同时他们都非常开明、务实，他们的思路相对一致，这为初来乍到的我，铺垫了较为平坦的道路。”

二、任命后第一件事就是虚心请教老前辈

在前面的内容中已经提到过的发酵学科的“五驾马车”，到了伦

图 6-6　伦世仪（左一）随校领导华静娟（右一）访问日本几所大学

世仪院士担任系主任之际，除了丁耀坤教授在“文化大革命”中不幸过世，其他四位都还健在，其中吴乃扬高工已经退休，颐养天年，还有三驾马车依然跑在道上。朱宝镛教授一直到了 1983 年，77 岁高龄之际，才卸去无锡轻工业学院副院长职务，但仍然是酿造学的带头人；王鸿祺老师刚刚卸任食品工程系主任，回到发酵工程系里仍然领衔发酵设备教研的重任；檀耀辉老师也接近古稀之年，他也继续带领微生物教研组，并开辟新的方向。伦世仪院士还清晰地记得，当年自己把请教老泰斗作为上任后的第一件大事。

伦世仪院士始终记得老前辈对于他工作的支持。他回忆道：“我把三位老前辈一起约到系办公室（图 6-7），一边叙旧，一边请教。看得出，他们对我都抱着非常信任的态度，都表示会全力支持我创建这个全新的发酵工程系。我汇报了自己初步的想法，如加强下一级组织建设，主要是调整几个教研组，进一步明确各组的教学安排和科研指向；加强师资队伍的建设，引进国内重点大学的师资，夯实微生物学和生物化学的教学和实验；加大对科研方向的引导，争取更多的国家纵向科研课题；也提到了前不久出访美国六所大学的收获，看到了差距，也下决心要扩大国际交流与合作等。

图 6-7 新任系主任向发酵学科五驾马车其中三位前辈（朱宝镛、王鸿祺、檀耀辉）请教

当时研究生培养工作正处于恢复、理顺、提高的关键阶段，我提出，虽然三位前辈本可以安心退休、颐养天年，但是由于中青年教师中有资格担任研究生导师的人很少，希望老前辈能够组织起小团队，继续为培养博士、硕士研究生做出贡献。三位老前辈都欣然受命。他们早年培养的研究生中好几位成为非常杰出的、国际知名的人才。如朱宝镛先生培养的尹象胜成为国际啤酒界著名专家；王鸿祺先生培养的杨筱萍成了世界 500 强企业——英国石油公司（BP）中国区总裁、（中国）投资有限公司董事长；檀耀辉先生培养的杨红成了美国食品与药物管理局（FDA）总部的食品微生物安全首席科学家，并于 2007 年获得美国食品与药物管理局（FDA）最高奖。

我的初步思路得到了老前辈认可的同时，也请他们推介一些优秀的中青年教师，作为下一步各教研组的负责人、各个学科发展方向的牵头人。我还请他们推介国内外相关领域的知名专家，邀请他们来到发酵工程系开设高层讲座，介绍学科发展前沿动态，合作指导研究生。现在回想起来，我任系主任伊始迈出的第一步是对的，或者说，是留下了较清晰的印迹。”

三、着手新老交替，任命“四大金刚”

系科的发展，离不开基层组织建设。如何通过基层人事任命，进一步发掘潜力，推动发展？作为系主任的伦世仪院士认真思考了这个问题，并付诸实践。

“基层组织建设也是非常重要的任务，几位老泰斗年事已高，继续让他们肩负教研组的担子有点说不过去了。一年之后，我决心调整基层人事任命，让年富力强的诸葛健担任微生物教研组主任，全文海任生物化学教研组主任，顾国贤任发酵工艺教研组主任，吴佩琮任发酵设备教研组主任。这四位中年教师都是从南京工学院过来的，接受过五年的本科教育，又都是在教学上的一把好手。有意思的是，他们都非常耿直豪爽，从不隐瞒自己的想法，但又很有主见，独立工作能力非常强，而且已经具备了组织带动一支能打硬仗的教学科研团队的能力。我和系里的几位党政负责同志一起商量有关的想法，得到了他们的支持。

诸葛健老师当年师从丁耀坤教授，主要担任微生物学和工业微生物育种的课堂与实验教学，他在檀耀辉先生担任教研组长期间，作为副手，发挥主观能动性，为教研组的建设投入热情和精力。他本人对微生物育种理论和技术十分钻研，在国内首批开展原生质体融合育种实验，长期钻研甘油发酵技术，从优异产甘油酵母菌株选育，到甘油发酵工艺、提取技术等开展系列攻关研究，取得了令人瞩目的成果。获得过国家技术发明二等奖等重大科研奖项，江苏省劳动模范等荣誉，并于 1999 年和 2001 年两度申报工程院院士，后一次获得有效候选人身份，那是后话。我看中他精力充沛，干劲十足，兴趣广泛、敬业爱岗的精神和在业界的影响力，提议由他接任檀先生的担子，任微生物教研室主任。

全文海老师早些时期在发酵分析方面颇有研究，曾师从金岭南讲师，编写了发酵分析讲义等。他内敛沉稳，钻研学问一丝不苟，指导学生也耐心细致，非常深入。改革开放初期他就转向生物化学的教学与研究，精读国内有关经典教材与著作，在校内首开‘生物化学’课程。他于1984年牵头主编出版了轻工高校统编教材《生物化学》。考虑到这门课程关联到探究发酵原理最基础，也是最核心的学问，我决定设立生物化学教研组，由全文海老师担任负责人。

顾国贤老师是朱宝镛先生的嫡传弟子，经常跟随他到啤酒工厂去答疑解惑、指导技术改造、培训人才，协助他一起指导研究生，他可以说是得到了朱宝镛先生在啤酒酿造学问方面的真传。朱宝镛先生步入古稀之年还担任校务领导工作，在业务方面顾国贤老师逐渐挑起担子，牵头了国家七五攻关项目中有关国产啤酒科研的多项任务。他为人豪爽，中气十足，讨论问题时总是抢着发言，直率中肯，从不隐瞒自己的观点。有人给他取了绰号，叫‘顾大炮’。我当系主任不久，经与朱宝镛先生商量，就请顾国贤老师接替朱宝镛先生，担任发酵工艺教研组的主任，后来发酵工艺教研组又按厌氧发酵和通风发酵两类截然不同的工艺，分出了发酵工艺一组和二组，那是后话了。

四位中年骨干中，吴佩琮老师的业务背景与我更加接近些，1962年从学校留校开始，他基本上围绕着发酵设备的方向，担任王鸿祺先生的助教，辅导学生发酵设备与工程方面的设计实习，他也参与了有关教材的编写。他在食用酒精蒸馏设备方面，另辟蹊径，承担了‘六五’攻关项目的关键设备设计与中试，及放大推广应用。他的性格与前面几位很相似，独立思维能力很强，真诚直爽，从不隐瞒自己的意见。和他们几位一样都是大嗓门，但是他们对我都很尊重。

四位年富力强的教研组主任各显神通，他们大抓课程体系的重构；各组都组织新编并出版了轻工业部的统编教材，在兄弟高校中起到了引领作用；他们也很重视师资队伍建设，各个组都提出了人才引进和留校的计划；提出了按照发展计划所需要添置的仪器设备；他们受命之时，正值世界银行贷款第二批大学项目中列入了无锡轻工业学院的名单，英雄正有用武之地，他们撸起袖子，带领一班年轻人，在世界银行贷款购置仪器设备方面立下了汗马功劳。这四个教研组组长的能力与个性很快在全校传为佳话，不知是哪一位同仁率先赋予他们‘四大金刚’的名号，后来在学校里几乎人人皆知，而且传到了兄弟高校的同行之中，成为佳话。”

四、担任行政工作之余不忘业务进取

伦世仪院士对老前辈尊重，虚心请教；对后辈关心提携。伦世仪院士与发酵系党总支书记曹建刚、副书记徐文琦、系副主任邬显章、张仲甫也配合默契。

张仲甫分管系里的行政事务，邬显章老师也是南京工学院食品工业系的毕业生，从事发酵与酶技术的教学、科研工作多年，从1973年至今，完成了重大科研项目多项。其中“1398枯草芽孢杆菌蛋白酶活性提高”和“辅酶A直接发酵法生产”研究均获1978年全国科学大会奖（第一获奖人）；当时他主持的“提高糖化酶活性的研究及其应用”课题，于1985年获得全国科学技术进步一等奖（第一获奖人）；其所主持的国家“六五”攻关项目“食品级α-淀粉酶活性提高及中试”于1986年通过国家级鉴定；接着又主持“七五”攻关项目“碱性脂肪酶菌种选育及小试”。新成立的发酵工程系由他分管科研工作，科研氛围很浓郁，主持国家级纵向科研项目的骨干教师多达十几位。在科研管理方面，伦世仪重在抓大放小，鼓励教师们为生产第一线服务，一时间横向科研也很活跃。

刚刚建立的发酵工程系很快就有了小小的成绩。伦世仪应中国科学院微生物研究所张树政研究员之邀，合作编写的《微生物酶制剂》一书，于1984年由科学出版社出版了，这是国内第一本较为详细地介绍由微生物发酵生产酶制剂的专著，在国内业界引起很大的关注。这期间，伦世仪主持了国家“七五”攻关“酒精废水单细胞蛋白”项目，他从单细胞蛋白菌种选育、培养过程菌种驯化、微生物利用废水有机成分的动态分析、培养过程优化、对应的生物反应器及配套设备的系列设计等诸多角度，组织了老中青相结合的科研攻关队伍。在实验室和小试的基础上，多次带队到徐州酒精厂开展中试工作，圆满地完成了任务。他将科研实践中得到的领悟和成果及时地编入《生化工程》高校教材（图6-8），用于本科生和研究生的课堂教学。

图6-8　主编《生化工程》高校教材

不久之后，中年伦世仪的业务水平在业界受到更广泛的认可。1985年，中国食品科技学会聘任他为常务理事。同年，《中国生物工程学报》聘任他为编委，这份期刊对20世纪中国生物工程发展起到很好的推动作用。他还主持过多轮在国内外召开的相关学术研讨会，并进行大会交流（图6-9）。

伦世仪院士提到，从社会兼职中他也受到启发，正是从那时候开始，将发酵工程逐渐向工业生物技术领域过渡。他在研究生培养体系的筹划方面下了很多功夫，访问请教了国内外权威，听取了老前辈和中青年骨干的意见后，他领衔策划了全新的研究生课程体系和培养计划，要求每个教研组都要拿出各自的方案（图6-10），如微生物教研组为研究生组织了三四门新课，包括“微生物遗传学”“微生物生理学”“遗传工程原理与技术”等新课，全部由青年教师担纲（以檀耀辉为主任的微生物教研组还被评为1984年度校先进集体）。伦世仪也因学术进取显著，科研成果丰硕，于1986年4月晋

图 6-9　主持全国首届发酵工程研讨会

升为教授（那个时期，学校尚未取得教授职称的终审权）。同年 7 月，伦世仪由国务院学位委员会批准获得博士生导师资格。1987 年年底，伦世仪还被学校和江苏省统战部推荐为第六届江苏省政协委员，并于 1988—1997 年，连任两届省政协委员。卸任系主任之前后，他又于 1989 年分别获院、市优秀教育工作者称号，后又被江苏省教育委员会评为“江苏省高校优秀研究生导师”。

图 6-10　担任系主任仍不忘业务进取

第四节 刚成立的发酵工程系蒸蒸日上

一、师资背景多元，教学体系优化

发酵工程系成立伊始，就已经聚集了几十位教师，老中青结构合理，他们的专长分别是：工业微生物学、微生物生理学、微生物育种、生物化学、酒精与酿酒学、氨基酸发酵、有机酸发酵、微生物酶制剂生产、发酵工艺学、生化工程学、发酵设备学及反应器设计等。为了尽快形成自成一体的学科体系，伦世仪主任派出骨干教师到南京大学、中山大学、山东大学等高校的相关系科请教权威泰斗，利用出访机会认真考察国外相近系科的教学体系，并要求到国外进修的本系教师和攻读海外学位的研究生每人要专攻一门新的课程，争取日后回校开设新课。

伦世仪院士回忆“教师们除了开展必修课教学外，陆续为本科生和研究生开设了近十门选修课，并编写了相关的教材，如，工业微生物育种技术、生物化学、微生物生理学、酶工程、生化分离技术、有机酸发酵、生化反应工程及反应器、废水生物处理工程等，还有工业育种实验、生化分离实验、发酵分析实验、酿酒工艺试验等，都深受学生的欢迎，这些课程在轻工业部直属高校同类专业中皆属于首次开设。新建的发酵系为高年级本科生开设了三大专业方向：工业微生物育种、发酵工艺学、发酵设备与反应器设计，这三大方向实际上就是工业发酵过程的上游、中游、下游三大板块。”

建系不久，教学建设成果不断涌现，被兄弟高校所看好，他们纷纷前来考察取经，不仅促进了本系科人才培养水平的提高，且对兄弟高校相关系科的教学建设也起到潜移默化的推动作用。那段时间内，还吸引了越南和朝鲜的同类系科的大学代表团前来考察，朝鲜平壤轻工业大学的校长来校详细了解教学体系和实验室建设，对刚刚引进的电子显微镜表现出极大的兴趣。发酵工程系还接收了朝鲜派来的访问学者。

二、明确发展方向，承担更多重任

新成立的发酵工程系的教学实验室也在不断调整的过程中得到优化，当年建设了发酵微生物实验室、发酵生化实验室、发酵生化设备实验室、发酵工艺实验室（下分：发酵工艺第一实验室、发酵工艺第二实验室）、系中心实验室（后来世界银行贷款引进的先进设备的相当一部分集中由其管理）等分工明确、职能清晰的几个实验建制。实验室主任皆由教研组主任和骨干教师担任。

另外鼓励中青年骨干教师抓住一切机会，申请纵向科研课题。有意思的是，当年正是申报国家“七五”攻关项目的热潮，发酵工程系的教师们竟然能报出十多项课题申请。随后全校共有 18 项国家“七五”攻关项目获得通过立项，其中有 7 项是发酵工程系的教师们申报和主持的：酒精废液单细胞蛋白（伦世仪）；用于高黏度培养的生物反应器（王鸿祺）；发酵法生产甘油（诸葛健）；薯类原料酒精节能、综合利用技术（章克昌）；碱性脂肪酶菌种选育小试（邬显章）；苏氨酸菌种选育及小试产品分离提取（檀耀辉）；大容积发酵罐絮凝性酵母选育（“七五”引进消化项目，顾国贤）；啤酒酵母国内优良品种选育（“七五”引进消化项目，顾国贤）。对于一个刚刚成立不久的还只有一个大专业的系科，发酵工程系拿下的国家“七五”攻关项目数竟高达全校的 39%，这不能不说是学校办学以来系科建设历史上的一个奇迹。

1986 年，又有了教师申报晋升职称的机会，同年 4 月，伦世仪、檀耀辉（当时已经 70 岁高龄）等资深讲师被江苏省高等学校职称评审委员会批准为教授职称；同年 7 月，由国务院学位委员会批准伦世仪、王鸿祺等教授拥有博士生导师资格。伦世仪教授连续担任第六届、第七届江苏省政协委员（1988—1997 年）。1989 年被评为江苏省高校优秀研究生导师，同年还获得校、市优秀教育工作者称号。发酵工程系建系初期，“四大金刚”和另外几位中年教师也晋升为副教授。

步入知天命之年，伦世仪的人生轨迹发生了质的转变，他和其他人一样，遇到了改革开放的好时代，而且他还遇到了正派开明、爱才任贤的好领导。尽管在这之前，条件艰苦，岁月蹉跎，但中年伦世仪始终没有放弃自己的学术追求，没有辜负作为一名大学教师的光荣使命，他默默前行多年之后，又回到了主讲台，把过去积淀下来的学问转化成了教材和专著，转化成了教学和科研成果；他始终保持着诲人不倦的情愫，以他的虔诚之心，向老前辈们请教；也以他的慧眼遴选、重用身边的同事和年轻人。这就是为什么当学校决定隆重推出发酵学科，独立设置发酵工程系之时，校领导能够意见一致，决定将重任交于他，而他则毫不犹豫地挑起新建系科的重担，并且在任职的五年期间，把发酵工程系办得异军突起、风生水起。全系教师超过五十人，其中多数晋升了各类职称；全系拥有的仪器设备总值翻了四倍，特别是世界银行贷款项目的争取、招标、购置、安装、调试等一系列工作井井有条，使用频率高，对学科发展的支撑效果明显；甚至在独立建系仅仅三年之后（1987 年），就敢于申报建设“发酵工程——国家级重点学科点”。中年伦世仪的胆识、智慧与魄力凸显其间，他以很高的威望，带领着发酵工程系的全体同仁一路进取，在全校乃至国内同行中产生了很大的影响。当然这都是后话，将放在后面的内容中翔实回顾。

第七章

累步强基固本

第一节　上任不久便遇到世界银行贷款机会

一、世界银行贷款带来的契机

二、重大机遇考验胆识和魄力

三、第一项重大任务一炮打响

第二节　做好设备安装和配套经费使用

一、第一批贷款设备进入安装阶段

二、到位的设备很快发挥重要作用

三、软条件建设与配套经费的利用

第三节　后续的实验基地建设

一、第二批世界银行贷款投放在重点学科

二、建好用好实验基地成为一种习惯

三、推动实验室管理工作规范

四、得益于世界银行贷款的其他方面

对于以工为主的高等学校系科而言，实验室是学校科技创新体系的重要组成部分，是进行科学发现、技术发明的重要阵地，更是培养优秀人才和高水平成果不可或缺的基地。无锡轻工业学院自1958年由南京东迁到无锡独立建校以来，便开始步入三年严重困难期间，苏联老大哥停止援助，后来又经历了“文化大革命”的十年浩劫，至改革开放前夕这二十年的漫长岁月，可以说学校得到的建设拨款来源单一，数额少得可怜，实验基地建设发展缓慢，科研装备少有更新。

改革开放时代到来之前，银行贷款与大学发展之间似乎风马牛不相及。高校想不到去申请金融机构的贷款，事实上不可能从银行贷到所需的款项，那时候我国的金融系统尚未建立起日常运转的借还贷款的体制与机制。不过谁也没想到，实行改革开放后，世界银行贷款项目，却为中国高等学校的发展送来了及时雨。

第一节　上任不久便遇到世界银行贷款机会

一、世界银行贷款带来的契机

那是20世纪80年代中期，中国的大学终于迎来了可利用国际贷款，尽快缩小与国外大学硬件差距的新路径。当时，我国政府与世界银行友好合作，紧锣密鼓准备引入世界银行百亿美元的资金，用于推进工业、农业、环保、交通、教育、卫生等多个领域的装备建设与条件改善。在此期间，投向教育事业的贷款就称为“第二个大学发展贷款项目”，国家安排的受益单位涉及除西藏和海南之外的

56 所大学，还有国家教委所属的 4 所师范院校。其目标很明确：加强隶属中央部门的部分工科和财经、政法、师范类高校的学科建设，促进我国高等教育事业更好地为经济建设与社会进步服务。

世界银行亚太地区项目局的负责人曾经在工作会议上谈到：投向中国的各类世界银行贷款的类别中，从经费额度上看，“大学发展项目”是体量最小的一块，但经过实地考察调研后，他们认为这是准备工作做得最翔实充分、申请预案写得最合理完善的一块。很快地，大学发展项目成为“第二个大学发展贷款项目”中第一个同世界银行负责机构总签约的“政府部门贷款”项目。

1984 年 1 月，伦世仪刚被任命为发酵工程系主任，他在第一时间就遇到难得的好机遇，当然也是毫不犹豫地投入这场申请世界银行贷款的重大行动之中。

二、重大机遇考验胆识和魄力

国家向轻工业部隶属的高等院校系统分配的“世界银行贷款大学发展项目”份额仅限于一个大学单位，所有轻工业部直属的高等院校都有机会争取这个项目，而且当时轻工高校中唯一的一所国家重点高校并非无锡轻工业学院，而是西北轻工业学院。兄弟院校的领导们也许是碍于各种顾虑，担心将来无力还款，给后任者带来沉重的负担；或是觉得时间太紧促，来不及拿出项目申请计划方案。总之这一次世界银行贷款项目申请方面的竞争远非预想的那么严峻，只有无锡轻工业学院一家积极争取，而兄弟高校对这个项目的态度出乎意料的冷淡（后来有些兄弟高校的后任领导提到，当年要是西北轻工业学院志在必得的话，无锡轻工业学院恐怕就轮不上了）。

重大机遇来临之际往往考量着当事人的胆识和魄力，无锡轻工业学院领导班子的思路与其他高校大相径庭，他们决心借此机会，全力推进实验室基地建设，全面提高支撑教学科研的硬件条件，全面建立先进的实验室管理制度。1984 年初，从学校领导、管理部门到相关学科的负责人和骨干教师，大家一致认为这是学校发展历程中难得的好机遇，于是乎，从上到下申请世界银行贷款的热情空前高涨，筹备工作积极主动。新建之初的发酵工程系党政班子本身决心很大，教师们听取了伦世仪主任的专项传达后，群情激昂。

伦世仪院士说："也就在 1984 年初，我刚担任新成立的发酵工程系主任，世界银行贷款在我校立项的消息传来，让我精神大振，我觉得这是对我上任的一种最大的推力。书记与我立即召开系党政与教研组负责人的商榷会，大家都非常兴奋。几位老前辈带头表示，他们可以利用学术界的人脉关系，为中青年教师外出调研学习牵线推介，他们都具有很好的外文功底，也能帮助大家浏览消化外方提供的资料和行情。四个教研组的实验室设施皆待更新，四位年富力强的教研组主任更是摩拳擦掌，跃跃欲试，他们一致表示，机不可失，时不再来，我们决不能放过这样的好机会，教学科研任务再重，也要挑灯夜战，查阅资料，了解国际先进的仪器设备，各自负责自己这一块，尽快拿出本组所需要的仪器设备清单。他们积极的态度和进取的势头让我备受感动、信心十足。

各组的教师随口就能报出不少想要添置的设备。一时间大家群策群力，通过各种渠道，向中科院有关研究所和国内重点大学了解国外最先进的相关仪器设备，出国进修回校的老师也请教国外单位和导师。短短的一两周时间内，就报出了价值数百万美元的仪器设备清单。学校做出了初步预案后，及时向轻工业部与纺织工业部汇报，轻工业部很快承诺会帮助学校解决将来的还款问题，也答应给予一定的配套经费。"

1984 年 4 月，福音传来，在北京召开的世界银行贷款第二次大学发展项目工作会议上，国家教委批准无锡轻工业学院作为全国轻工高校中唯一的一所接受世界银行贷款项目的院校。同年 5 月，世界银行亚太地区项目局教育处副处长吉尔平先生受命前来学校实地考察。

同年6月，国家教委再次委派贷款评估专家组来校审查，终于确认无锡轻工业学院完全符合申请条件，认定了其中的食品、发酵、计算机重点建设子项目。学校紧锣密鼓地成立了世界银行贷款领导小组、外资办公室，派出几位既懂设备又有一定外语交流能力的骨干教师，前往北京参与引进设备的具体调研，设备的型号规格选择、价格摸底、拟写设备列单和标书等一系列工作也就紧张地开展起来了。

三、第一项重大任务一炮打响

如何把世界银行贷款项目做得更加扎实？伦世仪院士还记得当年的一些思路和举措："发酵工程系下属的四个教研组都希望为本组的实验室增添最好的设备，但我知道能够划给我们发酵工程系的贷款份额是有限的，一定要按设备先进与否、使用效能、轻重缓急程度等，客观地排好次序。我多次组织教研组组长和骨干教师一起讨论，很快就提出了仪器设备购置的方案。工业菌种的选育和改良是工业发酵的重中之重，我们决定要购置当时国际上最高倍数、最先进的电子显微镜；发酵机理研究则是究其所以然的关键所在，因而提出要装备精密的生化分析和分离提取设备；发酵过程的动态研究与优化，更是离不开带有先进的过程传感器的自动发酵罐；当然啤酒酿造中试系统也很需要。发酵工程系四个教研组都提出了很好的购置计划与论证方案，当时碍于能分配到的贷款数额有限，学校设备处（世界银行贷款工作办公室）时常与我们讨价还价，大家一度很不乐意，不时地碰头商量，不忍心删掉一些相对次要的购置项目。

我必须要提到，改革开放后一批经过考试选拔后公派出国留学的骨干教师研修期满，他们于那几年纷纷回校，在这个节骨眼上，他们的国际视野、业务能力和外语水平派上了新用场，瞄准当年最高档次的仪器设备开展调研，各子项目组结合学科发展计划，提出设备引进清单、实验室建造与改造方案，申报工作有条不紊地向前推进。我们系的赵光鳌、顾国贤、诸葛健、张星元、王武等多位老师参与了世界银行贷款不同时期的工作，大家以认真负责的态度和细致敬业的工作，查阅了大量的英文和日文资料，到北京、上海、南京等地的中科院研究所和重点大学的相关实验室调研学习，最终大家非常翔实地报出的设备清单和日后使用效益论证等报告，得到了学校领导层面的审核通过。大家的共同努力，对我的行政管理工作给予了巨大支持，也换来了政府主管部门与世界银行贷款项目管理人员的信任。我上任伊始，第一件重大的硬件建设项目也算是一炮打响了。”

1985年，教育部根据国家计委文（1985）113号《关于利用世界银行贷款加强第二个大学发展项目的可行性研究报告的批复》，决定分配给无锡轻工业学院的世界银行贷款额度为300万美元（当时折合306万SDR，即特别提款权），其中设备费270万美元，图书费9万美元，出国人员培训费21万美元。同时经轻工业部同意，落实了国内配套经费1155万元。1985年下半年开始，国家教委统一组织贷款设备招标，并委托中国技术进出口总公司负责仪器采购事务。同年10月，世界银行贷款项目外国专家咨询组组长弗雷特先生等4人来校实地审核（图7-1），对各项准备工作和配套方案表示满意。

图7-1　世界银行贷款外国专家咨询组组长弗雷特先生等来校实地审核

世界银行组织还委托国家审计署对贷款使用方案进行了审计，1985年底，相关的审计合格通过。

其中发酵工程系申报的第一批引进设备清单中，获批的就有：日本Hitachi 7000型60万倍透射电子显微镜（图7-2左），17.2万美元；日本明石公司20万倍扫描电子显微镜（图7-2右），7.64万美元。

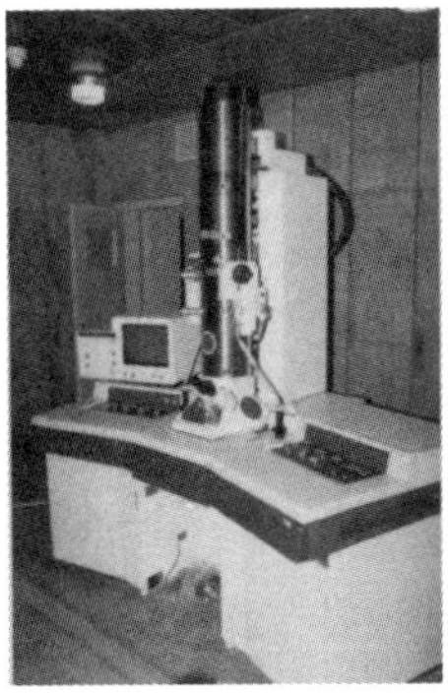

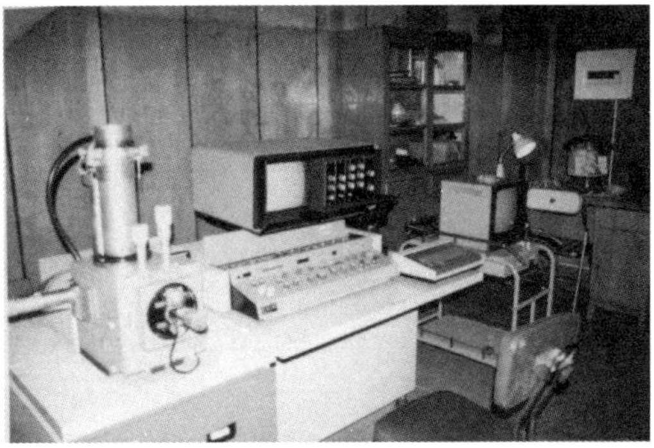

图7-2　透射电子显微镜（左）和扫描电子显微镜（右）

实验室连续离心机（美国）1.5万美元；恒化器（西德）7.98万美元；全自动发酵罐（西德）14.98万美元，台式发酵罐（美国）4.99万美元，以及一批配套设备，总共近60万美元。因涉及向多个国家采购设备，要用多种外币支付，后期世界银行贷款管理部门以特别提款权（SDR）为标准单位，进行具体的结算，更加方便地推进了整体工作的进程。

第二节 做好设备安装和配套经费使用

一、第一批贷款设备进入安装阶段

贷款获批后，建设大型分析、测试、计算中心的计划也就随之启动了，为此学校建立了两大直属的仪器设备中心，一为计算机中心，二为分析检测中心。新成立的计算机中心添置了美国国际商用机器公司出产的 4381 计算机系统，这台中型机连同磁盘、磁鼓等，总共价值 83 万美元，计算中心大楼楼体、防静电内部装饰与空调系统由学校自筹配套经费予以建设，安装和接下来的调试任务非常艰巨。这在当时，甚至乃至今日而言，不失为单机价值最高的专用设备，全校上下都很兴奋，大家提出要前往参观了解，这是当年师生引以为豪的标志性现代装置，要求培训学习“计算机基础知识和应用”的风气一时高涨。

伦世仪院士说：“我当时也在考虑，应该要对计算机基本知识进行补习，我们要开展的生物反应器参数设计计算、过程数据分析等，能用上计算机演算岂不快哉？我在系里的有关会议上，提请大家要注重计算机方面知识的学习和应用。”随着计算机技术与装备水平日新月异的更新换代，IBM 的 4381 系统很快就被更先进的小型机，甚至台式微机所取代。尽管 4381 计算机系统的使用寿命很短，但是学校以此为纽带而创建的计算机专业，引进了一些专门人才，全校掀起了普及计算机知识的热潮，开展了计算机应用的培训，高等教育管理信息化的步伐也迈出了第一步。4381 计算机系统很快就被淘汰了，但是当年参加此项工作的同事依然记忆犹新。

借助世界银行贷款购进精密分析仪器是另一场重头戏，依山而建的分析测试中心建成了，核磁共振仪、色谱-质谱联用仪、高压液相色谱仪、离子色谱仪、傅里叶红外光谱仪、气相色谱仪、荧光分析仪等陆续开机调试，当年一批最有灵气、动手能力最强的中青年教师与工程师经过专门培训后，很快掌握了操作技能。学校还借此成立了中央研究所，配备了专职研究人员，分析检测中心面向全校乃至社会开放。

发酵工程系的实验室面积非常有限，伦世仪主任和学校的管理部门达成共识，本系所经手的凡是公用的需要专人管理的贵重大型设备就安置在分析检测中心。但是与设备关联最紧密的学科必须负责做好安装预案准备。伦世仪院士至今记得：“为了透射电镜和扫描电镜的安装，我们派人到上海、南京等地，认真考察学习，接受培训。专门按照标准建造了透射电镜的独立地基，深度接近 2.5 米；全覆盖铺设内墙防护网，因为开机的工作环境要严格确保防位移、防震动、防辐射、防静电干扰等。负责操作电子显微镜的吴亢同志并无高等教育正规学历，可是他勤于钻研，非常敬业，我对他十分信赖，后来的情况也证明他是非常能够胜任的（图 7-3）。”

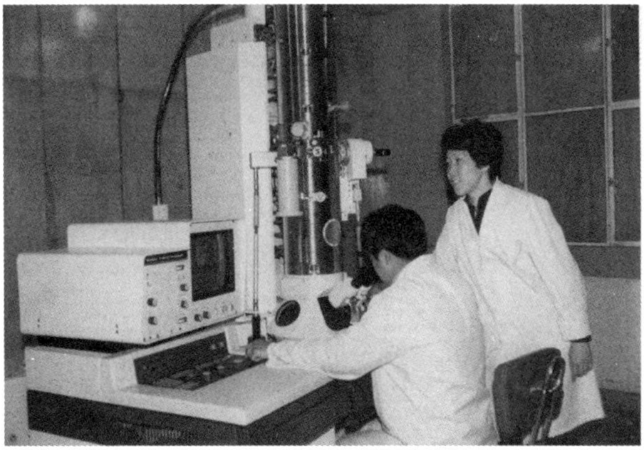

图 7-3　操作透射电镜（左一吴亢、右一王武）

高级分析仪器的工作环境也按标准硬件到位。第一批价值共计198.169万美元的设备陆续签约、购置、运送到校。精密分析仪器和电子显微镜的安装过程至今让人记忆犹新，没有专业的安装公司，全靠校内的工作班子动脑筋、想办法。通往分析检测中心的道路是较窄的坡道，学校机械厂加工了滚木、三角止滑垫、撬杆等，教师、实验员、工人齐心协力，肩扛人拉，斜坡牵引、滚木推移，各种最原始的方法都用上了。那台 Hitachi 7000 型透射电子显微镜从牵引上坡，到入室安置、配套设备连机等步骤的完成，整整花了六个小时。

二、到位的设备很快发挥重要作用

设备处作为学校的主管部门随之出台了政策，鼓励教师们在设备的保修期内充分使用这些高级仪器。管理部门不仅不收使用费，还为有资格的使用者承担适量的耗材费。举校支持、精心管理、良好使用，世界银行贷款项目到位的第一批设备很快就发挥出重要的作用，无锡轻工业学院师生的科研热情得到了很好的调动，学术水平大为提升，这个平台还吸引了一批国内一流大学的师资力量加盟我校。

当年购置的透射电子显微镜是当时日立公司出产的高分辨率型号 Hitachi 7000，最高放大倍数为60万倍，配上英国卫勇公司的超薄切片机，高性能电源稳压系统和恒温除湿装置，开机试镜一次成功。拍出的电镜照片中，可以清晰地观察到谷氨酸棒杆菌噬菌体侵染细胞的过程以及精细化工产品的微结晶形态，还有明石公司扫描电镜对金离子溅射处理的样品拍出的逼真的超微影像。电镜室为生物技术与食品和化工学科师生的科研与教学提供了几千份超微影像资料。来自非洲留学生英语班的本科生主动要求增加“电子显微镜原理与技术”这门课程，并要求安排现场实践教学。扫描电镜还为江苏省纺织贸易公司的生丝出口法国所发生的断丝索赔纠纷案子出过力，电镜照片提供了微观的、客观的证据，探明出口生丝的断口并非虫咬结果，而是受到机械性外力的破坏所致，为我国出口企业免除了70万元法郎的索赔官司。

学校所引进的各种仪器设备都得到了精心的保管与养护，高效的利用与局部升级。伦世仪院士主持的“七五”攻关项目鉴定时，参加鉴定会的国家环保部张坤民副部长看到伦世仪院士团队研究的颗粒污泥微结构的电镜成像（图7-4）后赞叹：“这是环保科研成果中看到的最清晰、最漂亮的照片。”日立公司不止一次派人员前来巡查该公司的电镜产品，当看到吴亢老师管理及操作的Hitachi 7000和其他配套的世界银行贷款设备完好无损、洁净无尘，且利用率非常高，又看到电镜室墙上展示的研究结果后，日方代表当场表扬，认为这是日立公司售到中国的世界银行贷款设备中最令人满意的案例；当看到电镜室墙上展示的生命微观世界的真实存在，他们惊呼：“原来我们的电镜还能拍出这许多意想不到的影像，真是令人高兴。”后来碍于老一代电镜在数字化时代到来之前，用的是化学显像系统，不符合现代水平与环保监管的要求，于是学校又添置了新一代的数字化电镜设备。实际上早年这些电镜设备的主机部分至今依然完好如初，但随着时代的变迁，不经意间就成为了美好的回忆。

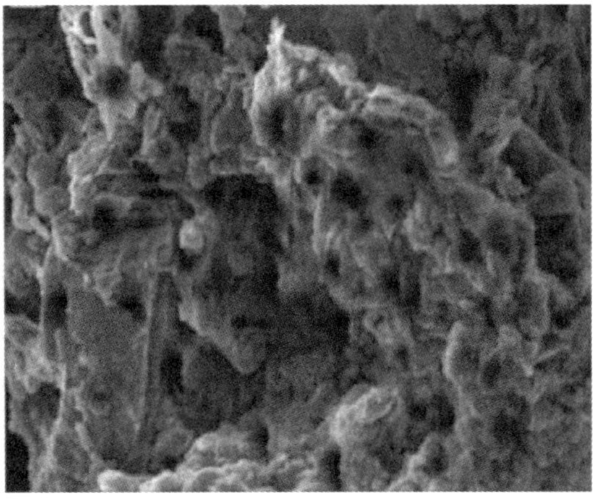

图7-4　颗粒污泥照片

三、软条件建设与配套经费的利用

世界银行贷款中接近1/10的额度用于软件建设，这也是当年的英明之举。利用这笔款项，学校又派送了一批教师到国外知名大学学习先进技术，他们回国后都成为各学科的骨干力量；国家教委批准学校出国攻读博士学位的研究生3名，发酵工程系的杨筱萍被送到美国普渡大学化学工程系攻读博士学位。派出人员参加国际培训的申请手续从1985年开始办理，到年底，短期出国进修的有6名，主要是培训计算机中心的技术人员和高级分析仪器的操作人员。图书采购工作由学校列出外文书目后，由国家教委统一组织购置。

利用这笔款项，学校组织了食品与发酵学科建设方面的出国考察团，认真学习国外同类学科的先进经验；还聘请了若干名对中国友好的国际学术权威专家为名誉教授或客座教授，指点我校学科方向的确立，合作组织和主持国际学术会议。1985年底，经国家教委批准到我校讲学的外国专家共计6名，其中就有美国普渡大学的曹祖宁教授、日本北海道大学的高尾彰一等到发酵工程系讲学，启动研究生合作培养，还有新泽西州立大学食品学院院长张驷祥教授（图7-5）、何其傥副教授，UCD的Shoemaker夫妇等到食品工程系讲学，指导研究生，这些国际知名学者与学校和两个国家重点学科之间长期保持着友好互动的关系，这些都是后话。

为配合世界银行贷款的使用，经国家教委核定的我国国内配套资金为1155万元，由轻工业部在基建资金中安排。到1985年底，第一批国内配套资金拨到学校340万元，可用于实验楼的改造和配套设施的添置。伦世仪院士回忆："借此，发酵工程系全面改造了几个实验室，微生物实验室更新了显微镜和微生物灭菌及培养装置；生化实验室安装了低温超净柜，开展蛋白质和酶的分子水平的研究；发酵工艺实验室增添了无菌空气动力系统和产物提取装置；设备实验室进行了较大的改造，用于自由搭建自行设计的各种反应器小样，

图 7-5　陪同张驷祥教授参观实验室（前排左一张驷祥、前排左二伦世仪）

加上配套设施，可进行试运转。那段时间，大家非常忙碌，也非常充实。同事们积极进取，各司其职，给予我莫大的支持。”

第三节　后续的实验基地建设

一、第二批世界银行贷款投放在重点学科

基于引入世界银行贷款项目方面的重视与成功，20 世纪 90 年代初，学校又获得了购置“第二期贷款设备”的申请机会，这批设备不再集中于学校的检测中心，而是投放到相关重点学科的系管实验中心。发酵学科于 1988 年获批为“发酵工程国家重点学科点”，随后利用世界银行贷款又增添了一批全自动发酵罐、恒化器，因为“七五”攻关期间，全系一共主持了七项国家课题，发酵罐的使用频率很高；还从西德进口了价值 60.66 万元的全不锈钢“小型啤酒实

验装置”，这对发酵学科的酿造分支的发展起到了如虎添翼的作用。那时啤酒工艺实验课是最受学生欢迎的课程，不仅锻炼了酿造工艺的实践能力，还培养了学生的国际化视野。利用德国先进的小型啤酒装置酿制新鲜啤酒，为前来考察的“211 工程重点建设项目”的评审组专家、参加国际酒文化会议的来宾们以及时任国家教委何东昌主任（图 7-6）等各批宾客和领导提供了考察指导的机会，也营创了鉴赏微生物酿造艺术宽松的环境与氛围。

图 7-6　国家教委何东昌主任考察小型啤酒实验装置

食品工程实验室引入了进口的瞬时高温灭菌器、双螺杆挤压膨化设备、超高压均质机、差热分析仪等，其中有些设备也为发酵学科的科研提供了服务。

第二期添置的世界银行贷款设备中，还包括包装专业所需要的“缓冲包装测试台”和“包装冲击实验装置”，这使得包装学科在原有的基础上踏上了新的台阶，很快就建设成为“部级包装测试中心”。

二、建好用好实验基地成为一种习惯

骨干教师与研究生争先恐后地使用世界银行贷款设备，排队预约已经习以为常。教授们争取到的“七五”“八五”“九五”国家攻关科研项目大多数受益于这个先进的硬件平台。“国家自然科学基金”项目的申请实现了零的突破，教授们的研究进入了精细化学层面，进入细胞生物学世界。各类色谱图析讲述着食品科学的分子水平原理，特种表面活性剂产生的胶束，食品流变学理论在精密的仪器上演绎出可视化的组织质构的流变过程，从电镜里可以观察到细菌是如何在培养进程中积累羟基脂肪酸（生物塑料），这些产物的积累又是如何改变了菌体细胞的形态等，原先不明就里的各式各样问题得到尽善尽美的诠释。由世界银行贷款所建的这个平台，在教授们获得国家级、省部级各类科研进步奖项，获得国务院特殊津贴及各类国家级专家称号等方面，也发挥过潜移默化的作用。

关于这一影响，伦世仪院士的记忆还是那么清晰：“借助这个平台，教授们得以面向硕士研究生和留学生开设一系列的实验新课。例如，‘发酵过程控制与优化’‘生化分离技术’“图谱解析实验”等；还面向博士生开设‘Advanced Instrumentation’，这门课程不仅讲解高级仪器分析学原理，还让博士生到测试中心学习实际操作，让他们结合自己的课题，在专管人员的指导下使用有关的仪器。这些新开的研究生实验课程深受导师和学生欢迎。2012 年校庆期间，受学校正式邀请，改革开放后入学的首十届研究生回到母校，参加纪念聚会时他们提到，借鉴当年的高水平实验平台，他们不仅学到了先进的研究方法和高水平的技术，更重要的是，为他们奠定了引领行业技术发展的眼界和实力。

教师们尝到了努力建设实验基地的甜头，一些骨干教师将实验室的科研成果推广到企业，深受企业的欢迎。不过企业往往需要教师们提供中试后的数据和成果，于是发酵工程系的几位教师打破原有的规则，与企业合作签约，由企业出资，将中试基地建到了校园里（惠山脚下）。例如发酵甘油中试基地、食用菌中试基地等，大大方便了教师在现场开展技术指导，加快了应用研究成果的推出。”

当然，在今天看来，其间也多少存在着不合规的问题，如这些中试用建筑物未经证实审批建设，后期无法获得房产证。不过，后来学校总结了当年的经验和教训，在新校区建设时采用另一种可行模式，创新性地引资建造协同创新大楼，吸引国内知名企业参与实验室条件建设，企业指派科研人员前来工作，与教授和研究生同台开展研究，这种校企紧密型科研合作模式，又一次成为其他高校争相考察的样板。

三、推动实验室管理工作规范

早在20世纪80年代，国内高校的科研装备相对落后，拥有千万元仪器设备的高校为数不多，更谈不上对实验基地的系统管理。不过发酵工程系接受了世界银行贷款引进设备后，格局就变了。客观上，外商提供了规范细致的设备使用说明和保养要求等手册，这对大家便是一次很好的学习机会，伦世仪主任要求系里同志翻译出来，加上使用过程的规定条例，变成系中心实验室的管理制度；接着系里几个常规的实验室也都行动了起来，有了参照对象，事情就好办多了。学校的设备处因兼设有“世行贷款工作办公室”，也从中得到了很好的启发。

当然主观能动性更为重要，在世界银行贷款设备基本安装到位后，设备的使用进入了热度期，校系两级管理层不仅重视实验室建设，还狠下功夫建立了一系列严格的实验室管理制度。学校管理部门设备处首先推出简称为“三齐全”的制度，即设备台套证、资质管理人上岗牌、使用台账，这三样必须齐全，且与设备存放在一起，管理部门随时可查。发酵系经常成为设备处表扬的对象，电镜室更是成了校内各系科实验管理负责人和管理员参观学习的基地。到了

20世纪90年代初期，全校都行动了起来，掀起了一场轰轰烈烈的实验室管理规范化热潮。在江苏省教委召开的有关会议上，学校的总结汇报引起了省教委领导和与会者极大的关注。他们纷纷来到无锡问道取经，一时间学校里非常热闹，发酵系的中心实验室和电镜室里，来人络绎不绝。良好的设备使用效果、严格的管理制度落实使无锡轻工业学院成了江苏省高校实验室管理示范单位，有段时间，几乎每周都有接待外校专项参观团的任务。

四、得益于世界银行贷款的其他方面

回溯当年，无锡轻工业学院博士学位授予点的早期建设，更是得益于世界银行贷款设备平台。研究硬件上的领先，加上老一辈学术泰斗的影响力，学校在20世纪80年代中期就获得了食品工程、发酵工程、粮食工程、油脂与植物蛋白质工程等一批国内首建的博士学位授予点。早期的博士生导师以这批高级仪器与设备为研究平台，与国外生物工程与食品科学技术界的知名教授，如张驷祥、曹祖宁、何其傥、高尾彰一、Shoemaker教授等开展博士研究生联合培养项目，取得了良好的效益。何其傥教授和Shoemaker教授等与无锡轻工业学院的合作从20世纪80年代一直延续至今，Shoemaker教授还获得了2007年度“国家友谊奖”，其间世界银行贷款发挥了不可多得的作用。

世界银行贷款建设项目还对兄弟院校食品学科的建设起到了积极的指引作用。对此，伦世仪院士也有相关的回忆：“当年的联邦德国政府准备对江西省教育系统投放食品加工类的无息贷款项目之前，慕名前来考察无锡轻工业学院的世界银行贷款建设项目。1988年上半年，德国专家四人和江西省教委负责人等在有关校领导和我的陪同下，考察了我校的仪器分析中心和好几个实验基地，他们当场表示，西德在江西的贷款项目将以无锡轻工业学院为参考，其中有位德国专家中文名字叫郝思汉，他曾在台北工作生活多年，这位

‘中国通’用汉语表达，经过多处调研考察之后，他认为无锡轻工业学院的贷款项目落实得很好，尤其是所购置的大食品类仪器设备，对于中德联合创办食品研究所具有很好的参照价值，甚至提出希望无锡轻工业学院为之提供所有的设备清单和引进购置的工作流程。同年，联邦德国东亚研究所和江西省教委在南昌合作成立了‘中德联合研究院（江西）’，该研究所不仅借鉴了我们的设备清单、实验室建制，还引进了我校研究生毕业生，聘请了丁霄霖教授和我作为该研究所客座教授，为他们指导科学研究、新建硕士点和研究生培养工作。1990 年 1~2 月，我作为中德联合研究院专家代表团副团长，访问了波恩大学、霍恩海姆大学及一些德国企业，参与策划了该研究院的建设规划，不久该研究院就并入了南昌大学。2007 年，我校与南昌大学联合申报‘食品科学与工程’国家重点实验室得以成功，那又是后话。”

伦世仪担任发酵工程系主任的那几年，正赶上了不可多得的好机会，当年的无锡轻工业学院当机立断，上下一心，迎难而上，牢牢抓住了百年一遇的世界银行贷款项目，脚踏实地，认真论证、按需购置，于 1985 年底，经过了招标、投标和谈判环节，第一批共签订了 19 台套较大型的贷款设备，总额计 198. 17 万美元。

1985—1993 年期间，世界银行贷款项目累计为无锡轻工业学院提供了 321. 45 万 SDR（特别提款权），折合 411. 14 万美元的支持（其中，购置仪器设备 377. 35 万美元，购置图书 10. 25 万美元，人员培训 23. 31 万美元）。

发酵工程系建系伊始，在系主任伦世仪和党政班子及各教研组的共同努力下，从积极申报、认真投标、讨价还价、落实订单，全系引进了第一批七类先进的进口设备，总价值计 66 余万 SDR，约占了学校总量的 1/3。一批又一批引进设备发运到校之后，得到精心安装、高效运行、完好保养，许多项国家‘七五’攻关项目和国家自然基金项目都用上了这些先进的设备。

实验室基地建设不仅涉及硬件系统，更是软环境营造，通过累步强基固本，形成了进取精神和奋斗方式，拓展了方向，夯实了学科、锻炼了队伍，提高了教育质量，深化了科研内涵，靠近了国际前沿，奠定了轻工、食品、发酵、化工等学科长足发展的基础。同时不可否认的是，无锡轻工业学院就此拉开了与其他轻工类高校在硬件配置、人才队伍和学术建树方面的明显距离，在竞争场中步入了先手格局。

伦世仪院士在指导《江南大学史》编撰的过程中，谈到这一段特殊的经历时，他非常自豪，也很感慨："机遇总是留给有心人的，世界银行贷款项目的确给我们带来了难能可贵的机遇。'机不可失迎难上'并非一句喊喊而已的口号，而应该是学校以及学科发展历程中的一种自觉、一种习惯、一种精神、一种力量。从这个层面上理解，目前学校的综合实力能够在较短的时段内得到快速的提升，事实上，也得益于新一代接班人继承了这一优良的传统，并将其发扬光大。"

第八章 筑高发酵学科平台

如果说建立一个全新的系科不是件容易的事，那么这个新的系级建制的单位，要在很短的时间内，很薄弱的硬件条件下，迅速迈出大步，全面打造一个独立的、有着大好发展前途的新学科，其难度可想而知。学科一般是指在整个科学体系中，某个学术相对独立、理论相对完整的科学分支，在大学建制中，学科技术学术分类的名称，也是人才培养科目设置的基础。

一个完整的学科至少含有三个要素：

（1）本学科学术体系中含有若干明确的子方向。

（2）能在既定的研究领域内不断生成新的专门知识和技术。

（3）具有一支结构合理、学术水平上乘、专门从事教学与科研的人才队伍。

学科建设是一个大系统，它涉及师资队伍、科学研究、高层次人才培养以及实验室、图书资料库建设等，需要着力抓好学科建设的总体规划和分系列建设计划。当然学科建设工作中最根本的使命是，造就视野开阔、思维敏锐、学术积淀深厚的带头人，选拔和培养中青年学术带头人，配备好年龄、专长、能力、职称结构合理的学术梯队。

在当时背景条件下，伦世仪主任在其短短五年任职期间是如何筑高发酵学科大平台？

第一节　发酵学科四大分支得以明确

一、发酵学科目标多番调整优化

建系不久，在伦世仪主任的牵头组织下，发酵学科的建设目标几经讨论，逐渐明确了进一步调整的原则为：在处理科学与技术、理论与应用关系上，在处理学科前沿和中国特色发酵工业的关系上，皆着重于后者。发酵学科发展的着力点放在能够较快地将研究成果转化为生产力，以创新实用性发酵工艺体系为主要任务，同时加强应用基础研究和基础理论研究。

伦世仪院士回忆："记得当年在归纳沿袭发酵学科历史背景的前提下，各教研组分头组织教师们提出看法和建议，在此基础上，系领导班子将发酵学科的主要方向与特色分为四大分支：即工业微生物选育与改良、应用生化与酶技术、发酵工艺学、生化工程四大主要方向。四个研究方向的设立是着眼于现代发酵工程整个体系的科学原理与技术关键之所在，也非常科学地指明了，工业发酵整个过程的各环节之间既有上、中、下游的承接关系，又有互为依托、相互交叉、有机渗透与系统结合的特点。每个方向各由两位具有高级职称的学术带头人领衔。"

二、发酵学科四大方向的确立

在伦世仪主任的主导下，发酵学科的四大研究方向进一步明确了研究的范围和重点。

工业微生物选育与改良方向：着重采用常规的物理化学手段诱变，基于微生物生理学、形态学原理，有的放矢设计出专用于目的菌株筛选的筛分体系，再经过驯化，选育新的工业菌株；围绕发酵新产品开发、改良现有的工业用菌种；借助微生物代谢途径新理论，利用营养缺陷型、抗代谢类似物等新手段选育全新的工业发酵菌株；同时注重引入生物技术中的细胞工程和遗传工程新方法，强化新技术在工业育种方面的应用。

应用生化与酶技术方向：着重开发新的微生物酶制剂以填补我国酶制剂品种方面的空白，特别是发达国家酶制剂技术发展迅猛，新酶种大量涌现，酶产品精制水平上乘，附加价值高，使得许多酶种在医药和分子生物学领域得到全新的应用；同时要拓展酶制剂应用的新领域，不断提高酶制剂在发酵产品中的份额，使其在酿造、食品、日用化工、医药工业等领域得到更宽泛的应用，与此同时，要在分子水平上推进微生物酶学研究，特别是酶代谢机理、酶催化机理、酶分子结构、酶分子改造的理论研究。

发酵工艺学方向：其中有两个子方向：一是研究现代发酵工艺，着重提高质量、提高产率、节省能耗、消除环境污染，开发新工艺、新产品，特别是大量通风类型的发酵技术有待优化改进，发酵工艺学是连接其他三大分支的纽带，也是落脚点。二是推进传统酿造产品的现代化生产，使这些历史悠久、广受民众欢迎的日常消费品在品种方面多元化，乃至更新换代，走向标准化，走向国际化，同时要加强发酵新技术本身的应用基础研究。

生化工程方向：重点开展各类发酵过程建模与自动控制，研究发酵产品提取精制的下游技术，开展用于有机污水生物处理反应器的设计与放大、高黏度发酵产品所需的反应器设计。与此同时，对于厌氧发酵产品的制取方面，继续开展高效节能型蒸馏塔的改进设计。发酵下游技术的研发，除了针对提高产品制取质量之外，还重点开展了减废、无废排放和再循环利用技术的研发。

第二节　发酵学科建设过程中培育新成果

一、研究生培养与教材建设新起炉灶

伦世仪担任系主任的那几年，正是研究生学位点建设的起步阶段，从1984年开始正式以“发酵工程”学位点的名义招收了4名硕士生，连续培养了近百名硕士生。他非常重视硕士学位课程的建设，鼓励研究生导师和骨干教师为之编写教材和讲义，伦世仪老师自己带头，在借鉴英文教材的基础上，编写了《有机废水生物处理工程学》；王鸿祺教授编写了《生化反应动力学与生化反应器》，其他的副教授们编写了《菌种选育新技术》《遗传工程原理与技术》《微生物生理学》《微生物遗传学》《生化分离技术》《酶工程进展》《近代酿酒科学与技术》等，有的讲义很快就出版为正式教材；连同为本科生编写的教材，共出版了8部教材，其中伦世仪作为主要执笔者编撰的《发酵工程与设备》再版。另外，伦世仪主编的介绍现代生物技术科普知识的《生物工程浅谈》也出版了。

在那段时间，轻工业部所属高校的同行们纷纷沓至参观取经，几乎每批来访者都提出想要那几部教材和讲义，带回去做参考。学校无法满足每一位索取对象，有个外校的老教师竟然改签了回程票推迟返校，只为了要抄写我们的几本讲义的目录，并与编者咨询沟通。

博士生的培养算是新起炉灶，发酵学科确认了博士生培养以应用基础理论与工程应用型相结合，硕士生培养则以应用生物技术和应用工程型为主，特别注意加强现代生化分离技术与电子计算机在工业发酵领域的应用，并落实到研究生课程设置和学生能力培养的环节之中。鉴于当时发酵工程博士点的教授们大多数年龄偏大，第一位被批准为博士生导师的是伦世仪教授，为了更好地指导他所招收的博士生，他组成了由国外知名教授参与，有本学科中年副教授协助指导的小团队，就酒精工业发酵的代谢途径开展分子水平的研究（图8-1）。有意思的是，这位博士生具有很强的批判性思维能力，伦世仪老师以宽容的心态和开放的思路，让博士生相对自由地探索，这非所有的导师都能做得到的。

当年这个发酵工程学位点培养出的研究生人才，大多数都在本学科

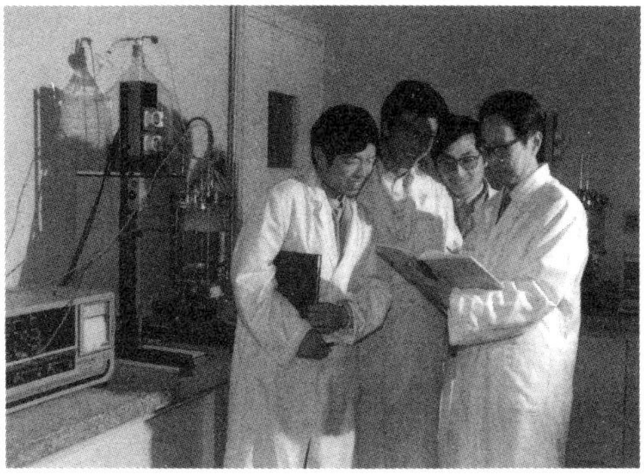

图 8-1　伦世仪院士对博士生耳提面命

范围内做出很大的成绩。有的在剑桥大学当教授，有的在美国食品与药物管理局（FDA）任部门首席研究员，有的在英国 BP 石油化工集团任中国分公司总裁；有几位成为国内酿酒企业的总经理，还有几位先后担任了本校和轻工兄弟高校的校长或副校长，他培养的博士生中，陈坚和任洪强分别于 2017 年和 2019 年当选为中国工程院院士。

二、实验基地面积超过三千平方米

人才培养质量的提高离不开实验设备硬件条件的改善。伦世仪就任系主任期间，全系实验室的总面积超过了 3000 平方米，这在当时的条件下已经是个不小的数字；实验设备（不连发酵工厂）的折算总值由原先的 111 万元提高到了 421 万元，其中增量最大的部分是世界银行贷款购置的设备，约占总量的 70%，在此阶段，发酵学科仪器设备投资总额均摊到讲师以上教学科研人员数，已达到了人均 14 万元，这与校内各学科相比，都是个领先的数据。发酵学科价值上万美元的设备台套的使用率，按每周使用的时间计，达到了 24~90 小时；两台电子显微镜要为全校各相关学科服务，在调试验收阶段就被预约登记，需求排得满满的，电子显微镜主机室的墙上贴满了各个科研团队和研究生拍摄的微观照片。到校验收的世界银行贷款项目专家组、慕名前来参观的国内外友好高校代表团，以及来校调研摸底的供应厂商代表，无不为我们的实验条件建设状况与仪器设备使用率大加赞赏。

伦世仪院士回忆：“我们系将贵重仪器集中起来，由系中心实验室统一管理的做法，在学校里也得到推广。特别是世界银行贷款设备处于试运转阶段，中心实验室出台各种使用管理规定，鼓励教师尽早使用，尽可能多地发现问题，以便供应厂商在维修期内及时调试完善。一些教师排不上白天使用仪器设备的机会，他们主动到晚间使用设备，有的研究团队成员白天、夜间轮流倒班，连续开机搞研究。1988 年，日立公司派人前来检查该公司售出的设备使用率和保养情况，查看了设备使用登记本后，他们说同样售到南亚某知名大学的设备已经搁置了两三年，尚未开箱安装，而这里的做法却是设备刚运到，就安装，安装了之后，就调试使用。不到两年的时间，已经在登记本上看到几十上百次的使用登记。他们更不可能想到，这些设备为本学科的研究生教学和重大科研项目的完成发挥了极为重要的作用。”

世界银行贷款购买的小型全自动发酵罐见图 8-2。

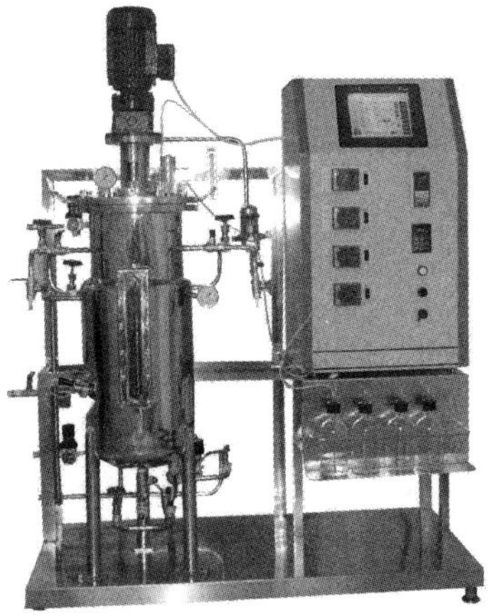

图 8-2　小型全自动发酵罐

三、学术与科研成果水平显著提升

相对而言，当时发酵工程系教师队伍中参与学术钻研和科学研究的人数比例还是蛮高的。据不完全统计，参加专著编写，译著翻译，发表高水平学术论文，以及牵头或共同主持部、省级以上科研课题的教师人数约为全系人数的1/3。

1984年本学科点就已经获得轻工业部“优秀科研集体”的称号，发酵学科的邬显章老师等与无锡酶制剂厂早年合作开展的黑曲霉糖化酶发酵与提取研究项目，于1985年获得了国家科技成果一等奖。这是当时轻工高校中唯一获此殊荣的学科点。至1989年，本学科点完成了国家“六五”攻关项目2项，部、省级各类研究项目（含合作项目）17项。涉及各种不同的发酵新产品的研发和传统产品的改良，这些项目的共性在于所有的项目都包括了菌种的选育与改良，发酵过程的优化，产品的回收与精制技术的创新。其中8项获得了省、部级以上的奖项。

“七五”期间，全校争取到19项国家级科研课题（18项“国家七五攻关项目”，1项“国家自然基金项目”），而发酵工程系就承担了9项纵向项目，其中8项为国家“七五”攻关项目：酒精废液生产单细胞蛋白的研究（主持人：伦世仪）；用于高黏度培养物的生物反应器（主持人：王鸿祺）；薯类原料生产酒精节能-糟液分离与综合利用技术（主持人：章克昌）；酵母产甘油研究（主持人：诸葛健）；苏氨酸菌种选育及小试产品分离提取（主持人：檀耀辉）；碱性脂肪酶菌种选育小试（主持人：邬显章）；啤酒酵母国内优良菌株选育（主持人：顾国贤）；大容积发酵罐絮凝性酵母选育（主持人：顾国贤）。1项为江苏省科委项目：衣康酸发酵生产（主持人：金其荣）。发酵学科承担的国家纵向攻关课题比例之高，超乎想象。

发酵工程系建系之初，之所以能取得如此这般可喜的进步，这与系党政领导班子，特别是系主任伦世仪教授非常重视营造学术研究氛围，鼓励科技研发的积极性和创造力有着直接的关系，当然其根子还在于，对师资人才梯队建设的重视，以及狠抓队伍发展举措到位，发展思路的清晰与后期成果的取得之间，也有着必然的联系。

第三节　大力推进人才梯队建设

一、做好人才梯队建设方案

伦世仪接到系主任的任命书后，就开始让办公室准备全系员工的名单和简历，他的工作要从了解教师队伍入手，他意识到人才梯队组建迫在眉睫，必须要在第一时间做出好的建设规划。

他说：“刚上任时，摆在我面前的确实还有一件大事，那就是怎么组建好师资队伍，没有一支能干事、干大事的队伍，一切都是空的。1958 年，从南京工学院迁移到无锡独立建校之际，发酵专业依然隶属食品工程系，专业教师队伍中，虽有“五驾马车”在全国同行中享有盛誉，但是师资队伍的断层很明显，像我这样处于而立之年的青年教师屈指可数。‘文化大革命’之前的那几年，学校选择了几位从南京工学院入学，在无锡轻工业学院毕业的优秀年轻人留校任教，让他们分别跟着“五驾马车”当助教，那几年，他们确实从老前辈身上得到了一些真传，他们为发酵专业的教学与科研实力的提升发挥了很好的作用。到了 1984 年，我当系主任的时候，他们还只是讲师，已开始领衔教研组，挑大梁了，他们也到了要冲刺高级职称，要带徒弟的阶段。我的任务就是要充分调研学习，做出一个好的人才建设规划，争取在新一轮职称评审开放的情况下，使得教授：副教授：讲师：助教的比例达到 1：2：3：2。”我们不能用今天的眼光来看待这一串数字，如果了解当年职称结构的基本状况，大家就不会感到很诧异了。

二、走出校园借鉴兄弟院校经验

“记得我们去过南京工学院、中国矿业学院等高校，学习取经有关方面的经验。还记得中国矿业学院人事处竟然有个人才梯队建设的‘内部名单’，也戏称为‘黑名单’，其内竟然有些内容涉及对每位教师未来发展前途的预测，这份内部材料供该校党政两级组织日常开展干部和学术骨干考察及调研作为参考。校方对每位30岁以上的年轻人的走向都做了预测或安排预案，人事部门还就学校需要拓展的新学科、新方向，提出了引进人才的渠道和规格。我觉得很有道理，值得借鉴。

回来以后，我也想如法炮制出一份人才梯队建设预案，到了晚上就静下心来考虑这些问题，只记得当年我的主体思路：一是要鼓励中青年骨干教师提高学历，争取考研，已经基本具备晋升高一级职称的，应尽快整理自己的业绩成果，填补短板，发扬特长，丰富学术；二是要从重点大学引进青年师资，‘文革’前补充的师资主要靠自己培养的毕业生留校，现在搭建中青年骨干教师队伍，一定要避免‘近亲繁殖’；三是要吸引工程背景强的人才加盟本系，南京工学院阶段的发酵专业已经由农科转为工科，不过更准确地说，所谓的工科还是一贯偏重工艺研究，工程概念和实力并不强；四是要引入理科背景的人才，发酵专业发展的基础理论更新快，分子水平的研究手段越来越精进，理论基础不够扎实，学科发展的后劲就不强。当年勾勾划划的那份人才梯队建设的策划底稿，经过修改后，写入国家重点学科点的申报材料中。”

三、人才梯队建设的努力非常值得

伦世仪主任和党政班子其他成员进一步听取老前辈和骨干教师

在引进人才、培养人才方面的意见和建议。发酵工程系开始加大学缘交叉，引进复旦大学和中科院的中年骨干教师、北京大学生物化学专业毕业的年轻人到应用生化与酶学教研组任教；山东大学微生物专业的毕业生到了微生物教研组；当年派到英国攻读酿造学博士学位的尹象胜，派到日本的肖荣和莫开国都回到发酵系工作，按当时的政策，他们可以申请去国内任何一家单位工作，通过伦世仪教授与他们频繁地通信联系，最终选择回到学校（图8-3）。

图8-3　与获得海外博士学位的年轻学者合影

有几位被清华大学、华东工学院、华南工学院录取的研究生，毕业后充实到生化工程及环境生物工程方向。

当年实施宽松灵活的人才政策，教师们进出比较自由，特别是要求到海外、其他名校去深造的青年教师，一般都予以支持，其中有些人后来做出很大的成绩，也不枉当年的培养和扶持。

当时考虑到教师中有好几对夫妻同在一个教研组，有可能不便于工作，发酵系领导班子动员每对夫妻中的一位调出发酵工程系，分别到食品工程系和发酵厂，安排在合适的教学和指导实验实习的岗位。当时只有发酵工程系进行了这样的一种调动安排。我们的教师们以大局为重，服从安排，她们调到新的系科后，也支撑了所到系科的食品生物技术新方向，有的为发酵厂加强了实验教学的指导力量。今天回想起来，这也是需要系科领导的威信和胆识才能办得到。

更值得一提的是，至1985年年底，新一轮教师职称晋升工作要开始了，而在这之前，全校只有6名教授，57名副教授；发酵系只有2名教授，5名副教授。伦世仪担任系主任的初期阶段，就在大会小会上提醒教师积累学术成果，鼓励骨干教师积极申报职称，与符合条件的人逐一谈话，帮助他们明确自己的学术方向，归纳自己的科研成果。当时学校里没有教授职称的终审权，晋升教授的份额与其他高校存在着竞争关系。尽管如此，人才梯队提升计划还是得到令人满意的结果。

1986年4月，伦世仪、檀耀辉（当时已经70岁）被江苏省高等学校职称评审委员会批准为教授职称，同年7月，国务院学位委员会批准伦世仪（图8-5）、王鸿祺等教授拥有博士生导师资格。

图8-5　1986年7月，伦世仪成为博士生导师

1986年12月，又有章克昌和邬显章2人通过了江苏省高级职称评审委员会的评审，获得教授资格。在伦世仪和檀耀辉晋升为教授后，发酵工程系的教授人数翻了一倍，从原先的2人增加到4人，

这一批评审之后，本校发酵学科和食品、粮油学科获得了教授资格审批权，学科的发展如虎添翼。

1986年，发酵系副教授的人数增加到11名，其中就有“四大金刚”和另几位中年骨干教师，到了1987年，破格晋升副教授的年轻教师只有35岁，那就是全校最年轻的副教授了。如今，重点高校中，有的拔尖人才不到30岁就晋升为教授了。到了1989年，伦世仪主任的任期结束之前，本系的教授人数达到6名，为任前的3倍，副教授人数增加到13名，为任前的2.6倍，整个发酵学科人才队伍的实力大大提升。伦世仪院士现在回想起来，也觉得当初在人才梯队建设方面所做的努力非常及时，当然更是非常值得。

第四节　建系四年后获批国家重点学科点

一、择优遴选，重点建设一流学科

设置国家重点学科是国家根据发展战略与重大需求，择优确定并重点建设培养创新人才、推进科学研究的重要基地。这对于带动我国高等教育整体水平全面提高，满足经济与社会发展需求，提升国家创新能力具有非常重要的意义。事实上，建立在“择优遴选”“重点建设”原则上的重点学科发展计划，已成为中国大学向世界一流大学迈进的重要台阶。

也就在伦世仪主持发酵工程系的第二年，《中共中央关于教育体制改革的决定》（以下简称《决定》）于1985年5月颁布。《决定》提出“根据同行评议、择优扶植的原则，有计划地建设一批重点学科”的任务。1987 年 8 月，原国家教育委员会颁发《国家教育委员会关于做好评选高等学校重点学科申报工作的通知》，启动了第一轮高等学校重点学科评选工作。申报条件是：学科门类较齐全，结构比例和布局合理，利于横向联合，科研优势明显。培养和国际水平大体相当的博士、硕士、学士人才；接收国内外学术骨干进修深造，开展高水平科研，解决四化建设中重要的科技问题、理论问题和实际问题，为国家重大决策提供科学根据，为开拓新的学术领域、促进学科发展做出较大贡献。这些文件的出台，为发酵学科的发展提供了机遇，也提出了挑战。如何趁此东风，进一步推进学科的发展？作为系主任的伦世仪不断思考、持续探索。

二、发酵学科具备独立申报条件

1987 年，轻工业部向下属的高等院校传达了国家教委关于组织申报国家重点学科点的有关通知后，院务委员会及时组织学习，并要求有条件的优势学科点领悟文件精神，开展讨论研究，提出申报意向。发酵工程系的党政班子成员一致认为，这是一次可遇而不可求的大好机会。一时间，教师们兴奋不已，群情激昂，在学习讨论的过程中，纷纷表示，应该全员行动起来，积极争取，志在必得。

伦世仪主任带领大家再次追溯工业发酵学科的发展历程，认为她是国内高校的同类专业中历史最长、基础较好的专业点，早在 1930 年我国近代工业微生物学奠基人魏喦寿教授到国立中央大学任教，并首任农化系主任之时，他就把工业发酵的种子播到了国立中央大学农化系，并开设了食品酿造、酒精发酵等新的方向。他是首位在 *Science* 杂志上发表中国传统食品发酵有关研究论文的科学家，是我国工业发酵学科的第一人。

1952 年，南京大学、浙江大学、复旦大学、武汉大学、江南大学的食品工程系、农化系、园艺系等系科融入新成立的南京工学院，重新组建“食品工业系”，当年就设有发酵专业。发酵学科的脉络自然而然地延伸到南京工学院的食品工业系。自1958年无锡轻工业学院成立以来，发酵学科初具规模，后来一直是学校里基础较好、优势明显、后劲较为强劲的学科。

至20世纪80年代初，发酵专业的科研方向明朗，师资队伍逐渐壮大，学科特色更加凸显。发酵学科已开始培养博士和硕士生，并获得了多项国家级与省、部级科技进步奖，成为学校重点支持的特色学科。1984年，学校决定成立“发酵工程系”后，非常明确地依托微生物学、应用生化与酶学、发酵工学、生化工程与设备这四个教研组，分别确立了工业微生物选育与改良、酶技术、发酵工艺学、生化工程等四大主要方向，由八位学术带头人领衔。1986年起，发酵学科成为博士学位授予点。为顺应学科发展的要求，又新增了微生物遗传育种新技术、生物能源、大分子分离、生物反应器设计、环境生物技术等新的研究方向，发酵工程系的教学与科研风生水起，有声有色。发酵学科有足够的底气与勇气来申报和争取重点学科。

三、双管齐下，还是合二为一

伦世仪院士说：“分析了全国高校同类学科的基本状态后，校领导认为本校符合申报基本条件的学科只有两个：食品工程学科与发酵工程学科。申报方略究竟选择‘双管齐下’还是‘合二为一’？若双管齐下，两个学科确实存在实力分散的问题；若合二为一，就以‘食品科学与工程’这样的大食品学科的名义申报。不过像北京农业大学（现为中国农业大学）的食品学科，若集成全校的农产品加工方面的优势力量，其实力不容小觑。

不同层面的磋商讨论形成了不同的意见，这很正常。校领导层面的意见更倾向于‘合二为一’，认为只有这样才能十拿九稳，至少获批一个重点学科点。可是发酵工程系的领导和教师空前齐心，一致要求和食品学科分别独立冲刺，即提出‘双管齐下’的方案，理由是两个学科分别都建有博士学位授予点，师资队伍都具有较强的优势，都主持了好多项国家‘七五’攻关项目和省部级科研项目，国际交流活跃，国内外影响力日益凸显。发酵工程系的几个教研组负责人血气方刚，在讨论会商时，纷纷提议独立申报，他们情绪激动，据理力争，志在必得，并承诺尽快保质保量完成申报工作任务。

当时我还从另一个角度考虑问题，到20世纪80年代中叶，发酵工程已经成为生物技术的分支之一，由于分子生物学、遗传工程等新学科的异军突起，预计21世纪生物技术将形成巨大的生产力，在工农医药等诸多领域有着不可估量的应用前景。不过在实验室形成的生物技术成果若要转化成生产力，势必要通过微生物或生物细胞培养或发酵的手段来实现，因此发酵学科的发展对于新兴的生物技术浪潮必将起到推波助澜的作用。这些观点在我的答辩中是一定要提到的。同时，从可行性的角度出发，我亦认为当时国内高校中，能以‘发酵工程’名目向上申报的同类学科点，大概微乎其微，即便有，对我们也不大会构成明显的竞争压力。”

校领导和有关部门在认真听取了两个学科带头人的详细汇报之后，时任无锡轻工业学院院长的华静娟指出，应遵从民主集中制的原则，也尊重教授们的意见。学校最终决定双管齐下，以两个学科名义分头申报两个国家重点学科点。在此期间，两个系的前辈和骨干教师都废寝忘食，分头调研了兄弟高校同类学科的实力状况，盘点自身的比较优势与发展潜力，尽可能做到扬长避短，凸显特色。围绕重点学科点的名称问题，发酵系教授畅所欲言，集思广益，统一了思想，最终认定以“工业发酵”为名申报，食工系自然以“食品科学与工程”为名申报，两个学科分头准备，你追我赶。

四、北京六天的最后冲刺

回忆起当年重点学科的申报，伦世仪院士尤其清楚地记得在最后的冲刺环节，团队所做的努力。

“‘工业发酵’重点学科点申报材料过五关斩六将，1986年，通过了轻工业部组织的预审，到了1987年，进入了最终的答辩环节。接到答辩的通知后，我和教务处长吴观钊、系副主任赵光鳌，还有青年副教授王武，带着申报材料提前到了北京。吴观钊老处长理论水平高，见多识广，思路开阔，善于提炼归纳，他在轻工业部高等教育圈子里很有影响力；赵光鳌老师新任系副主任，有较强的工作能力，参加过世界银行贷款项目和实验室建设任务，工作中兢兢业业，不厌其烦；王武老师刚被破格提为副教授，具有留学进修背景，有一定的英语水平和专业撰写能力。我们老中青四人组成了预答辩小团队。

答辩前的那些天，我们走访轻工业部高教司，听取外校学术权威的指导，了解分析其他高校申报的、与我们的方向有所交叉的学科点情况，特别是相近学科所申报的主旨、学科方向和学术队伍等状况，在做好调研的基础上，找准自身的核心价值，以便凸显自身所长。记得我们四位白天分头行动，晚上汇拢新的思路、修改意见，不断优化润色自身材料和答辩报告。王武老师承担文秘工作，每天晚上记录、整理文案，次日去北京轻工业学院招待所附近的文印社打印。四人在京待了六天，尽管全力以赴，不断完善汇报答辩的内涵要义，但大家心中并无绝对的把握。临近答辩时得到通知，必须单刀赴会，只允许学科负责人一人进入答辩会场，一开始我有些忐忑，其他三位老师都认为我们预演得很不错，没有什么问题，一直为我打气。其实我知道，答辩时他们非常紧张地守候在室外，默默地为我加油。"

直到1988年7月22日，国家教委正式批复，认定"工业发酵"学科入选，我们才松了一口气。这是全国同类学科中唯一的国家重点学科点，也是本校首个国家重点学科点。第一轮共评选出416个重点学科点，其中文科78个，理科86个，工科163个，农科36个，医科53个，分布于108所高等学校。无锡轻工业学院的"工业发酵学科"通过了本次评审。说起来1984年发酵工程系才刚刚成立，

1988 年就获批建设"发酵工程——国家级重点学科点"（图 8-6），这在本校的学科发展史上，不能不说是个奇迹，更重要的它起到里程碑的作用，全校师生都受到了极大的鼓舞，力争成为国内最有实力的轻工院校，这份信心从此树立起来了。

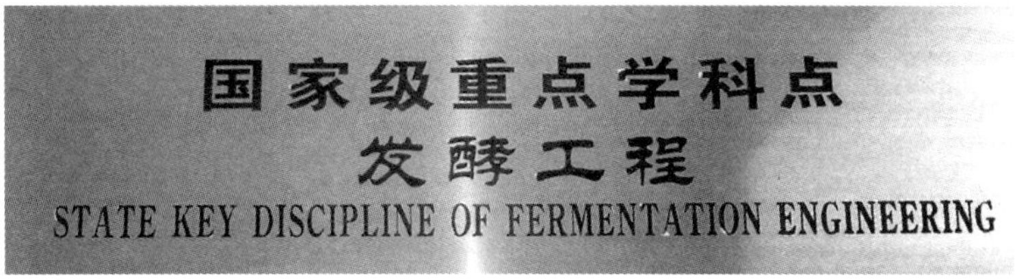

图 8-6　国家级重点学科点标牌

五、第二轮评选食品学科出线

经过十多年的建设，"发酵工程"学科拓展了学科研究方向，成功申获教育部重点实验室；2000 年获得一级学科博士学位授予权；师资队伍中有院士 1 人，教授 18 人；"九五"期间承担国家科技攻关项目 5 项，自然科学基金 8 项，获国家优秀教学成果奖和国家技术发明奖各 1 项，省部级科技进步三等奖以上奖励 13 项。"食品科学"学科同样也取得了长足发展。

值得一提的是，当年"食品学科"的实力尽管已达到相应的水平，但多家农业院校的食品学科也很强势，加上入选名额又很有限，第一轮评审中未能成功突围。不过经过这一轮的历练，食品学科以国家重点学科点的要求进行大力度建设，终于在十多年之后得到了认定。

2001—2002 年国家重点学科点第二次评选工作启动。主要目的是促进学科建设，提高教学科研的能力，形成一批立足国内培养高层次人才、解决经济建设和社会发展重大问题的基地，起到引导和示范作用。通过重点建设，逐步在全国范围内形成布局合理、各具特色和优势的重点学科体系，巩固和扩大高等学校在人才培养、科学研究方面的综合优势。第二轮共评选出964个高等学校重点学科点。

根据教育部发布的高等学校重点学科评选办法，对照评选条件，学校开展自我评估后，以“发酵工程”和“食品科学”两个学科点名义申报。专家通信评议结果是，“发酵工程”和“食品科学”分别获得100%和81.82%的同意票，在同类一级和二级学科排名中均列第一；2002年1月，教育部公布高等学校重点学科点名单，我校“发酵工程”和“食品科学”名列其中。对于食品学科而言，久违的良机还是出现了，此番被评为国家重点学科点，成为发展历程中重大的里程碑。

六、三轮在审，双双入围

第三次国家重点学科的评选工作分为考核评估、增补与淘汰、一级学科认定等三个阶段。本次共评出286个一级学科，677个二级学科，217个国家重点（培育）学科。2006年12月，先对已有的国家重点学科进行考核评估，学校组织“发酵工程”和“食品科学与工程”两个二级学科认真总结前五年的建设成效，精心准备材料，既要保证顺利通过考评，又要为下阶段的增补留有余地。2007年5月，教育部发文，我校两个学科的考评成绩排名居首，继续保留国家重点学科的资格。同年6月，国家重点学科二级学科的增补与淘汰工作启动了，学校慎重决定新报“粮食、油脂及植物蛋白工程”学科，经专家评审后，也被成功增补为国家重点学科二级学科。

第三阶段是国家重点一级学科的认定工作。经过前两个阶段的努力，我校在“食品科学与工程”一级学科下已拥有2个国家重点二级学科，占50%，符合教育部确定的一级学科认定条件，审核再次通过。2007年8月教育部发文，批准我校“食品科学与工程”为国家重点一级学科，“发酵工程”为国家重点二级学科。而后在此基础上，又发展成了“轻工科学与工程”国家重点一级学科。

一个独立设置刚刚四年时间的发酵工程系，在伦世仪主任和几位党政班子成员的带领下，牢牢抓住了系科发展最核心的几件大事，稳扎稳打，一年一个样，四年大变样。对人才梯队建设的重视，使得四年后教授人数达到原先的 3 倍，副教授人数也增加到 2.6 倍。伦世仪主任鼓励所有讲师职称以上的人（甚至还有一些助教），都参与了专著、译著、教材和讲义的撰写，编写了出版物将近二十部，讲义十余种；有的中青年教师还在国际知名的学术期刊上发表论文；几乎所有高级职称以上的资深教师都成功申办并主持国家和省、部级科研项目。发酵工程系成为学校里冉冉升起之星，很快在全国的名声响了起来，说到发酵，老百姓也知道无锡轻工业学院发酵专业是最好的。

当然，到了国家教委决定要开展第一轮国家重点学科评审之际，有没有勇气敢为人先，抱着志在必得的胆识和魄力，全力以赴去争取，这是另一回事了。就像前两年申请世界银行贷款项目那样，发酵工程系乃至整个学校打了一场漂亮仗，伦世仪主任和全体教师们又一次面临大好机遇，再一次整装出发，一鼓作气，再接再厉，终于在建系四年之后，拿下学校的第一个国家级重点学科点的标牌，亦是轻工高校系统中首个国家级重点学科点。伦世仪院士也觉得其间的故事非常值得回味。

第九章

他山之石，可以攻玉

改革开放为我国的高等教育事业打开了一个面向世界的窗口，由于学校在“文革”之前就拥有聘请外教，合作培养留学生的权限，1978年之后，各种形式的国际交流活动得以恢复振兴。1979年，邓小平决定采用公开考试遴选的方式，派送中青年骨干教师出国访学进修，我校第一批就派出了十几位教师，接着又派出了出国留学生，他们在国外不仅学习各学科的最新前沿方向与新技术，还成了本校与国外对口高校之间沟通交流的桥梁。学校的一些学科负责人也有了机会出国考察调研，学习了解国际相关学科发展的前沿动态，走出国门使得西方国家的一些一流高校的知名教授注意到无锡轻工业学院的存在，注意到本校在某些学科方面的专长与优势，产生了前来访问考察、寻求合作机会的想法。从此国际交流活动日益活跃起来，伦世仪也在这段时期内，参与出访考察，接受来华留学访学任务，接待外籍教授学术来访，积极寻求多种形式的国际合作机会，为发酵学科逐渐步入国际化的进程发挥了重要的作用。

第一节　国门开放后的出访考察

一、访问国际名校收获颇丰

1983年9月14日至10月6日，轻工业部高等教育司牵头组织了食品科学教育考察团，赴美国多所大学访问。1984年之前，发酵专业还归属于食品工业系麾下，这次出访，本校派出了食品工业系的三位学术负责人参团，他们是汤逢教授（油脂化学专家，时任无锡轻工业学院副院长）、陈舜祖副教授（食品科学专家）、伦世仪副教授（发酵工程专家），三位都有着较好的英文功底，加上仍有几位本校教师还在美国访问进修，他们起到牵线搭桥、协助翻译、安排具体接待事务的作用。考察团访问了美国的新泽西州立大学罗格斯分校（The State University of New Jersey，Rutgers）、密歇根州立大学（Michigan State of University）、普渡大学（Perdue University）（图 9-1）、威斯康星大学（图 9-2）麦迪逊分校（Wisconsin University，Madison）、里海大学（Lehigh University）、加利福尼亚大学戴维斯分校（UC Davis）、纽约州立大学德海分校（SUNY Delhi）的 17 个系科，会见世界著名诺贝尔奖获得者 Waksman 教授，他曾担任卫克曼微生物研究协会（Waksman Institute of Microbiology）所长，部分成员参观了啤酒企业、通用食品公司、可口可乐公司、太阳能有机农场等。三周之后，他们满载而归，满满 126 页方格纸（约 2 万字）的汇报材料（校档案馆收藏），清晰地记载着这次考察的过程与心得。

图 9-1　伦世仪院士访问美国普渡大学

不久后，1984 年 1 月伦世仪副教授就任发酵工程系主任，他向发酵系同事认真汇报了出访的收获："这次重点考察美国食品科学与

图 9–2　伦世仪院士随团在美国威斯康星大学留影

工程学科建设、本科教学计划和课程体系、科学研究、研究生培养、系科管理等内涵与特色。这些学校多有与食品科学与工程相近的学科设置，有的学校接纳过 20 世纪 80 年代初本校派出的公费留学访问学者，他们对中国大学同行比较友好，愿意深入交流，并有一些资深教授答应日后到中国来讲学。通过这次出访，大开眼界，特别是美国大学教授开放的学术思想、前沿的研究方向和先进的人才培养体系，对我们大有启发。

出访过程中，我也非常关注发酵相关学科的院系设置异同，了解到在所访问的美国的几所大学，虽有着类似的学科方向，但未必特设发酵学科，不过发酵科学与技术的内涵融入应用微生物学、生物化工、生物技术等系科之中，因而也可以说，这些与我们所谓的‘发酵工程’殊途同归，其核心都是通过选育改良微生物菌种，优化设计对应的生物反应器，实行科学理性的发酵过程控制，以达到获取各类生物制品的目的。让我惊讶的是，原先我们的发酵产品主要定位在食品与化学品的制造，而在美国，发酵技术已开始应用于生物医药、环境保护和分子生物学制剂研发等诸多新的领域。发酵过程传感器研发与过程自动控制技术也异军突起。”

这次访问的几所美国大学，除了里海大学，皆有本校教师作为访问学者在对方单位进修学习。访问里海大学，则是缘于伦世仪副教授参加的由中国化工学会与美国化学工程师学会共同举办的首届“中美化学工程会议”（1982年，北京），会议期间，认识了1973年当选的美国工程院院士 Arthur E. Humphrey 教授，他盛情邀请中国学者在方便的时候访问里海大学。里海大学创校于1865年，虽然综合实力排名不如这次出访的其他几所研究型大学，却是美国第一批接受清政府留美幼童和清华大学庚子赔款留学生的美国大学之一。自创建以来，里海大学一直以工科为重，工程学在全美素享盛誉，生物学、化学等学科也是强项。该校毕业生就业薪酬排位在美国东北部多年名列前五。这次访问里海大学，启动了伦世仪与该校生物化工方面的学术权威 Arthur E. Humphrey 教授之间友好的合作。

“1980—1986年，Arthur E. Humphrey 教授任里海大学教务长，1983年，他以渊博的学识与面向全球的高等教育视野，接待了中国轻工食品科学代表团的访问，为我们带来了耳目一新的收获。Arthur E. Humphrey 教授对我随后担任系科负责人，承担重点学科建设任务等，起到至关重要的影响作用。1990—1991年，Arthur E. Humphrey 教授任美国化学工程师学会主席（president of the American Institute of Chemical Engineers），他又邀请我赴美国参加‘美国化学工程师学会·1992年年会’，加深了我们之间的友情，同时又一次更新了我的学术思想。我和 Humphrey 教授还在研究生培养方面进行了合作。1986年，Humphrey 教授的硕士研究生 Ann Shih 到我的实验室从事了为期一年的乙醇发酵的研究。次年我的第一位刚毕业的硕士研究生李建科赴美国到 Humphrey 教授的实验室从事生物反应器的研究。”

二、体验日本发酵学科与产业的发展

1985年11月11~30日，轻工业部高教司又一次牵头组织了食品发酵考察团，无锡轻工业学院派出了四位学术负责人参团：华静娟副教授（有机化学专家，时任无锡轻工业学院院长）、吴观钊（教务处长）、伦世仪副教授（发酵工程专家）、邬显章副教授（发酵与酶学专家）赴日本访问了东京、京都、大阪、名古屋、九州、北海道、岐阜、筑波八所大学的相关系科和研究所，以及通产省工业研究院、协和发酵、味之素、宝酒造、雪印乳业等多家日本知名的食品发酵企业（图9-3）。高尾彰一、崛津浩章教授和本校留日研究生等精心安排行程、陪同考察。

图9-3　伦世仪院士随团考察日本高校与研究所

他们回校后形成了考察报告，提到本次访日印象浓缩如下：

当时在几所综合性的日本大学中，食品发酵类专业依然归属农学部的农产化学系（当年国立中央大学所仿效）。（1）而工科强的大学，如大阪大学设工学部，上述专业则偏工学特色。不过其他大学向工科转化的趋势也很明显。（2）普遍设立“教授座”，即，由一名教授，统领副教授、讲师等组成学术研究基层组织，教授座须承担两门课程。（3）各大学有关学科紧跟国际生物技术发展潮流，开始利用遗传工程改造工业微生物。东京大学等院校的相关研究重点为：工业微生物资源利用与改造、极端微生物新菌种开发，发酵原料的开发利用（纤维原料、油气原料、再生资源利用等），新的生理活性物质发酵生成，微生物分泌产物的生成控制等。（4）大公司极其重视研发，味之素公司成立了中央研究院，700 多名专职研究人员，以生物技术手段将谷氨酸菌种改造成能产其他氨基酸的工业菌株。通产省工业技术院专门设有微生物工业技术研究所，研究项目分为三大类：‘指定研究’‘特殊研究’‘常规研究’，分别涉及前瞻性、紧迫性和日常应用性研究。

提出了几点简明扼要的建议：（1）设置专业：须迅速从产品和行业角度向应用科学和工程角度过渡。（2）实施学分制：多规格培养，弹性选修，因材施教。（3）优秀研究生充实教师队伍：使三个梯级教师的底层基础提高。（4）多学科横向交流：改变垂直思考与“小而全”的建设弊端。（5）思政工作和政策制定必须落实到调动人的积极性。（6）教学、科研条件建设必须与学科发展相适应，做好近期和远期规划，不搞花架子，不空谈落后。

更难能可贵的是，当年他们的出访考察收获和建议思考，随后逐渐转化成了学科建设的思路和系科建制改革与发展的推力。

第二节 迎来新一轮留学生与进修生

一、恢复培养非洲留学生

“文革”前，发酵专业培养过越南留学生，伦世仪担任系主任期间，又接受了来华留学生培养任务。1987 年，来自肯尼亚的留学生 Peter Kilonzo 等从发酵工程系毕业。1989 起，又承担了为来自肯尼亚、刚果、喀麦隆、埃塞俄比亚等国的留学生（英语班）开设专业课的任务，系里安排了年轻的副教授，为他们开设了“Applied Microbiology”和“Fermentation Principle and Technology”，深受他们的欢迎。这个班的留学生参观了电镜室之后，竟然缠着教师一定要追加一门“Application of Electronic-microscope”短课程，他们说：“哪怕不计入学分，我们也要听讲”。这是非洲留学生中，学习积极性最高、课业完成最认真、行为素质最好的一批。后来发酵工程学位点持续多年培养留学生。

二、开始接收朝鲜访问学者

那段时期，无锡轻工业学院的食品工业系、发酵工程系、化工系等都曾接收朝鲜访问学者。朝鲜人民共和国的高等教育体系与中国的有点类似，他们也建有轻工高校，其中平壤轻工业大学是重点高校。发酵工程系成立不久后，主要是接收朝鲜平壤轻工业大学派来的访问学者，1986 年，来了李泰俊，1987 年，来了张乐弦，他们都是从事发酵微生物学方面的学者，系里把他们安排在微生物教研组，请檀耀辉教授、诸葛健副教授等予以指导。1988 年，朝方继续派来了姜明国、全福男；1989 年又来了金士杋、郑承奎，后来的几位开始把进修重点放在专项发酵工程和啤酒酿造工艺等方向。尽管这批朝鲜访问学者来校之前已在北京语言大学接受过中文培训，但他们的汉语言水平仍不足以开展学术交流，他们与中国导师之间的沟通存在着一定的障碍，不过通过考察我们的课程、实验，跟到企业参观，他们应该还是有收获的，要不然对方学校就不会一年接着一年派教师到发酵工程系访问。20 世纪 90 年代初，张乐弦已经升为副教授，他再次回访发酵工程系，希望能进一步得到业务方面的指导和特殊诱变剂的援助，我们只能予以学术性交流，而无法回应其他的要求。

应朝鲜人民政府的邀请，1990 年 10 月，中国高校（为朝鲜培养留学生的单位）外事处处长代表团赴平壤，参加了朝方举办的纪念抗美援朝四十周年活动，本校外事处处长俞华英同志应邀参加，并一同受到金日成主席的接见，可以说其间也有发酵工程系培养朝鲜专业人才的因素。

第三节 国外知名学者带来学术影响

一、一流大学和专家带来全新理念

发酵专业在注重国际交流方面有着非常好的传统，改革开放不久，就接待了好几位非常有名望的国际专家和华裔科学家。其中就有 1980 年来访的美国麻省理工学院生物系的狄曼教授。20 世纪 70 年代中，美国的一批分子生物学家发现了能够定位剪切 DNA 分子的 DNA 限制性内切酶，还有能够将不同来源但末端切口相一致的 DNA 片段连接在一起的连接酶，从此掀起了遗传工程的创新高潮。美国麻省理工学院（MIT）生物系正是一个以分子遗传学为重点的美国早期遗传工程研究三大基地之一。2019—2020 年 QS 世界大学排行榜（QS World University Rankings）中，麻省理工学院排名第一，它的生物学科排名第二。

国门重新开放不久的 1980 年，发酵工程系尚未成立，就迎来了这个世界最顶尖大学的狄曼教授前来介绍美国微生物领域全新的研发思路和探索重点，也报告了麻省理工学院关于单细胞蛋白研究动态，中年伦世仪和一批思维敏锐的青年骨干教师们从中得到了极大的启发。伦世仪感悟到国际交流的重要性和紧迫性，更加刻苦地复习英语，抓紧时间阅读英文期刊，争取在可能的情况下，走出国门去看看国外的科学发展。另外"单细胞蛋白"概念第一次出现，在伦世仪的脑海中深深扎根，而后不久他就开始了利用有机废水发酵生产单细胞蛋白的研究。

1985年10月28~31日，美国酶工程代表团前来开讲“酶工程”讲座，从酶制剂工艺学、酶学，再到酶工程，乃至成为国际最前沿的生物技术的主要组成部分——酶分子基因工程克隆，这一发展动态深深地启迪了发酵工程系的学术骨干，从那个时候起，不少人开始把目光转向新酶种的开发，以及酶分子水平的改造。

同年11月25日至12月18日，美国最前沿的生物技术公司之一的杰能科（Genentech）的Sharon Shoemaker研究员来到发酵工程系，在新成立的发酵工程系开设了“酶技术”系列讲座，她介绍了美国在木霉纤维素酶研究和工业应用方面的动态，生物资源再循环利用，以及杰能科公司关于里氏木霉纤维素酶基因克隆入酿酒酵母细胞的创新性研究，引起听课者极大的兴趣。Sharon Shoemaker研究员为人热情豪爽，热爱中国文化，发酵工程系伦世仪主任对她非常友好，安排青年教师为她担任随行翻译，传接她带来的菌种。Shoemaker研究员从那时开始，与我校结下了长期合作的友好关系，回访讲学频繁（图9-4），合作创办国际学术会议，还为当地政府和美国加州大学戴维斯分校（UC Davis）所在地市政府牵线搭桥，建立姐妹城区友好关系等，她与我校的两个国家级重点学科点保持了三十多年的互动合作关系。

图9-4 Sharon Shoemaker研究员为发酵工程系学生上课（1985年）

二、曹祖宁教授启发了新的学科方向

1980年5月3~11日，美国普渡大学化工系的曹祖宁（George T. Tsao）教授应邀前来讲学（图9-5），他就国际生物化工和美国发酵工业的发展动态，开设了系列讲座，让发酵专业的教师们大开眼界，耳目一新。发酵工程系章克昌老师就是在这一次机会中，认识曹祖宁教授，并且建立了联系，随后他被送往普渡大学曹祖宁教授的研究室，进行两年时间的进修学习，回校后，带回了生物能源开发、再循环利用生物技术等研究方向。

图9-5　授聘曹祖宁教授名誉教授仪式

同是20世纪40年代末国立中央大学的校友，曹祖宁教授与伦世仪副教授两个校友之间的再次会面，相谈甚欢。曹祖宁教授对伦世仪后续的研究思路和发酵学科认知观有着不可忽视的影响。曹祖宁教授著有 *Biochemical Engineering*，*Annual Reports on Fermentation Processes*（Elsevier Science 出版）等多部重要著作，在国际生物化工学科领域很有名气。1983年的那次出访，考察普渡大学的环节也是曹祖宁教授一手安排的。1985年5月26日，曹祖宁教授再度访问学校，被聘为名誉教授。

伦世仪院士谈起这件往事，感慨地说：“曹祖宁教授带来了一系列鲜明的观点。其中包括：（1）中国发酵学科的源头应该追溯到1930年，从国立中央大学魏喦寿教授开设的发酵酿造课程与发表的食品发酵研究的重要论文开始算起；（2）认定发酵工程的理论基础离不开‘生化工程’，这促成了我编著《生化工程》教材；（3）认定发酵工程是所有生物技术产业化实现的抓手和落脚点，后期我们在各类学科报告和发展规划中一直这么论述。特别是受到曹祖宁教授和 Humphrey 教授的启发，我对发酵学科未来发展的思路进一步提升为：‘发酵工艺’应向科学与技术靠拢；‘发酵微生物’实际上要注重工业菌种资源化，注重新的生物技术在育种方面的应用；发酵学科正式认定为‘发酵工程学科’，‘发酵设备’应加强以生化工程（热力学、流体力学、传热传质、反应器）为基础的工程化方向进取。”

三、与日本学者崛津浩章、高尾彰一教授等友好交往

通过公派留学日本的研究生，发酵工程系邀请了日本岐阜大学的微生物学家崛津浩章教授（图 9-6），他于 1984 年 10 月 25 日至 11 月 10 日前来发酵工程系开设“工业微生物学”系列讲座。岐阜大学在世界大学排行榜上位于 600～700 位，在日本大学中大致排名第 25 位。不过该校的医学、生命工学、食品科学等算是优势学科。当年崛津浩章教授对中国非常友好，为我们介绍了日本学界在工业微生物领域的开拓，他指出微生物生命代谢途径中的任何中间代谢物都是有用的，而且都是有可能通过微生物发酵来生产，他列举了日本开发的各类有机酸和氨基酸品种。他的讲座拓宽了伦世仪主任和骨干教师的思路，伦世仪开始在教研组设置和研究方向中用上“工业微生物”的名目。1985 年，伦世仪随考察团访问岐阜大学，也是崛津浩章教授一手安排的。1991 年，崛津浩章教授又一次访问无锡轻工业学院，看到发酵工程系面目一新的实验室装备和新一代

学术带头人，他非常感慨，在这次来访活动中，他被学校授予名誉教授。

图 9-6　崛津浩章教授（第一排左四）访问无锡轻工业学院

1985 年 5 月 13～14 日，日本通产省发酵工业研究所的三实淳研究员前来访问、讲课，介绍了日本工业发酵方面的研究动态和产业发展，是年他为考察团参观访问日本政府机构的有关研究院，做了精心的安排。

伦世仪担任系主任期间，尽管来访的日本教授多达十余人，但是其中北海道大学的高尾彰一教授与伦世仪教授之间建立的友情最为深厚。北海道大学（Hokkaido University），本部位于日本北海道札幌市，日本顶尖的研究型国立大学，创立于 1876 年，其前身为札幌农学校，是日本最早的高等教育机构。1918 年，札幌农学校更名为北海道帝国大学。1947 年，北海道帝国大学更名为北海道大学。是一所以研究生院为核心的研究型综合性大学，北海道大学也是在日本拥有最多学院、研究生院的大学。北海道大学工学部教授铃木章荣获诺贝尔化学奖。多年来北海道大学稳居 QS 世界大学排名第 130 位左右，据说接收的留学生中，半数来自中国。

该校由农科延伸出来的应用微生物学学科历史悠久，特别是在应用菌学、微生物保藏方法、极端微生物、污水微生物等方面的研究很有特色和名气。当年发酵工程系送到日本读研的肖荣，曾师从高尾彰一教授深造应用微生物学。他为发酵系引荐了自己的导师前来交流（图 9-7）。高尾彰一是日本知名的微生物学家、微生物发酵方面的学术权威，《北海道大学农学部邦文纪要》（*Hokkaido University Collection of Scholarly and Academic Papers*）中至今还记载着，他于 1965 年就报道了一种担子菌产生苹果酸的新发现，接着又发现了微生物产生没食子酸，从此开辟了有机酸发酵新途径；高尾彰一在培育特种微生物用于有机废水的低温厌氧降解，特别是培育人工活性污泥处理淀粉工业废水，以及微生物菌种保藏方面，皆颇有建树。

图 9-7　高尾彰一教授陪同中国轻工高校代表团乘坐日本新干线

（伦世仪左二，高尾彰一左五，华静娟右四）

伦世仪担任系主任期间，高尾彰一教授多次到发酵工程系讲课，伦世仪老师回忆："高尾彰一教授介绍了日本应用菌学进展，也传授了工业微生物菌种保藏方面的新方法，他作为北海道大学农学部微生物保藏中心的负责人，愿意将自己多年来筛选的、潜在的工业微生物菌株，复接后送到发酵工程系保藏。这是我们求之不得的好事。我将任务交给了工业微生物教研组，扩大了菌种保藏中心的面积，添置了低温冰箱。高尾彰一教授专门派来了他的助手、保藏中心的技术员到发酵工程系指导菌种复接和保藏，合作工作了近两个月时间。1985年5月10日，高尾彰一教授被我们授聘名誉教授（图9-8）。”

图9-8　授聘高尾彰一名誉教授仪式（第一排左三高尾彰一）

第四节　参加与合作主办国际学术会议

一、参加国际学术论坛的收获

1987年6月14~19日，伦世仪参加了在荷兰阿姆斯特丹举行的第四届欧洲生物技术大会。第一次独自参加大型的国际品牌的学术论坛活动，让伦世仪大开眼界，回来后，他在系里传达了出访的收获。他说：“在这次会议上，很重要的是，了解到相关的学术发展动态。首先我深有感触的是，在国际上‘生物技术’这一术语已经叫得很响了，这是全新的理念，更是前沿的方向，学者和企业界开始在生物技术的旗帜下，按各自的思路，从应用的角度，提出了农业生物技术、环境生物技术等子方向的发展前景预测。发酵工程无疑是生物技术的一个重要板块。其二，感到荷兰人举办此类大型国际学术会议驾轻就熟，有主报告、分会场报告、墙报交流，还有相关企业单位前来展出设备和产品，活动很丰富，但组织得井井有条，我亦仔细考察了办会的思路和现场管理，收获不小，将来我们要办会，也有了借鉴的对象。再就是会议代表可住到当地居民家中，我在航班上邂逅了两个荷兰朋友，他们夫妇二人盛情邀请我会议期间住到他们家中，我很感兴趣，选择了这种安排。住在这样一家很有礼貌、对中国非常友好的荷兰人家，不仅体验了一把风车之国的生活方式、民俗风情，还捡起了多年来不常用的日常英语口语。”多年后，伦世仪院士回忆起那段经历，他认为那是出访国外若干次活动中，活动最自由、形式最特别、记忆最深刻的一次。

20 世纪 80 年代，除了伦世仪副教授之外，发酵专业其他的骨干教师另有十几人次参加国际会议，并做学术报告。如 1982 年，章克昌老师参加了美国微生物年会，发表“甘蔗渣半纤维素酶水解液酒精废液生产葡萄糖异构酶”的报告；邬显章老师在东京参加了日本农艺化学大会。

伦世仪主掌发酵工程系的那些年，更是鼓励教师们利用自己的合作研究机会和科研经费，出访国外，参加各种学术会议。1985 年，毛醒一老师参加了在日本召开的国际氢能利用研讨会，在会上发表了“光合细菌和梭状芽孢丁酸菌混合培养产氢的研究”，在会上引起与会者的兴趣和关注；1986 年由中国和日本双边微生物学会主办的“中日应用微生物学研讨会”上，诸葛健老师和王武老师分别就“微生物细胞融合技术应用”和“借助遗传工程研究蛋白质分泌机理”做大会主题报告，并纳入论文集；1987 年，诸葛健、顾国贤、赵光鳌三位老师参加了在日本札幌市北海道大学举办的“应用菌学研讨会”上，分别报告了“细胞融合育种研究”“现代啤酒酿造技术”“酒类老熟机理探讨”等研究成果，得到日方关注，并提出双边进一步合作的建议。1989 年，赵光鳌老师赴苏格兰爱丁堡，考察 Heriot-Watt University 的发酵工程学院，参加双方联合举办的酿酒研讨会议等。骨干教师积极参加国际学术交流，做出丰富多彩的科研报告，这些都为发酵工程学科早日走向国际化，起到非常明显的推进作用。

二、合作组织多批中外学术论坛

1986 年 5 月，在江苏省科委的组织下，发酵工程系派出年轻教师参与了“中国—澳大利亚生物技术”培训班项目，为培训班进行大纲翻译整理，并担任现场口译工作。发酵工程系作为培训基地之一，迎来了悉尼大学、新南威尔士大学等学术权威，培训科目涉及：利用生物技术检测病原微生物的新方法、生物能源制造、遗传工程改造发酵菌种的研究、废水生物技术处理等较为前沿的新技术，吸引了本校师生和无锡相关科研院所和企业单位的一批科研人员前来听课交流。当年澳大利亚已经将生物技术发展纳入国家科技发展的主轨道，并且紧跟美国的做法，开始扶持一批生物技术企业，这也许就是当年江苏省科委大力推介此类合作项目的初衷所在。选择无锡轻工业学院作为合作方之一，也隐喻着江苏省科委早已将学校纳入生物技术发展的基地之一。

1987 年 11 月，本学科点与日本五所大学（东京大学、京都大学、大阪大学、九州大学、北海道大学）的七位知名教授（图 9-9）合作，在校内举办了“中日应用微生物学研讨会”。今天回想起来，这可是一次了不得的盛会，这五所日本大学不仅在亚洲享有盛名，据 2019—2020 的 QS 大学排行榜，这几所大学基本上排在全球大学的第 22~132 位。

这里又得提到高尾彰一教授，他是这次学术交流活动的实际组织者、牵头人，到了我们学校后，高尾彰一教授曾开玩笑说：“虽然北

图 9-9　日本七位知名教授来校参加“中日应用微生物学研讨会”

海道大学不如其他这几所日本大学更牛，但这一次我是交流团团长，这些名教授都得听我的，我告诉他们，无锡轻工业学院的发酵工程学科在中国大学中很有名气，结果这些搞应用微生物学的老朋友都跟着来了。”经过多次的互动交往，高尾彰一教授与伦世仪教授之间已经建立起互相欣赏、互相信任的深厚友谊。

关于这次的中日应用微生物学研讨会，伦世仪院士还记得：“国内外 200 多名学者参加了交流，除了日本教授和美国学者的学术报告之外，来自中国科学院、兄弟高校和本学科点的教师也做了较高水平的学术报告。会议期间，来自三个国家七所国外名校的教授们，共同为发酵工程系新建的‘微生物菌种保藏中心’揭牌（图 9-10），高尾彰一教授事先复接、保藏的一千株菌种，就保藏于该中心的冷库房。这一次很有分量的国际交流，举办于我们刚刚申报国家重点学科点建设的任务之后，高尾彰一教授说，这也算是一次支持我校争创国家重点学科点的实际行动。确实如此，在国内外业界同行的大力支持下，无锡轻工业学院发酵工程学科的影响力日新月异。

1989 年 4 月下旬，本学科点与日本 Supporo 啤酒株式会社共同牵头，联合主办了‘中日啤酒技术交流会’，吸引了国内啤酒酿造行业的两百多名专家前来交流，会议在双边轮流举行，这次啤酒专题交流会上，顾国贤副教授、尹象胜校友等都发表了非常精彩的报告，分别介绍了中国啤酒酿造新技术以及大麦葡聚糖在啤酒酿造中的影响等专题研究进展。

图 9-10　中日两国学者在老校区科学馆前合影（第一排右四伦世仪）

与会代表一致认为这是一次高水平的中外啤酒技术论坛，啤酒酿造的新技术应用让人耳目一新。顾国贤副教授师承朱宝镛教授，逐渐在啤酒业界建立了较权威的影响，后来还有人戏称其为第二代‘啤酒大王’。”

早在20世纪80年代中，我国高校与世界高水平大学之间普遍存在着相当大的差距，启动高校国际交流与合作是一项非常重要的任务。所幸无锡轻工业学院能够解放思想、与时俱进，积极顺应这一时代潮流。那个时期，伦世仪由学术接班人成长为学科带头人，可以说，得益于他开阔的思路和长远的眼界，他能抓住各种机遇，积极主动与世界高水平大学的教授们建立广泛的国际交流合作。在历次国际交流与合作的过程中，伦世仪主任总是立足于平等、互动、双赢的原则，尊重对方的先进理论和文化理念，诚挚地与对方互动交流，善于吸收对方的学术思想，同时也恰到好处地展示本学科的特色与优势。

他真的做到了，将国际交流中所获得的灵感和观念，在第一时间内，融化为提升学科内涵、调整科研取向的具体策划与推动。如前几章所述，他就任系主任期间，发酵工程系从创办伊始到快速发展，四年时间就建成了国家重点学科点，应该说这期间，他所主导、所推动的形式多元、层次很高、内涵丰富的国际合作成果，起到了利用他山之石攻玉的良好成效。

第十章

环境生物治理

环境是生命生存和发展的基本前提，为人类自身发展空间提供必需的资源和条件。然而人类在利用自然资源的过程中，或多或少会对环境造成一定的破坏，古今中外，因人类生产发展和生活要求提高而带来的土壤和水质的污染、地质条件的脆弱化、水土的大量流失等，教训不胜枚举。改革开放以来，我国经济快速发展，创造了一个又一个“中国奇迹”。然而，粗放的发展方式造成了从局部性、单一性污染走向长期性、复合性的污染，使我国在资源、环境、生态等方面付出沉重代价。各大产业的发展引发了大量的生态环境问题。生态环境恶化成为国家发展的短板，自然环境污染更是人民生活的痛点。如何在经济高速发展的同时控制环境污染，改善生态质量，以实现生态文明可持续发展的目标，成为我国亟待解决的重要问题。

此时，一门新学科、一类新技术——环境生物技术，登上了历史的舞台。这门新技术以生物技术为主要依托，通过多学科交叉结合，从新的视角出发，以期有效解决环境污染问题，环境生物技术具有安全性好、速度快、成本低、能耗低、可综合利用等特点，特别是对于有机介质污染的环境治理是非常有效的举措。在 20 世纪 80 年代，我国尚未涉足环境生物技术这一领域；而就这门学科最初的理论探究、学科结构与基本方法的创建，伦世仪教授功不可没。伦世仪教授秉持“为人民做学问”的家国情怀，把社会责任放在首位，敏锐察觉到我国环境治理和保护方面的短板，创新性地开辟发酵工程和环境工程相结合的新领域，探索基于环境生物技术的污染治理新路径，把自己的科学追求上升到新的高度，直击经济、社会发展所面临的痛点，解决时代进步所伴生的重大挑战。

第一节　针对环境问题，开创生物治理

一、聚焦痛点，探索生物治理新方向

20世纪80年代，我国的环境污染问题相当严重，从城市到乡村，大气、土壤、河流、湖泊、海洋均受到不同程度的污染。全国年均污水排放量达360亿吨，其中仅有10%的生活污水和70%的工业废水得到处理，经过粗放型工业治污设施处理的出水，达到国家排放标准还不及半数。此外，未经处理和不达标的污水直接排入江河湖海，致使我国的水环境遭受严重污染和破坏。当时的统计数据显示，全国七大水系和内陆河流的110个重点河段中，属4类和5类水体的占39%；城市地面水污染普遍严重，并呈进一步恶化的趋势，136条流经城市的河流中，水质属4类、5类和超过5类标准的高达76.8%；约50%的城市地下水受到不同程度的污染；全国大淡水湖（如滇池、太湖和巢湖等）富营养化程度逐年加剧；一些地区的饮用水源受到严重污染，对人民健康造成严重危害。严重的生态破坏，给人民的生命财产及国民经济带来了严重的损失。据中国科学院1998年年度调查和估计，我国环境污染和生态破坏造成的经济损失每年超过2000亿元人民币。

1983年，伦世仪副教授作为轻工业部高等教育考察团的成员，有机会赴美国访问了多所大学与研究所，了解美国高等教育的发展动态。那时，他注意到其中多所大学都建有环境科学与工程类学科，旨在综合应用科学与工程的方式，研究治理环境的新手段，重点解决废水、废气、废渣、噪声等环境危害因素对环境与生态的干扰和破坏。伦世仪教授访问美国回到中国后，向大家汇报时提到："此类学科往往以物理学、化学、生物学、工程学等多元科学基础背景为交叉，不同大学的环境科学与工程学科各自借鉴原有的学科背景，另起炉灶，建立起各具特色的新学科体系。"

观察到国内不断恶化的环境问题，伦世仪院士开始重新审视自己的研究方向。他回忆道："当时有两种情况，促使我开始认真考虑自己的研究工作方向：一是我们的发酵企业，诸如酒精发酵工厂和味精发酵工厂的生产规模越来越大，产生大量高浓度有机废水，这些工厂多数建在人口密集的城市，受到环保管控的制约，不少厂家面临停产关闭的困境，亟需我们提供新的技术，帮助解决发酵废水的处理问题；二是分配在发酵工厂工作的校友也反映，在学校虽然学到一些发酵工程的知识，但是对发酵工业所需的下游技术（分离提取等）知之甚少，废物、废水处理技术与方法更是未曾了解。"同时，伦世仪教授也意识到，早在19世纪末至20世纪初，一些欧美国家就开始重视流域水环境的综合治理，污水处理技术的研发崭露头角；直至改革开放之前，我国尚未真正认识到环境保护的重要性，环境治理领域高级技术人才匮乏、专门技术缺失、硬件设施落后等情况使得污水处理技术的起步十分艰难。

带着难能可贵的家国情怀与强烈的责任感，伦世仪教授身先士卒，勇闯新域。通过深入查阅国内外有关文献资料，调研国外工业废水处理的项目及研究成果，结合自身所学的专业知识，他发现了自己的学科背景与之有着很强的相关性。他说："工业废水特别是有机废水的生物处理过程，从本质上看，与培养微生物，使之利用、转化其中的有机物质产生新的产物的发酵过程原理是基本相通的，因此，我们是具备开展这方面研究的专业基础的。"基于科技关联性原理与学科背景互通性的慎重考虑，伦世仪教授走上了探索工业废水生物处理工程技术的新征程。

二、学科交叉，开辟废水处理新方法

伦世仪教授经常强调：“良好的环境保护是加强我国企业国际竞争力的当务之急，然而当时我国的环保科技水平仍然较低，控制环境污染、实现可持续发展这一方针，必须依靠科技进步，特别是高新技术的应用。仅靠传统的物理或化学方法防治污染，已远远不能满足人类对生存环境质量的要求。”

于是，伦世仪教授开始调研国内一些设有环境工程学科的高校，了解他们的主攻方向与研究内涵；同时将发酵工程专业的研究生招生考试科目多样化，使得具有生物、化工、环境、食品、发酵等不同专业背景的考生都能选择到合适的考试科目。通过吸纳不同专业背景的人才加盟，将生物技术、环境科学与工程、发酵工程三门学科相结合，伦世仪教授创新性地建立了环境生物技术这一新学科，专攻有机废水污染治理难题，使之成为解决复杂环境问题的又一个突破口、一种新手段。

近30年来生命科学的飞速发展与辉煌成就，特别是微生物学、遗传学、生物化学、细胞生物学和分子生物学等领域在理论与方法上的突飞猛进，使得生物工程跻身于现代高科技行列。此外，现代生物工程的形成与发展也与酿造工业、制药工业和化学工业中的一系列工艺改革与装备更新息息相关。总之，当代较高水平的科学技术背景和社会的需求，推动、促进了生物工程从传统技术转化为高新技术，并形成了现代生物工程这一高科技领域。伦世仪教授设立“环境生物技术”这门学科之初，就从传统环境技术没有覆盖到的问题出发，转换思路，将国家的需求、产业界的重大技术问题与自身的学科背景优势结合起来，直接瞄准国家重大需求的前瞻性、关键性、创造性布局科研重点。所谓“老树开新花”，伦世仪教授高瞻远瞩，在传统生物技术中注入新内容，开创新前沿，此举可谓是非常高明。

生物技术在解决环境问题过程中所显示的独特功能和显著优越性，充分体现在它是一个纯生态过程，从根本上体现了可持续发展的战略思想。生物技术在处理环境污染物等方面具有安全性好、速度快、消耗低、效率高、成本低、过程条件温和，以及无二次污染等显著优点，加之厌氧发酵可转化有机物质生成甲烷或氢气等可再利用的可燃性气体，其技术开发预示出广阔的应用前景。在伦世仪教授的引领下，国内逐渐有了更多的大学纷纷建立起“环境生物技术”研究方向或学科体系。

目前，生物技术应用于环境保护的关键手段，主要是利用不同属种的微生物、藻类，或可吸收、利用氮、磷富营养因子的水生植物等，作为环境污染控制的生物源。生物技术已成为环境保护事业中应用最广、最为重要的技术门类，在水污染控制、大气污染治理、有毒有害物质降解、清洁可再生能源开发、废物再转化利用（资源化）、环境监测、环境友好材料合成、污染环境修复和污染严重的工业企业的清洁生产等各类环境保护方面，发挥着极为重要的作用。多年来，伦世仪教授培养出一大批环境生物技术方向的研究生人才，他们正致力于上述领域的研究、教学和工程成果转化及工业化治污实践。

第二节 小小颗粒污泥，内有大千世界

20 世纪 80 年代初，伦世仪教授率先引领环境生物技术领域，其科研方向重点涉及两个方面：一是有机废水的生物处理技术；二是微生物法合成生物可降解塑料。

一、攻克难关，驯养厌氧污泥颗粒

以高效、低成本为特征的现代废水处理技术，首推先进的厌氧生物处理技术。在厌氧生物处理技术中，厌氧生物反应器设计是发展得最为迅速的一个领域。颗粒污泥（granular sludge）是1974年在荷兰CSM公司用于处理甜菜制糖废水的6m^{3}反应器中首先发现的。颗粒污泥实际上是由微生物细胞自身固定化机制形成的一种生物聚集体。颗粒污泥的出现不仅促进了第二代厌氧生物反应器的应用和发展，还为第三代厌氧生物反应器的诞生奠定了基础。

伦世仪教授决定，从厌氧污泥的科学化驯养入手。优质厌氧污泥的主要聚集形式包括颗粒（granules）、丸粒（pellets）、絮体（flocs）、絮状污泥（flocculent sludge）等。Dolfing对颗粒、丸粒、絮体、絮状污泥的定义为：团粒、颗粒等结构紧密的聚集体。这些聚集体沉降后呈现固定的形态。絮体和絮状污泥是具有蓬松结构的聚集体。颗粒污泥可被看作是球状生物膜，并且颗粒化过程与生物膜的形成有着相似性。颗粒污泥或生物膜的形成可分为四个阶段：

（1）将细胞运到惰性物质或其他细胞（或称作基底）的表面。

（2）通过物理化学作用力可逆吸附于基底上。

（3）通过微生物的附属物将细胞不可逆地吸附于基底上，或通过多聚物将细胞吸附于基底上。

（4）细胞的倍增和颗粒污泥的形成。

颗粒污泥的沉降速度是评价污泥特性的重要指标。在一定的液体流动线速度下，反应器中可存在不同粒径和密度的颗粒污泥：密度大的小颗粒污泥、密度小的大颗粒污泥及密度大的大颗粒污泥会同时存在。根据已报道的颗粒污泥，可根据其沉降速度将其分为三部分：沉降性能差的、沉降性能较满意的、沉降性能好的。同时，颗粒污泥的灰分（主要元素为钾、钙、铁）含量越高，其颗粒密度越大，产生基质扩散阻力的可能性也越大。缺少钙和钾会导致颗粒污泥强度的下降。

污泥颗粒化能够大大改善活性污泥的沉降性能，有效地减少悬浮于消化液中的微生物个体数量，避免微生物随消化液大量流失，从而分离水力停留时间和污泥停留时间，保证厌氧反应器中活性污泥的高浓度滞留量，实现反应器的高效能。驯养颗粒污泥，是伦世仪教授团队所面临的第一个较大的挑战。当时有报道，在实验室规模的反应器中发现有颗粒污泥，但在当时长期运行的工业废水处理装置中并未检出类似的颗粒污泥，因此，如何快速、高效、可控地驯养出高活性的颗粒污泥，成为当时国内外环境生物工程领域一个极具挑战性的工程科学问题。

伦世仪教授和他的研究生通过分析颗粒污泥内部的微生物组成，发现其中的甲烷产生菌主要是甲烷八叠球菌和索氏甲烷丝菌，两者分别具有较强的附着力和缠绕力。因此，根据其不同的生长动力学，可以通过调节废水成分、设计负荷增加模式、添加适宜的惰性载体、控制反应器工作状态等方法加快特定厌氧菌系的繁殖，使之逐渐形成高活性的颗粒污泥内核。与此同时，从颗粒污泥的超高倍电子显微镜照片（图 10-1）中，伦世仪教授与其研究生非常敏锐地捕捉到，在优质颗粒污泥形成的过程中，其内部微生物菌群呈有序且巧妙的分布，局部的高底物浓度能在微生物种间产生有序的氢传递，使得单位污泥量高效降解废水中的有机物。这一发现首次揭示了活性颗粒污泥对升流式厌氧污泥床反应器（UASB）高效稳定运行所起到的真正作用，即，反应器中保持着高浓度颗粒污泥，是因为其自组装结构有利于自身保持新陈代谢的高活性，使得颗粒污泥能够长时间执行厌氧转化有机物质的能力。伦世仪团队是国内最早培育出高活性颗粒污泥的研究团队之一。

二、精心设计，开发废水生物处理反应器

厌氧生物处理过程的实质是一系列复杂的生物化学反应，其中

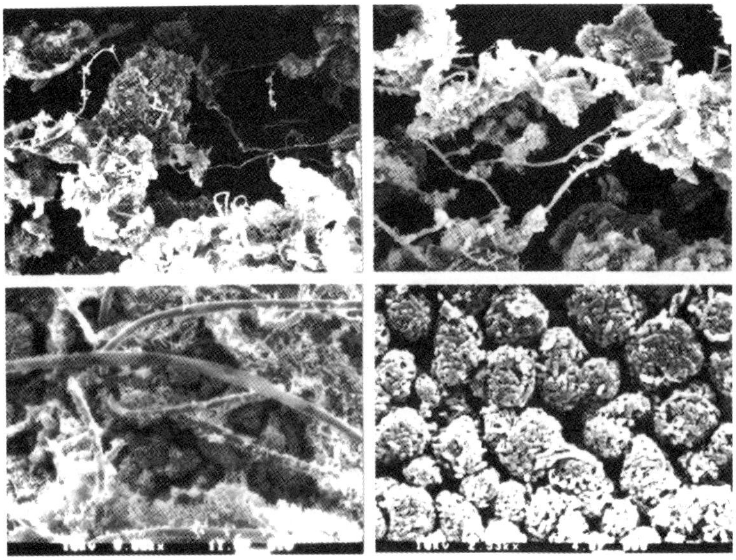

图 10-1　颗粒污泥的超高倍电子微镜照片

注：上面两图为原始状态的颗粒污泥；下面两图为成熟颗粒污泥。

的底物、各类中间产物以及各种群微生物之间的相互作用，形成一个复杂的微生物生态系统。反应器作为提供微生物生长繁殖的系统，各类微生物的平稳生长、物质和能量流动的高效顺畅是持续稳定工作的必要条件。因此，培养和保持相关各类微生物的平衡生长，最大程度地发挥其微生物代谢活性，拓宽反应器的适用范围，是厌氧反应器发展和开发的基本思想和工作目标。

对于食品、发酵工业产生的高浓度有机废水的处理，当时国内存在的最大问题是厌氧处理技术非常落后，全部采用传统沼气发酵工艺与装备，这些设备不适合于颗粒污泥处理废水的技术要求。伦世仪教授注意到，国际上已经有不少学术论文报道了高效厌氧处理反应器（也称为“第二代厌氧反应器”）的发明，并逐步走向工业应用。第二代厌氧反应器的特点是实现了固体（污泥）的有效截留，废水与污泥的合理分离，使得颗粒污泥的停留时间可达上百天，这种类似于固定化细胞反应器的原理，使得高浓度有机废水处理的时效性提高了十几至二十倍。

在实验室比较了几种第二代厌氧废水处理反应器设计方案之后，伦世仪教授开始聚焦于升流式厌氧污泥床（UASB）反应器的研究。升流式厌氧污泥床是荷兰学者 Lettinga 等人于 20 世纪 70 年代初开发的第二代厌氧反应器，具有废水处理效率高、底物适用面宽等特点。工业规模升流式厌氧污泥床反应器能够高效、稳定运行的关键有两点：一是反应器中颗粒污泥内部微生物学机制解析及培育技术的科学性；二是反应器结构设计和放大工程的合理性。

当时国内相关企业并不了解升流式厌氧污泥床反应器的内部结构。虽然有厂家花大价钱购买了国外公司工业规模的装置，但仍然得不到具体的结构参数和工程图纸。引进了国外升流式厌氧污泥床反应器，一旦技术人员离开，连续运行就不稳定，甚至出大问题。升流式厌氧污泥床中存在水（废水）、污泥（微生物）、气（沼气）三相体系，废水能否与污泥充分地接触，高效地进行物质和能量交换，从而保证有机物质降解反应持续进行？污泥能否持续地存留，而不被消化液带出流失？沼气能否及时地分离出来，从而被大量收集，不至于反过来抑制厌氧分解反应的顺利进行……这些都是大规模工业升流式厌氧污泥床反应器设计必须要解决的问题。

为了获得全面的数据，伦世仪教授和团队成员在江苏某发酵工厂设计建造了一个 $15m^3$ 的升流式厌氧污泥床反应器，在结构上安装了很多便于取样、便于探测的接口，如在中试规模装置的不同高度、不同截面和许多特定位置设置了检测口和必要的仪器仪表；配备了可进行示踪试验的设备、管路和取样系统等。经过近两年的实地取样、分析研究，伦世仪教授与团队成员确定了反应器中的布水系统均匀性要素、固-液-气三相分离器的最佳工作性能、反应器结构的最适尺度比例等，确定了不同运行状态下反应器中的流体流动模型、污泥分布模型和生化反应动力学（有机物降解、污泥生长和沼气产生）模型。这些研究为后来的规模放大设计，奠定了科学的、可靠的数据基础，继而逐步开发出了一系列具有不同结构要素特点，适用于在不同条件下处理不同有机废水的工业规模升流式厌氧污泥床反应器，如具有不同布水系统（环周多点式、单向分点式）、不同三相分离器（单元重叠式、环状伞罩式等）、不同形状（圆形、方形）、不同材料建造（碳钢、钢筋混凝土）的反应器，不同温度（高温、中温和常温）等工作条件下，处理不同的化学需氧量（COD）浓度（3000~30000mg/L）、不同的悬浮固形物（Suspended Solid，SS）含量、不同 pH 的有机废水，奠定了基础。最大反应器的规模达到 $4800m^3$。

一个高效厌氧反应器不仅要控制好污泥停留时间和水力停留时间，还应使水与污泥之间保持充分的接触。但是单一性地强化废水与污泥的混合状况，有时会造成活性污泥的流失。为解决这一问题，20 世纪 90 年代出现了多种反应器，如厌氧膨胀颗粒污泥床（EGSB）、内循环式厌氧反应器（IC）、上流式厌氧污泥床—过滤器（UBF）和厌氧序批式间歇反应器（ASBR）等为典型代表的厌氧反应器。

厌氧膨胀颗粒污泥床反应器（图 10-2）实际上是改进型的升流式厌氧污泥床反应器，区别在于前者具有更高的液体上升流速，使整个颗粒污泥床处于膨胀状态，这种独有的特征使其可以具有较大的高径比。其实质上是固体流态化技术在有机废水生物处理领域应用的典范，根据载体流态化原理，当有机废水及其所产生的沼气自下而上流过颗粒污泥床层时，载体和液体间会出现不同的相对运动，在充分保证进水基质与污泥颗粒接触的条件下，加速生化反应，有利于减轻或消除静态床（如升流式厌氧污泥床）中常见的底部负荷过重状况，增加反应器对有机负荷，特别是对有毒物质的承受能力。伦世仪团队通过研究处理低浓度有机废水厌氧膨胀颗粒污泥床反应器中颗粒污泥床状况及颗粒污泥的性质，表明液体表面上升流速是影响厌氧膨胀颗粒污泥床反应器效能的重要参数。

内循环式厌氧反应器则是由底部和上部两个升流式厌氧污泥床反应器串联叠加而成，反应器中的两个相分离器使生物量得到有效滞留。内循环式厌氧反应器上升流速快、有机负荷高、废水和污泥能很好地接触、污泥活性得到提高等特点，使其去除有机物能力远远超过当时已成功应用的第二代生物厌氧反应器。

伦世仪团队结合当时国内实际情况，对第二代和第三代生物厌氧反应器进一步改进，强化了反应器的构型创新，开展新材料应用与生物技术相协调的反应器研究，同时不断探索废水处理中生物反应理论与生物技术创新。

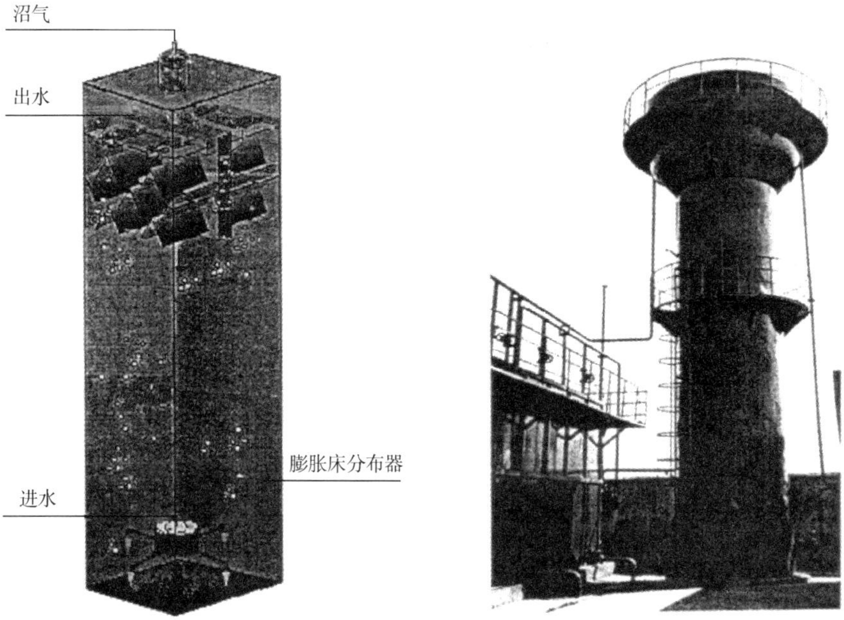

厌氧膨胀颗粒污泥床反应器的结构示意图　　厌氧膨胀颗粒污泥床反应器的外形照片

图 10-2　研发的厌氧膨胀颗粒污泥床反应器照片

三、源头着手，合成生物可降解塑料

“先排放污染，再治理污染”这种亡羊补牢之策终究不是长久之计。于是，伦世仪教授开始着眼于环境友好材料，主要是可降解塑料的生物合成。由于数量巨大的塑料垃圾对生态和环境产生了严重的影响，研究和开发生物可降解塑料已迫在眉睫，许多国家已开始考虑用生物可降解塑料代替部分石油化工合成塑料，并陆续颁布了一些法规禁用某些塑料制品。

聚β-羟基烷酸酯（简称 PHAs）具有良好的生物可降解性和生物可相容性，在农业、食品包装、化妆品和医药上有广泛的应用前景。伦世仪教授带领团队率先采用微生物发酵法生产 PHAs。PHAs 作为一种有光学活性的聚酯，除具有高分子化合物的基本特性，如质轻、弹性、可塑性、耐磨性、抗射线等外，更重要的是其还具有生物可降解性和生物可相容性。已有研究表明，采用 PHAs 制作的香波瓶，在自然环境中 9 个月后，可基本上被完全降解，而同样用合成塑料制作的物品，完全降解时间约需 200 年。

PHAs 实现大规模工业化生产的主要障碍是生产成本问题。英国帝国化学工业集团（ICI）曾就工业规模生产聚β-羟基丁酸酯（PHB，PHAs 族中研究和应用最广泛的一种多聚体）的技术和经济问题进行了评估，考虑的因素包括产物的产率、技术的复杂性及其给工厂带来的投资以及产物分离的难易程度等。影响 PHAs 生产成本的主要因素有菌种、原料、操作方式以及提取方法等。在研究降低 PHAs 成本的同时，采用生物、化学等多学科技术以提高 PHAs 的性能，也是该领域最为重要的一个方面。

伦世仪团队选用真氧产碱杆菌（*Ralstonia eutropha* JWSH113）为生产菌株，通过对发酵条件进行优化，对底物葡萄糖进行流加控制，实现了聚β-羟基丁酸酯（PHB）的高效生物合成（图 10-3），菌体干重达 71.0g/L，胞内 PHB 含量 79.4%，PHB 生产强度达 1.08g/（L·h）；采用新型的表面活性剂提取法，提取收率达 93.6%，纯度达 98.9%。产品可应用于农业、医药、食品包装和化妆品等行业。

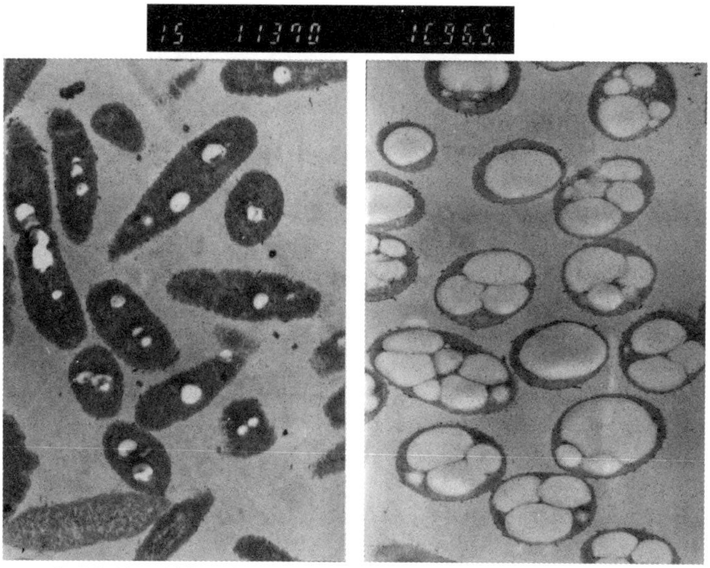

细胞积累PHB前期电镜图　　细胞积累PHB后期电镜图

图 10-3　发酵前期（左）、发酵后期（右）细胞积累聚 β-羟基丁酸酯（PHB）电子显微镜图

第三节　主动担当治污水，修复生态创奇迹

一、零点行动，聚焦太湖湖区生态环境

太湖是我国第三大淡水湖，它不仅是旅游胜地，更是流域内大中城市的重要供水源，同时兼有航运、灌溉、养殖等多种功能。随着太湖地区经济的迅速发展，进入太湖的主要河道和湖区的水质污染日益严重，特别是水体的富营养化，已成为太湖环境的主要问题。

1997年以后，太湖水中严重的蓝藻污染，造成无锡全城自来水污染，生活用水和饮用水严重短缺，超市、商店里的桶装水被抢购一空。当时的直接经济损失就达2亿元。太湖水质的恶化，严重破坏了湖区的生态环境，引起了政府有关部门的关注。1998年，国家批准《太湖环境治理计划》。也是这一年，国务院有关部委会同江苏、浙江、上海发动了声势浩大的水污染治理运动，规模最大的就是1998年底的“聚焦太湖零点达标”行动。“零点达标”要求在1998年年底，太湖地区1035家重点污染企业必须全部实现达标排放。

伦世仪院士带领研究团队在“聚焦太湖零点达标”行动中，充分利用废水处理反应器研究基础，结合废水处理工程理论与实践经验，为太湖地区五十余家太湖沿岸重点污染企业规划废水处理厂的布局，设计废水处理反应器，优化废水处理工艺，指导废水处理厂建立。废水处理工程的设计与优化，助力五十余家太湖沿岸重点污染企业实现了达标排放。1999年元旦钟声敲响之前，当地宣布治理已“基本实现阶段性目标”。

二、推陈出新，处理难降解有机废水

2000年左右，我国厌氧反应器的研究与应用现状是，第二代厌氧生物反应器（主要是USAB）仍处于实践探索阶段；而国际上第三代厌氧生物反应器已迅速发展。如何缩短与世界先进水平的差距，并应用于实际生产，是摆在伦世仪院士面前的一个极富挑战性的课题。

伦世仪院士和团队在江苏牧羊集团的协作下，以江苏三笑集团有限公司为建设单位，对日处理200m^{3}洗涤剂废水的工业规模厌氧膨胀颗粒污泥床反应器和辅助系统进行工程再设计及调试工作。洗涤剂废水主要含有人工合成的表面活性剂和辅剂，其中可能含高浓度磺酸基和磷酸类物质等，属于难降解的有机废水，采用常规的处理方法很难达到排放标准。若采用传统的升流式厌氧膨胀颗粒污泥床反应器处理，由于反应器以静态床方式运行，易造成特征污染物的累积，从而对污泥颗粒产生抑制作用，降低反应器的处理效能。于是，伦世仪团队开展了大量的实验室基础研究，为特种废水专门驯养与之相适应的颗粒污泥，同时三方合作协同，积极组织治理方案的设计和论证，在多种方案论证的基础上，选定最佳治理方案，确保设施处理后的废水实现达标排放。

伦世仪团队通过对厌氧膨胀颗粒污泥床和升流式厌氧污泥床反应器工作特性的比较研究，考察进水化学需氧量（COD）浓度、COD 负荷、液体表面上升流速、温度等参数对反应器处理效能的影响；考察厌氧膨胀颗粒污泥床反应器处理低浓度废水的行为特征及颗粒污泥特性，建立切实可行的反应器快速启动方式和稳定操作运行方法，为反应器的放大和应用提供切实可行的易于操作的工艺控制策略。同时，以载体流态化理论为基础，研究反应器中颗粒污泥床工作特性及不同工作状况下的分布规律，颗粒污泥的电镜扫描结果表明，颗粒污泥呈规则的球状，表面分布以丝状菌为主，内部主要是产甲烷球菌和短杆菌。他以基础研究成果成功地指导厌氧膨胀颗粒污泥床反应器结构放大和实际应用过程。

通过对厌氧膨胀颗粒污泥床反应器处理低浓度废水过程中颗粒污泥的传质过程研究，考察了不同操作条件下反应器的传质行为，为确定大型厌氧膨胀颗粒污泥床反应器的实际过程控制参数提供理论依据。在以上研究成果的基础上，以江苏三笑集团洗涤剂废水为处理对象，确定满足适合高水力负荷条件下的反应器的结构特征，包括反应器主体几何尺寸、反应器的布水装置、反应器中特殊的气液固三相分离器，为反应器中试和放大提供合理的设计参数。通过反应器的实际过程放大、启动及运行控制，为厌氧膨胀颗粒污泥床反应器的工业化提供基本设计方法，对其推广应用提供基础。

2000 年初，该集团废水治理工程竣工并进入调试运行阶段（图 10-4），经当地环境监测站连续三天的监测，所测七项污染因子均符合 GB 8978—1996 一级排放标准。其中两项重金属指标 Pb、Hg 因子残留量很低，达到农田灌溉标准。该废水处理系统科学、先进，体现目前国内废水处理技术的先进水平。且操作简便，运行成本低，处理容量大，处理后的废水稳定达标，该设施有一定的推广实用价值，其建成取得了明显的经济效益、社会效益和环境效益。

图 10-4　废水治理工程现场照片

第四节　强优势显特色，引领学科发展

一、平台更名，学科思路进一步拓展

全球环境问题日益突出，严重威胁人类社会的生存和发展，解决重大环境问题、走可持续发展的道路是人类必须面对的课题。为了适应市场经济及社会发展的要求，满足社会对环境工程技术专业

人才的迫切需要，依托生物化工、生物科学和酿酒科学等学科在国内外的优势，通过科研力量优化和重组，1983 年 9 月，伦世仪任副教授时，就在无锡轻工业学院成立了目标明确的专业研究室，最初称为“废水生物处理工程研究室”。当年，他得知来自外校的发酵工程专业学生多数没有学过化工原理、物理化学等相关课程，他提出要改革研究生入学考试体系，增加“化工原理”科目的考试，同时注重招收具有环境工程、化学工程等专业背景的本科生。1983 年，伦世仪招收了第一名从事废水生物处理技术研究的硕士研究生；1984 年，他招收了清华大学环境工程专业的本科毕业生；1987 年又开始招收上述方向的博士研究生。1996 年 5 月，研究室正式更名为“环境生物技术研究室”。1998 年 9 月，生物工程学院建成了环境工程硕士点；2000 年，招收本科生；2003 年 7 月，建成了环境工程博士点。这种先培养研究生，再培养本科生的做法非常务实且使得多方受益，不仅打造出一批青年师资，反哺于本科人才的培养，而且强化了科研成果融入人才培养的过程中。2008 年 1 月，研究室再次更名为“生物系统与生物加工工程研究室”，进一步壮大了研究团队，并拓展出多个新的研究方向。

伦世仪院士团队再次更名上述研究室的初衷，在于实现生物学、环境科学、生态学、工程学等学科的相互渗透，发挥综合性、多学科优势，致力于应用生物技术手段，研究与解决地区性、全国性的环境污染问题，并大力开展生化过程的优化与控制技术的研究，进一步拓展出新的学科方向。

二、占领先机，设置特色鲜明新方向

努力设置合理的、贴近学科前沿、有时代特色、与关键问题攻克同步发展的研究方向，对学科水平的提升至关重要。在伦世仪院士的指导下，研究室在充分研究国内外环境工程发展规律的基础上，从学校实际出发，依托生物工程专业的教学科研基础，紧紧围绕地方和区域经济建设的需要，结合国家经济结构调整和高新技术发展的方向，抓住机遇，在重要领域“抢滩布点，占领先机”，充分利用现有的仪器设备、研究基础和人员配置，发挥交叉学科优势，广泛深入地开展生物技术在环境工程中的应用和清洁生产研究，逐步形成了五大研究方向：

（1）有机废物生物处理工程。

（2）毒害性化合物的生物处理技术、污染场地的生物补救与修复技术。

（3）环境友好材料的生物合成。

（4）生化过程的模型化与优化控制。

（5）生物反应器的设计与放大。

环境生物技术研究室的发展充分说明，特色鲜明、优势明显、与本学科国际前沿接轨的研究方向设置是学科发展的重要前提。

三、广揽人才，组建高水平学术团队

任何一个学科的发展都离不开一支教学和科研并重、知识结构合理、责任心强、富有创新精神的高水平教师队伍。伦世仪院士自始至终强调：设置好引领性、交叉性的研究方向，建好理论基础扎实、科技思想和方法新颖的研究平台，才能真正吸引一批有发展潜力的青年才俊。多年来，研究室秉承伦世仪院士的队伍建设思想，紧紧围绕学科发展方向，通过重大科研项目和重大工程项目的科学研究与开发，吸引了一批来自清华大学、南京大学、同济大学等一流高校的毕业生，不同学缘背景的人才，各尽所能，又相互借鉴，深度交叉，大大地促进和提高了教师团队的学术水平和教学水平。研究室不定期地就有关科研问题进行讨论，这不仅可以及时交换观点和看法，互相提高，而且也是一种督促。同时为了强化师资力量，完善学术队伍结构，首先对现有师资进行培养，走内涵发展的道路，鼓励并积极推荐中青年教师报考在职、统招博士，提高中青年教师的学术水平，有计划地鼓励青年骨干出国进修培养，使他们开阔思路，能够真正地站在学科的前沿；其次，根据专业要求，积极引进具有较高学术水平和敬业精神的教师，完善引进、聘用和稳定年轻学术骨干的优惠政策，努力为青年教师能力的发挥创造生活和工作条件，做到了细致、周到。

科学研究既要追求知识和真理，也要服务于经济社会发展和广大人民群众，伦世仪院士身体力行，始终践行这一宗旨。他聚焦社会痛点，以独到的思维和创新的技术开展系统的科技攻关。从20世纪80年代起，他就开始致力于有机工业废水的生物处理技术与工程研究，通过创新发明厌氧颗粒污泥培育技术，精心设计适用于食品、发酵、洗涤剂甚至有害化合物工业废水处理的各类反应器及技术，他和团队将研究成果服务于环保生态修复，共完成了轻工业行业工业生产废水处理工程计25项；参与并承担了国务院实施的环保三大战役——淮河流域、太湖流域和长江流域的污染治理达标任务中的重点项目，都取得了可喜的成果。同时，伦世仪院士在相关领域的主流国际刊物上发表了50余篇学术论文，著有《生化工程》《生化工程》（第二版）、《环境生物工程》等，他在引领污染废水生物治理研究和生态环境保护方面，做出了突出的贡献。

第十一章 发酵过程优化

到了20世纪70年代，原本准备致力于将自己所学知识奉献于祖国发酵工程领域的教学事业、励志培养更多优秀人才的伦世仪被下放到了无锡酶制剂厂。虽然这是当年进驻学校的工宣队所采取的政治打压，不让伦世仪在三尺讲台上发挥作用，这一安排与伦世仪的最初理想有所出入，但他内心依然不忘报效祖国的历史使命与责任担当。他也只能接受这样的安排，好在这是一家国内建立最早的、规模最大的酶制剂企业，他在这家工厂参加科研与技术改造长达六年时间。在当时，无锡酶制剂厂利用发酵法生产的工业酶制剂产品，是继发酵法生产抗生素之后第二大类工程化通风发酵的生物制剂，具有相当的规模，一时盛名远扬。

在无锡酶制剂厂工作期间，伦世仪一方面专注于科研工作和阅读资料，将所查阅翻译的众多中外文资料翻译总结，摘取记录相关重点理论和技术汇编成册，积极应用于酶制剂生产的实践过程并与领域内的专家学者进行广泛交流，并最终将这些知识与收获编撰进了《酶制剂工业》一书。另一方面，伦世仪深入参与各个生产环节，不仅亲自进行各项生产劳动，还在空闲时与员工进行多方面的深入交流，总结生产中所遇到的各种问题。在此期间，伦世仪发现，当时发酵生产企业仍然摆脱不了传统的作坊式生产方式，生产人员多以个人经验操控发酵生产工艺，对发酵的生物化学过程缺乏科学性的理解，发酵过程的控制也是以较粗放的方式进行。这种技术水平和生产方式，远远无法满足现代工业化生产和提高人民生活水平的需求。他开始意识到，对发酵原理与工业过程控制的科学关联性的深度认识，是亟待解决的问题。

作为一位学问渊博、治学严谨的中年学者，伦世仪具有敏锐的洞察力和高瞻远瞩的判断力。在多年的治学过程中，伦世仪看到了从DNA双螺旋结构揭示以来，与发酵工业相关的多种生物技术快速发展（如DNA诱变技术、微生物遗传标记技术、纯种工业微生物高通量筛选技术等）。他认为：“生物技术将为发酵工程的发展提供良好基础，发酵工程技术要大力发展，其中发酵过程优化是关键问题。因此，我国的发酵工业与相关研究领域一定要抓住时代机遇，大力研究发酵过程优化的相关原理，开发相应的发酵过程优化技术。”

在伦世仪院士眼中，发酵生产已与中华民族的生产生活相伴存在数千年，它已经深深融入了我们的民族记忆之中，成为了全民族的财富，并且与我们的文化交融在一起，成为其中难以割舍的重要组成部分。远古时期，我国辛勤的劳动人民就开始从事酿酒、制酱、制醋以制作奶酪等发酵生产，并且积累了大量的生产实践经验。距今4200~4000年的龙山文化时期已经有酒器出现；先秦古籍《周礼》“天官冢宰第一”中明确记载了与酿酒相关的专门职业“酒正”“酒人”等官职；古时，我国就有使用发霉的豆腐治疗皮肤病的记载，这可能是人类最早关于应用“抗生素”治疗疾病的案例，这些记载都是我国古时传承千年的民族瑰宝，对民族之魂的传承与发展具有重要作用，在过去的几千年里让我国的传统文化绽放出了更加多彩的魅力。近代借鉴于化学工程的研究，发酵生产进行了相应的工业化生产。在此过程中，伴随以微生物生命活动为中心的研究、设计和生产指导，使原始的、体力繁重的、难以实现工业化的一些发酵生产逐步开始了工业化应用。通过发酵工业生产过程的几十年实践，人们逐步认识到发酵过程是一个随时间变化的复杂生物学过程。而揭示并应用这一复杂技术的过程，不仅为我国的发酵产业带来巨大的经济效益，也为我国民族文化的传承创新注入新的活力。

第一节 发酵工程在生物工业中的地位

一、发酵工程是生物技术的支撑之一

1958 年，青年伦世仪随南京工学院食品工业系的整建制搬迁来到无锡，任教于无锡轻工业学院（现江南大学），从事发酵工程的教学与科研工作。20 世纪 70 年代，重组 DNA 技术的出现，以及随后代谢工程、生物反应器工程等学科方向的确立，又为生物技术的发展带来了新的生机，生物技术在全球经济发展中的地位日趋重要。在国民经济和行业生产过程中，任何一项研究成果从实验室走向产业化，都需要上、中、下游多领域的人才进行密切配合方可逐步完善直至应用于实际生产。

伦世仪教授在学术讨论的多个场合都谈到："发酵工程是生物技术的支撑学科之一，是基因工程、酶工程和细胞工程走向具体应用和产业化的必经之路。作为关键的中游技术，发酵过程优化技术不仅关系到能否发挥菌种的最大生产性能，而且会影响下游处理的难易程度，因而在整个生物产品的研发过程中，具有承上启下的特别重要的作用。"

二、当年发酵技术存在的重大问题

微生物菌种的性能决定了发酵产品生产能力的高低，而工业微生物生理功能能否完全发挥，在很大程度上取决于其所处的生理环境条件。发酵过程优化技术即是在充分认识了工业微生物生长发育与代谢特点的基础上，确定出发挥其最大生产能力的最佳培养条件的技术。微生物的复杂性和生产过程的工程技术特点，也决定了深入研究发酵工程技术既需要系统的生物学基础理论知识，又需要很强的工程技术素养。为了使微生物能更好地为人类社会服务，并进一步推动国内发酵工程领域的发展，伦世仪教授走访了多家国内外学术单位，与领域内外的专家学者及国际同行进行了频繁的交流互动。早在20世纪80年代初，他就指出："关于发酵技术，当前国内外普遍存在两个问题：（1）传统的发酵工程技术由于历史上作坊式生产方式的影响而具有经验主义的特点，对发酵过程的微生物生理学本质缺乏认识，不能从更加科学的层面分析、解决所遇到的各种问题；（2）以分子生物学为主要研究手段的现代生物技术，虽然深入揭示了微生物的遗传机制和生理行为，但是对微生物生命活动过程所涉及的工程因素（包括物理、化学和生物因素）则难以顾及。"

为解决几十年前国内发酵工业技术水平较低、经验依赖性强等问题，伦世仪率先开展发酵过程模型化和优化控制研究，他针对上述问题，提出新的思路："建立高产量（便于下游处理）、高底物转化率（降低原料成本）和高生产强度（缩短发酵周期）的相对统一的发酵过程优化理论，是我们的研究目标，并应用于诸如氨基酸、有机酸、酶制剂、功能糖等各种好氧发酵过程中，以提高发酵生产的效能。"

第二节　发酵过程优化的理论与技术创新

我国早在公元前22世纪就用发酵法酿酒，然后开始制酱、醋、腐乳等传统的发酵产品。1857年，法国学者路易斯·巴斯德证明酒类等的发酵是由微生物引起的生物变化。为了使微生物发酵产品具有更好的品质与产量，我国在很早之前就开始了相关研究，但却很难达到理想的高产量、高底物转化率和高生产强度。为了克服我国发酵过程优化所面临的关键问题，伦世仪教授带领研究团队在学习中进步，在前进中创新，选择发酵工业中具有代表性的多种来源的不同微生物为研究对象，综合运用微生物反应计量学、生化反应和传递动力学、生物反应器工程以及代谢工程理论，从整体系统和特定过程的观点出发，通过对发酵系统内部的动态过程进行数量化分析并构建数学模型，特别是针对发酵过程中微生物表现出的特殊生理状态进行优化，开发了综合考虑生物学、动力学和物理学现象的6种优化控制技术，并在多个产品工业化发酵生产中得到成功应用。

一、优化工业微生物培养环境的发酵方法

伦世仪教授在培养环境优化技术的基本思想上，基于微生物反应原理（包括底物的运输、胞内生化反应和产物的排出过程），研究微生物从培养基中摄取营养物质的情况，以及营养物质通过代谢途径转化后的去向，确定不同的培养环境条件对微生物生长和代谢产物分布的影响，进而优化微生物生长的物理和化学环境，保证微生物的生长处于最适的环境条件之下，为进一步的发酵过程优化奠定基础。主要成果包括：

1. 科学优化培养基组成

对于微生物来说，培养基类似于人们每天摄入的各种食物，而培养基组成的优化技术就像是优化人们的饮食结构，使摄入的食物组成更加合理，且更加适宜微生物产生相应的代谢产物。但是微生物的代谢过程和培养基的成分都是非常复杂的体系，有必要先针对不同的产品，选育出营养要求简单的微生物菌株，尽可能地简化培养基的组成；然后利用单因素试验方法，确定培养基组分中对发酵水平影响最大的关键因素；再综合运用响应面分析、正交试验等研

究手段，结合化学计量关系，进一步优化这些物质在培养基中的水平。以赖氨酸发酵过程中培养基组成的优化技术为例。赖氨酸作为一种人体和动物所必需的氨基酸，在许多粮食原料中相对缺乏。由于其巨大的市场需求，赖氨酸在当时已成为我国第二大氨基酸发酵产品。为了攻克这一难题，伦世仪教授带领团队开始了国家“八五”科技攻关项目的研究工作。采用 Box-Behken 设计的响应面试验方法，对赖氨酸生产菌进行了发酵培养基成分优化，最终获得了发酵培养基中硫酸铵、豆饼水解液及玉米浆的最佳浓度，使赖氨酸的发酵产量得到了大幅提升。根据这一思路，伦世仪及团队还发现了一些关键物质（如碳、氮源的种类，维生素，中链脂肪酸，金属离子等）在丙酮酸、谷胱甘肽、聚 β-羟基烷酸酯和聚 γ-谷氨酸发酵中的重要作用。

2. 优化发酵过程的底物流加方式

流加发酵最优化的研究使得人们更为理性地认识发酵过程的本质，从而为发挥菌种潜力、提高生产水平提供了一定的条件，体现了现代发酵工业的研究趋势。由于微生物反应过程的复杂性，建立合理的描述微生物反应过程的动力学模型非常困难；求解出的理想化的控制策略往往非常复杂，实际的操作实施难度更大。伦世仪及团队以赖氨酸生产菌黄色短杆菌（*Brevibacterium flavum*）为研究对象，就赖氨酸发酵的动力学特性及发酵过程的动力学模型进行了详细的研究，在此基础上对赖氨酸流加发酵开展深入的最优化研究，通过摸清底物的抑制作用和赖氨酸发酵的特点，建立了菌体生长模型和产物形成模型等系列特征模型。基于模型对赖氨酸发酵过程的底物流加方式进行了全过程分析和优化，最终确定了赖氨酸发酵过程中的最适初糖浓度以及发酵过程中最佳糖浓度控制范围等重要的参数。

运用上述优化方法，伦世仪及团队还开发了丙酮酸、谷胱甘肽、聚 β-羟基烷酸酯和聚 γ-谷氨酸等发酵过程的底物流加方案。

3. 发酵环境条件的优化技术

微生物的生长状态与胞内代谢状态会随着外界发酵环境的变化而改变，通过对微生物所处的发酵环境进行优化可以使其改变现有的生长和代谢状态，进而相应地影响发酵产品的合成效率。因此，如何给微生物提供一个更好的生理环境，让那些细胞能以最高效的生产状态为人类服务，也成为了发酵过程优化工作所关注的一个重要问题。

针对上述问题，伦世仪及其团队研究了不同环境条件对多种微生物生产代谢产物的影响。氧气参与菌体的生长、产物的形成和维持细胞的代谢，对好氧微生物的生命活动过程具有重要意义。pH 对许多酶的催化过程和许多细胞之间的特性传递过程有很大的影响，发酵环境 pH 的变化能改变体系的酶环境和营养物质的代谢流，使得诱导物和生长因子在活性和非活性之间变化。通过对赖氨酸分批发酵过程中溶氧控制和 pH 控制的研究，发现溶氧和 pH 同时影响了菌体的生长和产物的合成，但最适生长和最适产酸的溶氧水平和 pH 是不一样的。通过发酵过程动力学分析，建立了分批操作过程的溶氧和 pH 控制模式，有效提高了发酵过程的转化率。针对茂原链轮丝菌（*Streptoverticillium mobaraense*）生产谷氨酰胺转氨酶的发酵过程，伦世仪及团队研究了不同 pH 对菌体生长和产酶的影响，同时也探索了不同初始淀粉浓度及中后期碳源流加对发酵过程的影响。结果表明 pH 控制在 6.5 时，最有利于菌体的生长和酶的合成。除上述实例外，在伦世仪指导下，其团队还对真氧产碱杆菌（*Alcaligenes eutrophus*）生产聚 β-羟基烷酸酯、光滑球拟酵母（*Torulopsis glabrata*）生产丙酮酸、产朊假丝酵母（*Candida utilis*）生产谷胱甘肽、兽疫链球菌（*Streptococcus zooepidemicus*）生产透明质酸、谷氨酸棒杆菌（*Corynebacterium glutamicum*）生产生物絮凝剂的发酵环境条件的优化进行了相关研究，主要涉及的发酵环境条件包括温度、pH、搅拌（剪切）速率等对细胞生长和代谢产物分布的影响。伦世仪结合微生物代谢反应原理，分析不同环境条件下不同发酵过程响应情况的生理学本质，并以此为基础确定出以高产量、高转化率和高生产强度为综合目标的一系列发酵环境优化组合方案。

二、建立基于微生物代谢的分段培养模式

伦世仪及团队研究发现，适合微生物生长的温度、pH、剪切力和溶解氧浓度往往并不一定适合目标产物的形成，反之亦然。为了解决这个问题，分析了不同温度、不同 pH、不同搅拌转速（剪切力）和不同溶解氧浓度下丙酮酸、透明质酸、谷胱甘肽、生物絮凝剂和谷氨酰胺转氨酶发酵过程的动力学参数（包括比生长速率、比底物的消耗速率和比产物形成速率）及流变学参数的变化特性，提出了分阶段培养模式。

通过对多重维生素营养缺陷型 *T. glabrata* 菌株生产丙酮酸分批发酵的供氧控制研究，伦世仪及团队发现在发酵初期（0~16h），菌体耗氧速率明显快于供氧速率；而 16h 后，耗氧速率和供氧速率则基本保持平衡。结合实验结果和计算分析，提出了分阶段供氧控制模式，实现了高产量、高产率和高葡萄糖消耗速率的相对统一。类似的分阶段溶解氧和搅拌转速控制策略已被应用于透明质酸、生物絮凝剂和谷氨酰胺转氨酶的发酵生产中。除了上述分阶段溶解氧和搅拌转速控制策略以外，伦世仪及团队还研究了分阶段温度控制策略（应用于谷胱甘肽、谷氨酰胺转氨酶）及分阶段 pH 控制策略（应用于谷氨酰胺转氨酶），将分阶段培养模式应用于多种微生物代谢产物的发酵过程中，使发酵过程维持在最适合细胞生长或最适合产物合成的水平。

三、依据反应模型的发酵过程优化与控制

在传统发酵控制的基础上，伦世仪及团队建立了聚 β-羟基烷酸酯、透明质酸、谷氨酰胺转氨酶和谷胱甘肽等不同产品发酵过程的

反应动力学，应用统计热力学理论和功能单元扩展理论与电子计算机技术相结合，分别建立了聚β-羟基烷酸酯、谷胱甘肽、透明质酸、谷氨酰胺转氨酶分批发酵过程的动力学模型，用龙格库特法求取模型方程数值解，然后用单纯形搜索法或最速下降法寻求出动力学模型方程中的最优参数，并对动力学模型的适用性进行评价。

基于分批发酵动力学模型提出了多个控制理论与控制策略：（1）采用奇异优化理论，优化了透明质酸的流加培养过程，并通过重复操作和优化补料组合发酵模式，显著提高了透明质酸的生产强度；（2）应用最小值原理，分别建立了 *A. eutrophus* 细胞生长期和聚羟基丁酸合成期底物流加的准优化控制策略，确定了以指数速率流加和变速流加相结合的流加操作方式，得到以聚羟基丁酸最大生产强度和最高转化率为目标的准优化控制策略并成功应用；（3）在无反馈控制的情况下，比较了不同流加培养模式对重组大肠杆菌（*Escherichia coli*）生产谷胱甘肽的影响，发现采用简单的指数速率流加方式，即可实现重组 *E. coli* 的高密度培养。

四、根据代谢通量分析进行过程优化

通过前期的大量研究和技术开发，虽然解决了很多实际应用中的问题，但发酵过程优化技术仍有很多亟待解决的问题，例如以往的发酵过程控制大多是发酵工人凭借个人经验，对发酵过程进行一系列调整，但微生物内部的代谢通量是无法通过经验进行准确判断的，因此也无法对发酵过程进行准确有效的调控。

为了对微生物内部的代谢进行有效优化，伦世仪及团队参考已知的生化反应计量关系和特定微生物（*T. glabrata*、*S. zooepidemicus* 和 *C. glutamicum*）的代谢途径和生理代谢特征，构建了生物合成丙酮酸、透明质酸、生物絮凝剂和谷胱甘肽的相应代谢网络。利用代谢通量分析方法（Metabolic Flux Analysis，MFA），对代谢中间产物进行拟稳态假设，然后通过测定细胞和代谢产物浓度的变化速率，计算得出胞内各条代谢途径的通量变化。根据代谢通量分析的计算数据，分析了丙酮酸、透明质酸和生物絮凝剂生物合成途径中主要代谢节点的性质（刚性、弱刚性或弹性），结合发酵过程中胞内 ATP 和 NADH 的供求情况，提出了一系列发酵优化策略：（1）增大细胞合成通量并降低胞内 NADH 的浓度，以提高透明质酸的产量；（2）发酵前期适当增加 ATP 通量，而发酵中后期降低 NADH 浓度，并控制较低的 ATP 通量以促进生物絮凝剂的合成；（3）补加 L-半胱氨酸，缓解胞内对 L-半胱氨酸的需求、促进碳代谢流向更多 NADH 和 $FADH_2$ 的合成、改变发酵体系已有的氧化还原环境，提高谷胱甘肽的产量。在不改变菌种遗传特性的基础上，应用以上基于代谢通量分析的发酵优化策略，可使代谢流量更充分地转向目标代谢产物的合成。

五、基于辅因子供给调控的发酵过程优化

如同人类的生长发育需要各种维生素和微量元素一样，想要让微生物在发酵过程中高效工作，需要满足它们所需的各种辅因子的供给。涉及微生物发酵的辅因子主要有：ATP/ADP/AMP、NADH/NAD^+、NADPH/$NADP^+$、乙酰辅酶 A 及其衍生物、维生素和微量元素等。伦世仪及团队的研究主要集中在调节 ATP/ADP/AMP、NADH/NAD^+、NADPH/$NADP^+$和乙酰-CoA 及其衍生物等辅因子在细胞内的形式和含量，使之有利于目的产物的高效合成：（1）在筛选获得了 *T. glabrata* 的多重维生素营养缺陷型菌株的基础上，通过化学诱变、添加外源抑制剂、降低电子传递链活性，使辅因子 ATP 胞内水平下降，葡萄糖消耗速度增加，单位细胞产丙酮酸的能力显著提高；（2）通过提高乙醇脱氢酶活性从而提高 NAD^+供给，使 *T. glabrata* 的葡萄糖消耗速率和丙酮酸合成速率分别提高；（3）通过补加乙酸并提高乙酰辅酶 A 合成酶（ACS）活性，促进了丙酮酸产量、对葡萄糖的产率以及丙酮酸生产强度的提高。

六、基于“系统概念”的生物反应整体优化技术

单一产物的合成虽然是某些代谢反应的直接结果，但是在该产物发酵过程中微生物仍然在进行各种复杂的代谢反应，如果仅仅考虑与该产物合成相关的一些反应，很有可能造成不利的结果。为此，伦世仪及团队在完成了上述不同层面的发酵过程优化研究之后，应用整体性思路将各种生物反应视为一个系统，再进一步系统优化整个生物反应过程。通过厘清系统内部各要素的功能和相互间的关系，以及系统与环境间的关系，采用定性或定量的模型优化技术，使所构建系统的结构、性能和状态达到最优。主要成果包括：（1）有机废水（物）酸化和聚β-羟基烷酸酯（PHAs）发酵生产的耦合系统。PHAs 工业化所面临的主要问题是生产成本过高，其中原料成本是一个重要影响因素。*A. eutrophus* 能够利用有机酸生产 PHAs，因此构建该系统的基本思想是利用厌氧微生物将有机废水（物）酸化，然后以酸化产物为原料由 *A. eutrophus* 发酵生产具有不同结构的 PHAs。（2）构建 ATP 再生系统生物合成谷胱甘肽（GSH）。该系统由重组 *E. coli* 和面包酵母（*Saccharomyces cerevisiae*）构成，其中重组 *E. coli* 中的 GSH 生物合成活性明显提高，而 *S. cerevisiae* 则具有再生 ATP 的能力。以葡萄糖作为能源时，*S. cerevisiae* 利用酵解途径产生 ATP，而 *E. coli* 则利用 ATP 和提供的其他基质合成 GSH，产生的 ADP 供 *S. cerevisiae* 循环利用。这样在两种分别负责产生 ATP 和合成 GSH 的微生物间形成了 ATP 再生循环，反应体系中 GSH 的产量显著提高。

第三节　重要生物产品的发酵过程优化及工业化

伦世仪院士始终坚信："发酵过程优化作为一门应用性极强的学科，要从科学性、经济性的角度，分析其能否解决生物工业生产中存在的瓶颈问题，这才是评判其研究成果是否具有价值的关键。"经过多年的研究，伦世仪带领团队成功地将开发出的各项发酵过程优化技术应用于包括聚β-羟基烷酸酯、透明质酸、丙酮酸、谷氨酰胺转氨酶等重要生物产品的工业化生产。

一、以赖氨酸为代表的氨基酸工业发酵优化

赖氨酸名列9种人体必需氨基酸之首，在医药、食品、饲料等领域具有广泛的应用，其市场需求量仅次于谷氨酸，是第二大宗氨基酸产品，而其生产关键技术一直被国外企业所垄断。为了扭转这种不利的状况，也为了能让我国相关行业的发展不再受他人牵制，迅速提高我国的赖氨酸生产水平，伦世仪带领团队开始了"八五"国家科技攻关计划"赖氨酸发酵优化与控制"项目的研究。

提高赖氨酸发酵水平有两条途径：一是筛选优良菌株；二是开发与生产菌株相匹配的最佳培养条件和控制策略。只有二者紧密结合才能最终实现赖氨酸的高水平发酵，且后者正占据着越来越重要的地位。我国赖氨酸的研究和生产领域长期以来都把重点放在高产菌株的选育上，有关如何对发酵过程进行优化和控制的研究较少。伦世仪院士指出："实际生产中所采用的一些培养控制条件、技术指标往往是在摇瓶试验条件下获得的，这种低水平的研究方法和简单

的扩大应用在客观上制约了菌株产能的进一步发挥。不仅如此，由于在摇瓶条件下无法对目的微生物生理生化特性、营养供给及操作、发酵设备三者之间建立起有机的联系，当反应器规模发生变化时发酵结果常常不能重复。这一点正是国内发酵法生产赖氨酸从20世纪60年代中期开始研究以来，多次出现随生产规模扩大过程中发酵水平降低的根本原因所在。”

为了解决上述问题，伦世仪及其团队以早期选育出的一株赖氨酸产生菌 *B. flavum* FB21 为出发菌株，首先，通过诱变育种获得菌株 *B. flavum* FB42，并在摇瓶条件下对可能影响其代谢的环境因子进行考察，并同时优化了相关发酵条件；其次，以连续培养作为研究手段，考察了微生物的菌体生长、产物形成及基质消耗特性，并通过对代谢途径进行定量的质能衡算，得出赖氨酸的理论转化率，进一步比较理论转化率和 FB42 真实转化率之间的差异，对 FB42 的代谢流进行分析，进而得出对工艺研究具有指导意义的理论依据；之后，在小型反应器中对影响赖氨酸形成的一些重要环境因子进行定量的考察，找出目的微生物的生理生化特性、营养供给及反应器之间的内在联系，得出最适的操作条件，在此基础上对发酵过程的动力学进行研究，建立出合理的动力学模型，为流加发酵的最优化研究打下基础；最后，在动力学研究的基础上对发酵进行最优化操作，包括状态方程的建立、目标泛函的确定、最优化流加方式的求解，并通过实验对最优化操作进行验证，达到理论和实践的统一。通过上述策略进行发酵过程优化，伦世仪及团队成功实现了赖氨酸的高水平发酵，顺利完成了科技攻关项目。

二、系统控制策略实现丙酮酸发酵工业化

作为有机酸产品的代表，丙酮酸不仅在生物代谢中具有十分重要的作用，而且是合成多种有用化合物的前体，因此，丙酮酸在化工、制药和农用化学品等领域都有广泛的用途。虽然作为一种化工

产品，丙酮酸早已实现工业化生产，但直到20世纪90年代，工业上仍然是通过酒石酸脱水脱羧法生产丙酮酸，然而使用这种工艺生产，丙酮酸得率较低，且需要消耗大量的硫酸氢钾，生产成本较高，因此扩大丙酮酸应用的根本途径，便是利用发酵法或生物转化法等成本更低的技术生产丙酮酸。然而，丙酮酸是微生物中心代谢的关键产物，这使得丙酮酸高产菌株的选育十分困难。

伦世仪院士经常教导学生："对于任何一种发酵产品，要获得高产率、高底物转化率和高生产强度的相对统一，必须要找出影响该物质高效生产的最重要因素，并考察这些因素对发酵过程的影响，进而提出针对这些影响因素的控制方法或策略。"相对于丙酮酸的发酵生产而言，前人的研究侧重点在于选育丙酮酸的高产菌株，而对丙酮酸的生物合成规律以及发酵中代谢流的调控缺乏系统的研究，因此丙酮酸的发酵产率很难达到较高的水平。

为了解决上述问题，伦世仪及团队从小试到中试规模，对丙酮酸发酵进行了全面、系统的深入研究，基于过程优化的思路，在透彻分析 *T. glabrata* 发酵生产丙酮酸的生理学特性的基础上，采用一系列控制策略，实现了丙酮酸的过量合成。首先，在摇瓶和小型发酵罐中，分析了各种营养条件对多重维生素营养缺陷型菌株 *T. glabrata* WSH-IP12 发酵生产丙酮酸的影响；为避免蛋白胨中不定量维生素的影响，以 *T. glabrata* WSH-IP12 为出发菌株，选育出能以无机氮源为唯一氮源生产和产酸的突变株，并深入分析了 *T. glabrata* 自身无法合成的四种维生素在丙酮酸过量合成中的重要作用；随后，在培养基中维生素含量处于亚适量水平时，分析不同供氧方式下 *T. glabrata* 发酵生产丙酮酸的代谢特征，提出了供氧方式的优化策略；之后，利用代谢通量分析方法，得到了不同硫胺素浓度和不同溶氧下发酵过程的全代谢通量分布。上述策略在实验室规模2.5~5L发酵罐中的应用，取得了丙酮酸发酵的较高水平，在此基础上，进一步对丙酮酸发酵进行了30L、300L和5m^3规模的放大试验和中试研究。

在成功完成了发酵法生产丙酮酸的研究之后，相关技术成果转让至江苏常州常茂生物工程有限公司，并于2002年试生产。

三、大分子黏多糖——透明质酸的工业发酵创新

透明质酸在有机体中发挥多种重要生理功能和特殊的保水性，故而在生化药物及日化工业中都有广阔的应用前景。在临床医学方面，透明质酸常用于现代眼科手术、治疗骨关节疾病、促进伤口愈合等方面；在日化工业方面，透明质酸是一种理想的天然保湿因子，被广泛应用于化妆品中。

伦世仪及团队选择 *S. zooepidemicus* H23 作为透明质酸的发酵生产菌株，采用摇瓶和小型发酵罐对该菌株的发酵条件进行分析，根据该菌株细胞生长和产物合成的动力学特性，提出了相关发酵过程的动力学模型，并在此基础上进一步分析，建立了透明质酸分批发酵过程动力学数学模型及流变学模型，采用不同的模式对透明质酸的发酵生产进行研究，并以实现最大生产强度为目标，研究出多种模式组合操作的可行性，再优化操作过程，为工业化生产打下了基础。之后，伦世仪指导团队采用代谢网络分析方法，对 *S. zooepidemicus* 的透明质酸代谢网络进行研究，建立了不同发酵条件下的代谢网络模型，确定了有关透明质酸合成的关键代谢节点。

研究团队还对能量和还原力在代谢过程中的作用进行探讨，发现 *S. zooepidemicus* H23 菌株的细胞生长需要还原型辅酶Ⅰ（NADH）提供还原力，而另一方面，NADH 又可能对透明质酸合成有抑制作用，当细胞合成速率加快，NADH 的通量或 NADH 库的浓度则会降低，这样透明质酸合成的通量就可能增大。再者，以代谢网络分析为基础，通过实验确定 *S. zooepidemicus* H23 合成透明质酸的关键因子为尿嘧啶和精氨酸，并采用营养增强型培养基，有利于培养 *S. zooepidemicus* H23 细胞，同时又能减轻对透明质酸合成途径的抑

制，提高透明质酸产量和底物转化率。

透明质酸的产业化方面，从2002年至今，已转让柳州市柳化集团大力透明质酸有限公司、镇江东方生物工程设备技术有限责任公司、安徽天长乐康生物化工有限公司。另外，团队所研发的透明质酸发酵技术还转让到瑞士IBSA-Institut Biochimique SA公司、上海永日药品贸易有限公司、上海公司佰加壹医药有限公司等进行产业化应用。

发酵曾是古老的技艺，也是当今生物技术成果工业化的基础技术。发酵过程无论原料、工艺、过程控制、产品等，都面临着新的应用和挑战，需要探究新的科学原理，需要突破新的技术瓶颈。伦世仪教授担任发酵学科带头人以来，进一步分析了制约我国发酵工业进一步发展所存在的重大问题，密切关注国内外生物技术突飞猛进的发展，他和团队通过多学科知识交叉融合，提出了一系列发酵过程优化理论，并将这些理论应用于多种新型生物产品的工业发酵过程优化，其中的一些理论和技术创新达到行业领先乃至国际领先的水平。经过三十多年的努力，他和团队成员协同我国相关的生物产品行业突破重重技术难关，为多种高附加值发酵产品的产业建立和工业化进程的推进打下了坚实的基础。

伦世仪院士在发酵过程优化方面的相关工作和研究成果，也为“国家级重点学科点——发酵工程”“工业生物技术教育部重点实验室”的建设奠定了关键的基础。1987年，伦世仪教授组织召开了第一届全国发酵工程研讨会，汇编整理论文集。2002年11月8~10日，伦世仪院士又支持在江南大学召开了第三届全国发酵工程学术讨论会，来自全国各地200多名代表参加了会议。此次会议正逢党的十六大召开，与会代表向党的十六大召开表示热烈祝贺！同时祝贺“生物工程学院发酵工程学科建立五十华诞”，伦世仪院士与合作者主编出版了《第三届全国发酵工程学术研讨会论文集》。伦世仪院士不仅在发酵科技领域取得了丰硕的研究成果，推动了我国发酵工业的发展壮大，也为我国发酵领域和环境生物工程领域培养出一批中青年领军人物。

第十二章 求索教育改革

求索教育改革是伦世仪教授一生中最主要的工作与抱负。他曾在南京工学院当了四年教师，到无锡轻工业学院后，除了“文革”和下放工厂的十几年间暂时离开讲坛，他于天命之年再回到学校，工作直至21世纪初，累计担当了三十多年人才培养的重任，教育对象覆盖了本科生、硕士生、博士生、博士后等多个层次，其间还培养过留学生，也为校外单位定向培养研究生尽心尽责地做好服务。另外，他曾经作为系主任，领导了整个系科的学科建设和教学改革；作为国务院学位委员会学科评议组成员及召集人，他还领导着全国轻工业一级学科人才培养专业目录的建设与调整。本章主要讲述改革开放恢复高考招生以来，伦世仪教授在发酵工程专业所开展的本科生培养体系重构与示范，以及在恢复研究生培养的初期阶段，他所开辟的研究生教学工作基础格局，还有他是如何借助本学科优势，营造多元交叉氛围，构建出独特的研究生培养新局面。使用“求索”二字，较为贴切地表达出伦世仪教授在系科教育教学改革与研究生教育发展过程中所投注的心智与探索。

第一节　本科生培养的体系设计与改革实践

一、发酵工程本科培养体系成范本

1979年初，中国的高等教育刚刚被拉回到正轨的节骨眼上，伦世仪老师终于从无锡酶制剂厂重新调回到学校。在我国未实行改革开放之前，国内经济萧条落后，高等教育人才培养体系几近破坏；人们的思想僵化保守，全国百废待举、百业待兴。此时国际风云变幻，和平与发展已经成为时代主题，世界经济发展与科技进步日新月异，在党的十一届三中全会上，邓小平做出改革开放的重大决策。1977年全国恢复高考后，随着社会主义经济体制改革浪潮的不断涌起，刚恢复招生时沿用的苏联式过于狭窄的“专业人才”培养体系，显露出陈旧的教育观念和保守单一的培养模式，已经不符合新的经济形势和科学发展的要求。教育部于1979年就要求各部委制订统一的教学大纲，指导各校的本科专业教学计划的修订。在此背景下，刚回归大学讲坛的伦世仪，作为中年教师骨干，直接在无锡轻工业学院发酵工程专业的本科教学体系改革与调整的任务中重挑起大梁。

20世纪80年代中，发酵工程专业的教学计划经历了两次重大的改革。第一次改革是在恢复高考后的第一届本科生毕业之际，主要是针对运行了一届的发酵工程专业教学计划，院系两级组织发动了大讨论和大修订。自中华人民共和国成立以来，我国高等教育基本上是完全承袭了苏联20世纪50年代高等教育结构框架和办学模式。以发酵工程的专业课为例，以发酵产品为对象的、分门别类的“发酵工艺学”占了专业课中很大的比例，此类课程的开设主要以发酵工业产品为目标，课程内容主要着眼于工艺流程的描述，各类发酵产品之间在工艺原理方面本来就有着相通的理论基础，于是教学上出现重复之处就在所难免。伦世仪老师作为拥有南京工学院背景的中年骨干教师，他极力主张打破以产品为对象分类的“发酵工艺学”课程体系，而是要从发酵工程的科学原理出发，将有关的微生物学原理、育种技术及工业应用等部分剥离出来，形成共性的、基础的知识体系架构。即要重新拆分梳理，增加新的知识点，夯实微生物学、生物化学、化工原理等基础理论，并提炼好氧型和厌氧型两大类微生物发酵的原理和典型的共性过程技术，将原先专业课程中的理论知识、技术进展与工艺要点等几个部分重新组织成发酵系科的专业基础课与专业课的全新板块。

1980年1月，《教育部关于直属高等工业学校修订本科教学计划的规定（草案）》出台了。由于各高校恢复招生的时间不长，仍有相当部分课程尚无教学大纲。为了加强教学组织，提高教学质量，1982 年 8 月 21～27 日，第二届发酵专业教材编委会的第一次会议在无锡轻工业学院召开，尽管当时本校的发酵专业依然归属于食品工程系，但在全国同类专业中已经拥有一定的权威性。会议重点议题即制定全国通用的发酵专业本科四年制的指导性教学计划。经过会议讨论，决定由无锡轻工业学院发酵学科牵头制定《发酵专业本科四年制的参考性教学计划（草案）》。伦世仪老师已经晋升为副教授了，他是这项工作的主要参与者。无锡轻工业学院发酵学科带头人与中年骨干教师在认真总结七七级发酵工程本科生培养实践过程的基础上，汇报了以“拓宽专业面，加强大基础，增强适应性”为主旨，对专业教程板块进行了重新的设计，分设了应用微生物学、发酵工艺学和生化工程三个方向性教程，并开设了与此相对应的三类选修课程系列，这一专业教程的调整与改革，先是得到了与会同行的高度认可，接着获得了 1984 年学校优秀教学成果奖。

1984 年初，发酵工程专业从原来的食品工程系中独立出来，建成“发酵工程系”，伦世仪担任系主任后，随之掀起了第二轮教学计划改革。20 世纪 80 年代初期，发酵系科的师资队伍力量相对强大，人才培养质量在全国同类专业中享有盛誉，科研方面还获得了国家级奖项，独立建系势在必行。不过这一次的教学改革是针对原有的教学组织与管理方式不能适应新的教学要求而展开的，有了独立的系级建制，对内部的教学与科研的基础架构进行重新组织就方便多了。伦世仪副教授作为系主任，大刀阔斧地引领着一系列针对性的改革进程，先是以应用微生物、发酵工艺学和生化工程三大板块为基点，打通了原先所划定的专业课与专业基础课之间的界限；接着以学科方向为依托，重组了教学与科研的基本组织单元，采用系级与教研室两层管理的方式，发挥出教研室的专业优势，承担发酵工程某一方向的专业课程，淡化了以产品为对象设置教学基本组织的思路。

教学组织的变化，为课程改革中进一步夯实学术基础创造了条件，如，原先的“发酵微生物学”课程，改变为“微生物学”课程，去掉了“发酵”两字的主旨就在于拓宽了该课程的知识面，在共性知识方面讲透原理。微生物教研组的教师统一思想，加深了大学科背景“理”的阐述，另在案例讲解和应用介绍方面，向“工”侧重，即向“工业微生物学”倾斜；课程内容上主要介绍与工业发酵关联性更加密切的微生物属种，辅以图像，翔实讲授。这种“双定位”的新思维与新变革，从课程性质的变化，教学内容的改革到教研室任务和作用的重新定位，出现了教学、科研与开发并举的新格局，从一门核心课程，辐射出多门选修课程，从一个实验室分化成多个研究室，不仅满足了不同层次教学要求，而且促成教学实验与科学研究融为一体。这一场教育改革实践具有较大的突破性，力度大、辐射广、影响深，不仅对全国发酵工程专业的人才培养具有示范性，也昭示着可推及其他的工学专业技术基础课的改革。

这样的“双定位”举措是一次具有较大突破的创新举动。它借助发酵工程系独立建制为契机，大胆探索，大步践行，不仅使得教学体系发生重大变革，还促使高校学科专业的三大主要功能——人才培养、科学研究和技术服务进一步紧密结合，推动产、学、研结合这一新事物的快速发展。这一通过推动教学体系变革并与学科建设相结合的改革思路在国内同类高校起到了示范作用。1987 年 11 月 9 日，由无锡轻工业学院牵头，上海交通大学、华东化工学院、山东大学、南京农业大学、江苏农学院、天津轻工业学院、天津商学院等参加筹备的首届全国发酵（生物化工）学科教学研讨会在无锡轻工业学院隆重召开。国家教委、国务院各部委和十多个省、直辖市、自治区所属的 37 所高校 50 名代表与会。会议着重探讨如何根据各自属性和学科群体优势，做好发酵（生物化工）学科教学改革的议题，相互交流本科培养方案和近年来教改新经验。伦世仪老师在全国高校发酵（生物化工）学科教学研讨会上做了发言（图 12-1），介绍了发酵工程专业近年来的教改经验，得到了与会代表的高度评价和赞赏。在伦世仪教授的主持下，这一改革成果经不断完善，实践多年后，于 1993 年获得江苏省教学改革成果一等奖。

图 12-1　伦世仪教授在全国高校发酵（生物化工）学科教学研讨会上发言

二、将新理论及时编入发酵工程本科教材

发酵工程学作为我国发酵工程学科专业的高年级主修课，内容如何选材极为重要。它是现代生物工程学科的组成部分，由早先的酿造工艺衍化至今，已经进入高科技领域，其间也经历了观念更新和不断变革，实属不易。自 20 世纪 60 年代初，当时轻工业部所属的几所新建高校，在发酵工程设备课程方面只有讲义，还没有正式的专业教材。为保证和提高教学质量，轻工业部统一组织各院校的力量，成立各专业教材编审委员会。其中就有王鸿祺和伦世仪两位老师作为主要执笔人出版的教材《发酵生产设备》。到了 20 世纪 80 年代初，轻工业高等学校再度联合出版试用教材，在原有《发酵生产设备》基础上，改变了按产品生产设备划分章节的传统格式，采用了按设备共性，并密切结合发酵生产特性，突出重点的新系统教材，同时为了更好地适应轻工业现代化人才培养的需要，在教材中

增加生化工程的相关内容已成为发展趋势。这版教材的书名定为《发酵工程与设备》（华南工学院、大连轻工业学院、天津轻工业学院、无锡轻工业学院四院校合编，轻工出版社，北京，1982，图 12-2）

图 12-2　伦世仪主编的《生化工程》和参与编写的《发酵工程与设备》

进入 20 世纪 90 年代，伦世仪教授作为主编，组织编写了重要的学位课程教材《生化工程》（图 12-2）。20 世纪 80 年代编写的发酵工程设备通用教材虽然已历经多届教学使用，但限于历史条件，无论内容或体系仍不能满足科学技术发展对人才培养的要求。为此，高校轻工类发酵工程专业教材委员会进一步形成“加强生化工程教学”的决议，再度组织编写全新的教材。教材委员会决定由伦世仪教授作为主编，组织编写了《生化工程》。在教材编写过程中，伦世仪老师破除因循守旧的思想，决心将工程理论与设备实体分别设课，自成体系，并引入当年生物科学与生物工程的最新成就，加深了发酵工程的科学理论基础部分的内容。全国发酵工程专业创始人之一、博士生导师王鸿祺教授在书中作序：“此书始终贯穿着强化理论体系，以新概念为准绳，并以此体系带动和指导生产实践，若名之“新概念发酵工程学”亦无不可。王鸿祺老师作为发酵学科前辈发出感慨：吾人常设想发酵通用教材必须推陈出新，而久未实现，有如负欠之累，今承编者（伦世仪）出示书稿，顿觉耳目一新，甚感欣幸。”该版《生化工程》内容涉及的细胞和酶反应机理，无不与生化反应动力学、反应工程学以及质量、能量衡算的运用相互关联、贯穿始终，从而使发酵动力学的研究由现象分析进入综合探索、由定性到定量、由表及里，把一个细胞的代谢作为一座发酵工厂来探讨的研究方法开始引入发酵工程专业教材，必将促进发酵工程学科的发展。这版教材被评为江苏省优秀教材一等奖和中国轻工总会二等奖。2008 年《生化工程》（第二版）正式出版。

第二节　为发酵专业研究生教学奠定基础格局

一、改进课程教学，注重多元化能力养成

研究生课程设置上搭建出合理的架构。根据研究生是高等院校培养的高层次人才和无锡轻工大学是工科院校的两个特点，发酵工程系主任伦世仪教授对研究生课程教学体系的建设投注了不少心血，配合校研究生部对课程结构、课程内容等方面的总体要求，他提出了一些针对性的改革方案：建立了发酵工程学位点的公共学位课、专业学位课和选修课的总体课程结构，将内容先进、理论和工程水平较高的课程定为专业学位课程，并针对高层次人才的特点，强调课程内容应具有的高起点、大信息量的要求；注意加强师资力量，从一流大学引进中青年教师，硕士、博士研究生的专业学位课程均由教学经验丰富、研究水平高的教授和副教授讲授，鼓励出国留学归来的教师开设一些理论水平较高、内容较新颖的课程，如遗传工

程原理与技术、微生物遗传学、微生物生理学、碳水化合物进展等，有些课程还采用英语授课。

重视工程技术实验课程的建设。针对工科专业学位课程的特点，伦世仪教授十分强调开设工程型课程和实验性课程的特殊重要性，发酵工程学科先后为研究生开设了生化反应动力学和生化反应器、酶工程、微生物育种实验技术和大分子分离实验技术等课程。实验教学经费也优先保证研究生的实验课所需。发酵工程学位点在求实创新、因材施教等教育思想的指导下，投注了很大的热情与精力，通过多年运行及持续完善的实践，形成了一整套先进理论与现代工程并重、课堂传授与实验训练共举的研究生教育课程体系，得到国内同类学位点的认可与借鉴。

二、从研究生讲义中凝练出一批高质量教材

伦世仪教授组织教师们为研究生编写讲义教材。适用的教材和教学参考书是研究生培养的重要条件。由于国内发酵工程学科相对较少，因此本学科研究生的教材和教学参考书比较缺乏。为了充分发挥国家重点学科点的优势，从 20 世纪 80 年代起，发酵工程系几乎所有的硕士研究生专业课程教师都根据发酵工程学科的生物学与工程学相结合的特点，从反映学科迅速发展的状况和世界各国近年来所取得的最新研究成果的角度，为研究生编写讲义，不断充实教学内容。讲义中不仅系统介绍学科高层次理论基础，发展前沿的动态知识，而且还结合本学科研发创新的科研成果。

凝练了经过教学检验、形成共性认可的讲义内容，编写成课程教材和辅修教材出版。随着研究生招生人数的不断增加，自编讲义等这类供在校学生使用的非正式出版物的缺点也逐步显现出来，个性化的方案亟需通过共性经验的凝练来形成统一的出版教材，从而更好地扩大学科领域的影响力。伦世仪上任后，力推教材编写策划与正式出版。建系 10 年来，发酵工程系共出版教材和教学参考书 21

部，其中不少可供研究生教学使用。《微生物学》《生化工程》等教材还被评为江苏省优秀教材一等奖和中国轻工总会一等奖、二等奖。

三、提出研究生培养质量在于能力的养成

伦世仪教授作为最早的一批研究生导师，他明确指出，本学位点的研究生应具备扎实的生物技术理论与生化工程技术基础，他们与本科生培养的关键区别就在于，前者以知识与基本方法教育为主，而后者以科研能力养成为重，因而发酵学科的研究生重在以下几个方面得到能力培养。

1. 侧重自学能力的驯养

自学能力是研究生必需具备的最重要的能力之一，因而注重养成这种能力，是研究生教育培养过程中的最重要环节。在发酵学科带头人伦世仪教授的主导下，发酵过程学位点在培养路径上有意识地开展了一些尝试。如针对一些专业课，采用由任课教师推介或指定经典的文献，引导研究生自学，然后由学生按规定写出读书报告，进行课堂讨论，汇报出个人可以借鉴的理论和方向，应用于指导自己的课题研究。经过几年的实践证明，这样的深度阅读、启发思维和选择性应用的自学方式，在一定程度上强化了研究生的自学力度，有助于提高学生归纳总结和逻辑分析的能力，推动研究生结合自己的研究方向，进行综合思考与课题策划。这种能力培养让研究生受益终生。

2. 强化独立科研和教学能力的养成

在课程设置方面，发酵系通过开设的高精仪器实验和计算机应用方面的实验性课程，提高研究生独立使用高精仪器和应用计算机的能力；通过让研究生从一年级开始就进入研究室，作为科研助手，参加各种基本的科研动手过程训练，让学生及早形成独立开展科研的意识和实际技能。发酵学位点的导师在伦世仪教授的引领下，普遍要求研究生参加教学工作，如让高年级硕士生参加教学实验室建

设，参与本科生实验课程教学，指导本科生实习，协助指导本科生毕业论文和设计等，使研究生包括科研、教学、管理在内的综合能力得到很快的提高。这对于从校门到校门，从普通高校考入一流高校重点学科来深造的研究生而言，尤其重要。

第三节 发挥学科优势强化研究生培养

一、改革招考方式，打破近亲繁殖

20 世纪 80 年代初，本校正式启动了制度化、系统化的研究生培养工作，伦世仪教授是主要的策划者与培养导师。无锡轻工业学院是国内最早招收研究生的高校之一。早在 1960 年，发酵工学专业就开始招收研究生，研究生的培养给发酵工程专业的教学和科研工作提出了新的挑战，同时也增强了专业的实力。受"文革"影响，研究生培养制度一度中断。直到 1981 年，发酵工程学科获批国务院学位委员会首批硕士学位授予点。从这个时期开始，制度性、规范化的培养研究生工作才算正式启动。不过当时由教育部下拨给本校的硕士研究生招生名额非常少，分到发酵学位点还不足 10 名/届。伦世仪主任作为系科的负责人，而且是随即组建的校学位委员会委员，他就如何充分利用有限的招生名额，能够招收到高质量的硕士研究生生源方面，动足了脑筋。

伦世仪教授提出要把眼界放宽，吸引重点大学的本科毕业生前来报考。他不太赞成在很窄的范围内，或是在近亲繁殖的格局中招收硕士研究生。鉴于本校的发酵工程学科是全国同类院校中最强的学科，按狭窄的思路招收同类硕士研究生只会降低生源质量。他提出要彻底改变生源结构，首先要改革硕士研究生招生考试的科目和内容，他策划对专业课考试科目留出多套选择余地，以便吸引一流大学的、其他相关学科的本科毕业生。作为学科带头人，伦世仪教授这一战略性的谋划，为本校发酵工程学位点引入优质生源，提升研究生培养效能，起到了非常重要的奠基作用。

二、开辟环境生物技术培养新方向

高质量研究生的培养必须与学科发展最前沿、最新方向结合。先进、科学的学科方向是学科发展和科研水平领衔的前提。作为中国轻工总会所属院校中唯一的国家重点学科点，也是无锡轻工业学院历史上的首个国家重点学科，发酵工程系将承担教学、科研双重任务，并逐步做到能够自主地、持续地培养和国际水平相当的博士、硕士、学士。改革开放以来，社会对人才的需求发生了快速的变化，学科建设也需要由一个专业向多个学科方向发展。无锡轻工业学院的发酵工程学科在被评为国家重点学科点之前有工业微生物菌种选育与改良、酶技术、发酵工艺、生化工程等四个学科方向，随着科学技术的发展，学科覆盖面不断扩大，学科交叉也逐渐深入。

伦世仪教授提出培养学科交叉研究生的思想富有前瞻性。他再三强调："从研究生的招生和选题入手，注重学生的学科背景，为研究生选择开拓型、学科交叉型的研究课题，这样才能在最前沿的学科发展领域，持续地占有一席之地，高质量研究生的培养必须与学科发展最前沿、最新方向结合。"早在20世纪80年代，伦世仪在跟随轻工业部高等教育访问团访问美国期间，就高度关注高浓度有机废水处理的研究和教学工作，回国后，他就开始着手建立"废水生物处理工程"实验室。从1983年开始，发酵系先后招收了8名来自清华大学、华东理工大学、南京大学等重点大学环境科学与工程、生化工程等专业毕业的学生攻读硕士学位，为他们选择发酵工程与环境工程学科相结合的研究课题，在国内较早地开始了环境生物技术这一交叉学科高层次人才的培养。最初的课题是以有机废水生物处理工程为主，以后逐步发展到了有机废水资源化工程、有毒化合物的微生物去毒和可降解材料的微生物发酵生产等领域，完成了一系列国家和省部级研究课题，建立了环境生物技术这一新兴的研究方向并成为国内高校中最早设立这一学科方向的院校之一。到了20世纪90年代，发酵工程学科的环境生物技术方向已经形成了鲜明的特色，产业化应用十分突出，也为淮河流域、太湖流域和长江流域工业废水的达标治理做出了贡献。

交叉融合的思路促进了发酵学科高层次、多元化人才的培养。来自清华大学环境工程专业84届本科毕业生的陈坚清晰地记得："在确定招收研究生基本条件时，无锡轻工业学院并不局限于招发酵工程背景的研究生，也可以让具有化学背景或者生物学背景的学生进行选择。要是当时没有这个政策，我是不可能考上无锡轻工业学院的"。据他回忆："当时研究生招生考试有两门专业课《微生物学》《生化工程》，我本科学的是环境微生物，与发酵专业的微生物学完全不一样，自学的难度很大。幸好只要求选择其中的一门课，我才能专注地自学该课程，顺利考入无锡轻工业学院。"陈坚在无锡轻工业学院接受伦世仪教授的培养，前后获得了硕士和博士学位，后留校任教。2017年，陈坚教授当选为中国工程院院士、国务院学位委员会第四届轻工学科评议组召集人。还有中国工程院院士、南京大学教授任洪强，同济大学环境科学与工程学院陈银广教授等，都是在伦世仪教授的指导下，按照学科交叉的思路，培养出的杰出校友代表。

三、"接力棒式"与"介入式"培养特色

组织了研究生科研梯队，采用"接力棒"式的培养模式，使人才培养和科研成果并行提高。以学科带头人伦世仪老师、章克昌老师为首的发酵工程学科的硕士生导师们在研究生的培养工作中，始

终注重将研究生的培养与深化学科方向紧密结合起来，在学科建设中提高研究生的培养水平。针对研究生课题研究时间短，往往一届研究生只能进行比较有限的工作特点，组织了研究生科研梯队，采用“接力棒”式的培养模式，让研究生在课题研究中提高自己。在这方面典型的例子是发酵学科开展的以酒糟为原料生产纤维素酶的研究，1986—1994 年，先后安排了四位硕士研究生进行接力研究。在导师的指导和几届硕士研究生的共同努力下，该课题不仅迅速完成了实验室、中试各阶段的研究工作，完成了江苏省科委下达的科研项目，而且研究结果被鉴定达到国际先进水平，并在工厂已初步进行了工业化应用，既将科研成果转化成了生产力，也达到了高质量培养人才的目的。与此同时，这一课题的研究对提高发酵学科的发酵工艺这一研究方向中再生资源工程领域的研究水平，起了极大的推动作用。

研究生选题与国家科研项目相结合。从“七五”以来，发酵学科有 40 多名硕士研究生直接参加了导师所承担的“七五”“八五”攻关项目，国家自然科学基金项目和一批部、省级科研项目，如在伦世仪老师承担的国家“七五”攻关项目——“酒精废水生产单细胞蛋白”中，两位 86 级硕士研究生分别以菌种选育、反应器结构优化和培养动力学为学位论文课题；89 级两位硕士研究生在国家自然科学基金项目“法夫酵母（*Phaffia*）产胡萝卜素酮”和“美洲商陆抗病毒蛋白”的完成中起了重要作用等。实践证明，研究生结合这样的课题进行研究，目标明确，实践性也很强，不仅调动了积极性，还增强了责任感，对提高他们的独立工作、科研能力非常有利。

参加技术课题实践，培养工程型人才。伦世仪教授强调：“为了真正做到研究生教育为社会主义现代化建设服务，我们对硕士研究生的毕业去向和工作性质进行了长期的跟踪调研，结果发现我们的硕士生毕业后主要服务于一些轻工业研究院所、生产生物产品的公司和大中型企业。在分析这些单位亟需发酵工程学科研究生的原因后，我们认为科学研究是培养研究生的重要途径。而我们所依托的重点学科具有承担大量科研项目的优势，因此，我们明确了必须培养工科硕士研究生和工程型研究生的指导思想。”在伦世仪教授等的推动下，发酵学科制定了硕士研究生必须参加课题实践的培养方针，并进行了充分的实践。

研究生在中试研究和工程项目中成长为骨干力量。“研究生也要在产业的第一现场！科学研究必须扎根于传统发酵产业的转型与升级才能焕发持续的生命力。”伦世仪教授的这些思想具有很强的指导意义。发酵学科的一些硕士研究生课题是针对我国发酵工业的某些传统行业，虽然历史悠久，但在采用先进技术改造方面存在某些问题而选定的。这些课题往往要求研究生要经常到中试基地和工厂去做实验，甚至主要研究数据必须在大规模设备上得到。实践表明，首先，这样的课题符合我国国情，有较强的生命力，不仅有助于扩大发酵学科在工业界的影响，而且能取得良好的经济效益。例如，90届的一位硕士研究生，在导师的精心指导下，通过对浓香型大曲酒蒸馏技术的中试和工业试验研究，取得了很好的研究结果。论文一答辩完，成果就已在古井贡酒厂、洋河酒厂等推广。其次，这些研究生的论文有一定的理论深度，而且应用价值得到了保证，研究生本人对实际问题的分析、解决能力、组织能力以及工程设计能力都得到了很大的提高。

伦世仪院士坚守在高等教育舞台长达五十多年，他心无旁骛，专心治学；他思维缜密，悉心教改；他把一生精力都放在高等工科人才教育体系建构与亲身实践之中，并为之做出了突出的贡献，也因此而成为全国同类专业和研究生学位点的示范。回顾总结伦世仪院士几十年来在本科生教育和研究生培养方面的思想体系和改革实践，将对年轻一代的教育工作者起到不可多得的昭示作用。

第十三章

精育卓越弟子

第一节 一代宗师，江南楷模

一、学生与导师

二、小教师与大教授

三、大学管理者与学科领路人

第二节 毕业指导，终身受益

一、弟子回忆本科阶段的起起落落

二、本科生意外得到伦世仪教授亲自指导

三、在恩师继续培养和鼓励下走上创业人生

第三节 本硕弟子，开拓创新

一、本科期间就得到伦世仪教授的指导

二、考入伦世仪先生的门下继续读硕

三、在发酵与酶工程领域崭露头角

第四节 学科交叉，精育博士

一、理科硕士到工学博士

二、企业经历的优秀教授

三、生工教授成科技局长

四、化工背景的环境专家

五、跨界培养出年轻院士

第一节　一代宗师，江南楷模

陈坚教授是伦世仪院士直接指导的学问弟子，2017 年当选为中国工程院院士。他以第一人称为本章撰写了一则回忆录，他情深意切地表达：“中国工程院发酵工程领域的首位院士伦世仪先生是我的授业恩师与人生榜样。伦先生是我国发酵工程重点学科的奠基人，他的高尚品质、人格魅力、学术造诣让人敬仰，他在做人、治学、处事方面的谆谆教导与身体力行深深影响了我，也始终督促我为人光明磊落，做事耕耘不辍。”

一、学生与导师

“学生时代与先生接触的许多事情都使我受教终身。1984 年我从清华大学环境工程专业本科毕业后，考入无锡轻工业学院发酵工程专业，攻读硕士学位；1986 年底硕士毕业后，又继续攻读博士学位。硕士、博士均师从伦世仪先生，前后六年半。

在研究生课程学习期间，先生上的‘生化工程进展’让我受益匪浅。先生采用的教学方式至今仍不失为最科学和先进的。首先先生选择了当时国际上几位著名学者编写的最前沿的一本英文著作作为教材；每次上课之前要求预习课程内容，查阅相关参考文献，做好充分准备；每堂课上，采用讨论形式，每位学生发表对内容的理解和有关问题的思考；课程结束时，撰写课程论文，交给先生修改。在这门课程学习过程中，先生一流的学术视野、深厚的专业水平、扎实的英文功底，给学生带来深深的震撼。

先生坚持让我作为学术论文的第一作者。在 20 世纪 80 年代，大学里大部分教师指导学生发表论文，导师作为第一作者几乎是惯例。我亦按此套路，在博士实验进展到一定阶段后，将凝练出的研究结果撰写了一篇论文，经过先生修改后，想当然我就将导师列为第一作者，投稿于当时国内本学科领域最好的杂志——《生物工程学报》。很快我收到了杂志的修改意见和接收函。在与先生讨论修改意见时，先生发现了作者的排名，在论文已经被期刊接收的情况下，先生坚持提出要更改排序，并立即写信给杂志社。结果是，作为研究生的我以第一作者在《生物工程学报》发表了论文。在这个事件的过程中，先生对学术成果严谨的处理方式、超越一般的学术操守和胸怀，对学生是深深的教育。

论文的写作过程中，先生严谨的治学态度、高质量的严格要求、追求卓越的学术精神，对学生是深深的鞭策。在我博士论文的写作过程中，有一个章节是关于研究微生物群落结构和功能的，应该说是我博士论文的一个重点内容。我基于实验数据，认真写出一稿后，自我感觉不错，交给先生审阅。先生很快给出他的意见：数据分析不够深入，结论不够严谨，重写！于是，我查阅了一些文献，补充了几个实验，重写了这一章节后，再次交给先生。先生又很快回复：过程解析不够全面，关键问题的说服力仍然不强，重写！我再次深入思考，又进行实验，并全面分析和总结，又递交给先生。得到的回复仍然是：重写！经过 3 次认真补充数据和深入分析，最后才得到先生的认可。我亦在重写再重写的过程中，得到了不可多得的学术驯养，再将这种严谨的治学态度作为我自己教学育人的基本原则。”

图 13-1 为 1988 年，陈坚与伦世仪教授一起讨论实验研究结果。

二、小教师与大教授

“**引导我走上称职教师之路。**1991 年 1 月我博士毕业后留校任教，在先生的研究室担任讲师。此后的十年中，一直作为一名青年

图 13-1　1988 年，陈坚与伦世仪教授（右一）一起讨论实验研究结果

教师与先生一起工作。我的教师职业初期，从先生身上得到的许多耳濡目染的熏陶，对我一生的做事和做人影响极大。刚刚留校的我，就担任一门课程的教学工作。连续三年，我发现每年这门课都要认真地重新备课，工作量很大。当时科研工作也很重，因此开始焦虑起来。就备课问题请教了先生，他告诉我，这是一个规律，人人如此。在刚刚开始执教时，因为对课程涉及的学科知识不断深入的理解、关键知识点的不断把握，每年上课都要重新备课。经过 7~8 年后，课程的核心知识系统就比较稳定，每年备课只需要再添加一些进展的内容。先生的一段话如醍醐灌顶，使得我一下子就心态平静、茅塞顿开，从中得到的不仅是对职业规律的认识和方法，也是成长为一名优秀教师的必备基本功，先生的指教帮助了我在整个教师生涯中不断提升能力和实力。

指导我如何深入工业生产过程，提高工程科技应用能力。在科研工作开展起来后，我很快就遇到了要将实验室成果实现产业化的问题。由于对工程科技不擅长，对工业生产过程不熟悉，对与工厂人员打交道没有经验，因此，有畏难思想和抵触情绪。先生发现后，给我们讲了‘文革’期间他被下放到无锡酶制剂厂，在工厂里他与技术人员和工人师傅一起进行生产问题的攻关，成功解决了酶制剂提取、精制难题，特别是在有许多技术收获的同时，也提高了工程科技能力重要性的认识。先生的故事非常朴实，没有一般意义上的教育成分，但大道至简，使我豁然开朗，奠定了从事工程技术研究与开发的思想基础，促进了一批科研成果在工业界的成功转化应用。”

“谦逊看待自己的荣誉，时时从他人角度着想。”陈坚院士回忆起一段鲜为人知的故事：“还记得 1995 年上半年的一天，我突然接到先生的电话，要我到他家里去一趟。虽然当时先生住在校园的宿舍里，不过叫我们到他家里谈话，倒是很罕见的情况。一路上，我的心中有些忐忑不安，琢磨着是不是因为最近自己的研究还存在些问题，先生要找我私下谈谈？到先生家之后，他拿出一个 EMS 快递邮件要我看看。我打开一看，是当年的中国工程院朱光亚院长祝贺伦先生当选中国工程院院士的签名信。仔细一看邮寄时间，这封信已经寄到一周了。原来公布新批院士的文件往往晚于中国工程院院长的贺函。我就问先生，这么大的好事，为何不立即通知学校呢？先生却要我先去了解一下学校同批申报院士的教授是否也已当选，否则他就不吭声，一直等到校方宣布。先生对荣誉如此地淡定，任何时候都为他人着想的品格，真乃大师风范！”

图 13-2 为 1999 年，陈坚与伦世仪院士一起指导研究生。

三、大学管理者与学科领路人

“在我近 20 年学校管理工作过程中，如果说有些成绩，许多都是来自于先生的指导和帮助。21 世纪初，我进入学校领导层，分别担任过副校长（2001—2005 年）和校长（2005—2020 年）。先生曾是国务院学位委员会轻纺学科评议组召集人、发酵工程国家重点学科点（无锡轻工业学院发酵工程系）第一任主任，在特色办学、学科建设等方面高屋建瓴、经验丰富。学校发展过程中许多关键的规划和部署方面，先生对我的启迪和指教起到不可或缺的作用。

图 13-2　1999 年，陈坚与伦世仪院士一起指导研究生

指导本校环境工程学科的发展走出一条创新的、独到的路子。早在 20 世纪 80 年代，出于对我国环境污染状况的忧虑，特别是我们食品发酵行业是产生高浓度有机废水的大户；也由于我们专业毕业的学生进入企业后不具备环保方面的知识；更是认识到生物技术在解决环境问题所特有的优势；于是，先生在国内率先开创出将环境工程和发酵工程结合，开展环境生物技术的研究与教学工作，指导我们的环境工程学科人才培养路径，走过了先有硕士学位授权点，再有本科学位授权点，然后有博士学位授权点的这样一条独特的发展模式。30 多年来，不仅培养了多层次的交叉型人才，包括我这个本科背景为环境工程、现为中国工程院发酵工程方向的院士，以及南京大学任洪强教授这样的发酵工程博士、现为中国工程院环境工程方向的院士，都是在伦院士以环境工程和发酵工程交叉互动的模式培养出的新一代学科带头人。

学校申请轻工技术与工程一级博士学位授权点的工作得到伦院士的关键性指教。当时，我们国家轻工学科主要包括发酵、造纸、皮革、制糖，而无锡轻工大学仅有发酵工程博士点，制糖工程有些基础，造纸、皮革没有相关硕士、博士点。所以，要申请获得轻工一级博士点，有相当大的难度。在准备申报的会议上，先生站位高远，明确指出，以生物技术为主线，以发酵工程为核心，覆盖其他三个学科，形成先进技术支撑传统学科发展的格局。在撰写材料过程中，先生还亲自修改，往往寥寥数语，就将学科发展的内涵高度明显提升。最后，我也切实部署，加强了‘糖化学与糖分子生物学’学科特色，并将造纸学科中的‘天然纤维材料研究’与本校的纺织工程学科相交叉、相结合。

学校筹建‘食品科学与技术国家重点实验室’的过程中，先生四两拨千斤，给予重要的建议。2004年，学校的新校区处于边建设边使用的状态，同时还要启动国家重点实验室的申报工作。刚开始，食品和生物工程两个学院都具备条件，也都希望单独申报。作为生物工程学院的教授，已是76岁高龄的伦院士，摒弃学科门户之见，多次参加学校组织的讨论会，他提出了提炼关键科学问题、尽快培养年轻学科带头人的重要建议。经认真分析、研究和讨论后，明确以食品学科为主线，开展申报与筹建。在多方共同努力下，我校获得了食品领域第一个国家重点实验室，这个平台的建成大大推动了食品学科的跨越式发展，为本校食品学科在教育部历次评估中稳居排名第一、近两年又经‘软科’等测评机构学科排名列为世界第一，做出了重要贡献。”

陈坚院士在文章的结尾写道：“以上讲述的是我作为学生、小教师、大学管理者与伦先生作为导师、大教授、学科领路人之间，在近四十年的学习、工作过程中相处相携，感受最深的几件事。实际上，先生对我本人成长的教育、对学校发展的支撑、对中国发酵产业壮大的贡献，是难以靠简单的一本书就能写全的！”

图13-3为2008年11月，陈坚院士代表学校为伦世仪院士颁发“终生成就奖”。

图 13-3　2008 年 11 月，陈坚院士代表学校为伦世仪院士颁发“终生成就奖”

第二节　毕业指导，终身受益

镇江东方生物工程设备技术有限责任公司的创始人丁春华也是伦世仪院士的学生。他创办的企业已经成为国内最大的生物技术装备的制造厂家，尽管他的事业尚处于长足拓展的时期，当他接到征集回忆伦世仪院士文章的电话时，他一口就答应了。他说：“只要一想起本科学习的经历，我就特别激动。那段时间对我的人生发展太重要了，过往的情景点点滴滴马上涌现出来，最幸运的是，我的本科毕业论文得到伦教授和他的团队的指导。”

一、弟子回忆本科阶段的起起落落

“入学时，伦教授是系主任，他在本科生人才培养改革方面所采取的举措很有特色。”丁春华很清楚地记得：“我是 1987 年考入无锡轻工业学院发酵工程系就读本科的，记得那年秋季，全校新招的学生只有六百多人。发酵工程系 87 级本科只招生了两个班，共 60 个人，1 班是全国招生的，39 人；2 班则是试点班，按照一本分数线招生的，仅招江苏省生源，只有 21 个学生。全校只有发酵系、粮油系、食品系等开设试点班，大一、大二两年都放在基础课部学习与管理，目的是让试点班学生强化理论知识，夯实学科基础。大三主要上些专业课，到了大四就开始选择毕业论文与设计的课题了。当时的发酵工程系主任就是伦教授，他执掌的发酵工程本科人才培养方案不同于常规，现在回想起来，教学改革方面他已经走得很前沿，已经很有特色了。

有幸的是我被分配到伦教授的实验室开展毕业论文研究。经过基础课部两年的理论学习，我们这个试点班回到了发酵工程系，接着进入专业学习。在大三学期快结束的时候，我面临着大四的毕业论文或毕业设计（那时按照研究方向选择）的选题，由于我们回到发酵系的时间不足一年，对系里的老师们并不十分了解，只好根据自己的兴趣选择了毕业论文方向。系里将我分到了伦教授的实验室，研究方向为‘生物发酵废水处理’，课题题目涉及‘高效两相废水处理’。指导老师为伦世仪、陈坚、杨虹。当时我对老师们没有特别的了解，只知道有三位不错的老师参与指导，实际上全是大师啊！现在想起来，我真是三生有幸，伦先生、陈坚老师现在是中国工程院院士，杨虹老师乃上海交通大学的博导、教授，指导我本科论文的老师团队如此之强，恐怕连今天的博士生也不太可能有这样的待遇！

升入大四之后，与成绩优秀的同学相搭配进入毕业论文课题组。1990 年下半年，我和另外 3 位本科生，一同进入伦教授的研究室，在 4 个同学中，我的学习成绩算是差的，在大学期间没有得过奖学金，还有一门课程补考，相比之下自己有点自卑的感觉，可是指导教师们没有歧视我，反倒给予鞭策，他们强调说：‘在实验室开展毕业论文研究是一个全新的开始，只要钻研、细致、勤快、认真，就可能有新的突破。’我知道他们都期望我能产生新的突变。查资料，做方案，我很快进入了实验状态。从颗粒污泥取样、驯化，到酸化相甲烷相的建立，一步步朝着实验目标前进；每天早晨去实验室，夜里才回到宿舍，以至于舍友对我都有陌生感了。经过几个月的实验，已经构建了高效两相污水体系，处理效率也很高，终于可着手写毕业论文了。

顺利的过程往往会有不顺利的事情发生。1991 年 4 月底的一天早晨，我刚刚来到实验室，就发现 2 个厌氧反应柱的污泥颗粒崩解上浮，整个自组织体系崩毁了，事后分析可能是因有机碳源过量，底物失控导致反应体系严重酸化。同学们都在总结实验结果、整理数据，并准备论文，而我的实验却完全失败了。我知道在废水处理过程中，时而会发生颗粒污泥破溃的事情，污泥自适应系统一旦受冲击，往往需要很长时间才可修复。指导老师知道情况后，马上与我一起探讨，能不能从颗粒污泥微生物的角度找出原因。他们指导我收集破溃系统的污泥颗粒并冷冻切片，使用高倍电镜扫描，观察颗粒微结构变化。找到了原因，解决了问题，我的论文终于完成了，不仅构建了高效的两相生物废水处理系统，而且从微生物细胞形态学角度，对颗粒污泥酸化冲击的不可逆现象做了解释，并提供了高倍电镜微生物图像为证明。”

二、本科生意外得到伦世仪教授亲自指导

“我在伦教授的实验室参与研究前后近两个学期，得到了伦先生的悉心指教。记得我刚入学的那个时期，伦教授双肩挑，既是学科带头人，又是发酵工程系主任，到了我即将毕业的那一年，他已经卸去了行政管理工作，有了更多的时间参与科研项目的立项与研究指导。1991 年初夏，我的毕业论文整理进入了紧锣密鼓的推进阶段，一开始，不知道如何将研究结果进行筛分和数据整理，现在回想起

来，当初拿出来的初稿一定是非常粗糙的，就是这样的一份本科毕业论文初稿，在伦先生的手上审核，他用铅笔逐处仔细圈点，需要修改之处，并非直接修改，而是给出修改的思路；值得肯定之处，便用很清晰的字句写在我的论文原稿上。30 年过去了，现在我还记得，伦教授在我论文上的电镜照片旁写道‘这是首次发现，仅见’的字样，还有什么能比得上一位师长，一位著名学者对一个普通的大学生的肯定呢？在伦教授的指导下，我的毕业论文几经修改，竟然还被评上优秀毕业论文。1993 年，我将毕业研究的部分内容写成一篇学术论文，发表在国内当时较高规格的刊物《农业工程学报》的增刊上。

在撰写毕业论文进程中，还学到了很多受用终身的本领。在实验室参与两个学期的研究经历很辛苦，没有星期天，自己动手搭建实验系统，自己做分析测试，获取关键的数据，这一套开展研究和攻关的路径，后来在我自己摸索产业创新的过程中起到举一反三的作用。当时实验室里竟然配置了一台计算机，全系也不多见，自然很宝贝，是什么型号的已经记不得了，置于一个小小的玻璃套间里，打字只能用五笔字型输入。我们感到很好奇，都争先恐后地了解计算机的原理和使用方面的技能，我开始对计算机应用非常关注，而后在自己创业过程中，也始终重视联机控制系统与生物反应器的相配套。”

三、在恩师继续培养和鼓励下走上创业人生

“毕业五年之后，我决定下海，创建发酵罐生产企业。毕业后，我分配到江苏工学院（现江苏大学）工作，后来下海。创立的第一个公司是镇江东方生物工程设备技术公司，主要是做发酵工程装备的，现在已经发展成为国内技术与规模都比较前列的企业。我在高校当教师从事教学科研的过程中，就有感于国外进口的发酵罐价格昂贵，且难以修理，难以及时得到合适的配件，国内未能自主生产

标准化的发酵设备，已成为发酵工业发展的瓶颈，也对生物工程类专业人才培养质量带来负面影响，自己很想能够在开发生产各种规格的发酵罐方面做些尝试。1996 年，我从高校辞去公职，以微薄之力注册成立公司，专门生产标准化的发酵设备。本着‘高效诚信、科技为本’的企业宗旨，我始终坚持服务于生物工程领域，为客户创造更多的价值。

目前我的公司——镇江东方生物工程设备技术有限责任公司已经成为国内最大的生物技术装备制造厂家。经过了 25 年的努力与不断地技改，公司具备了研发、设计、生产制造及综合服务能力，已经生产出 2000 多台套的各类发酵罐与定制的生物反应器，那些设备都配备有精良的智能化控制系统，经销到世界各地的发酵厂家和生物工程实验室。公司于 2001 年在行业内率先通过 ISO 9001 国际质量体系认证，涵盖了设计、生产、制造和服务的全过程。公司还是业内第一个获得一、二类压力容器制造资质和压力管道安装改造资质的公司，并且已经获得美国 ASME 压力容器设计、制造资质。公司生产的设备广泛应用于现代教学、科研以及制药、生物工程等行业的各个领域。

在企业发展的过程中依然得到了母校老师的无私帮助。无论是开发高浓度工业发酵的专用搅拌桨叶的系统，还是解剖分析借鉴当时最先进的进口发酵设备，我的本科毕业指导团队都给了我很大的帮助。我经常返回母校，了解各种生物反应器在使用过程中的种种表现，接受伦教授和陈坚教授科研团队对我回炉式的再教育。后来我又创立了微生物发酵企业——‘江苏海华生物科技公司’，我所生产的透明质酸产品就是恩师的科研成果，另外，多糖分子研究室也给予了很大的帮助。我最幸运的是，有机会进入了最好的研究室做毕业论文；遇到了最好的教师团队；在最关键的节点上变逆境为顺境；在我的创业道路上，恩师始终助力我成长。当母校成立“伦世仪教育基金”时。我义不容辞地添上了我个人微薄的一点表达（图 13-4）。”

图 13-4 丁春华在“伦世仪教育基金”成立大会上发言

第三节 本硕弟子，开拓创新

荣获全国优秀科技工作者，全国“三八”红旗手荣誉称号的吴敬教授，是伦世仪院士培养的弟子中非常出色的女性科学家。她接到征文通知后，很快就写下了长达数千字的回忆文章，她说：“伦先生知识渊博，治学严谨，对待学生，特别爱护，同时也特别严格，对于科学逻辑分析、课题认知、文献把握等各个环节，都有着严格要求和缜密的指导。伦先生为人师表，以身作则，潜移默化地影响着实验室的每位成员，为我们树立了光辉典范。”

一、本科期间就得到伦世仪教授的指导

吴敬说：“伦先生这一辈的知识分子经历过抗日战争、民族解放，他们都有着强烈的家国情怀和使命感，对待科研事业有浓郁的执着和热爱。在发酵工程、环境生物工程以及酶工程等研究方向上，

伦先生所选的课题都与国计民生息息相关，立足民生科技，服务国家需要。近半个世纪以来，他孜孜不倦，怀着科技报国的崇高理想，攻坚克难，勇攀高峰，并且淡泊名利，提携后辈，注重培养后备人才，体现了作为科技工作者的历史担当。”

吴敬在本科阶段，就有机会来到伦世仪院士的实验室，参加毕业论文研究课题的工作。她说：“正是因为仰慕伦教授的学问水平和人格魅力，本科阶段开始主动了解伦教授团队的研究取向，到了毕业论文研究课题选题时，就很自然地争取到伦教授的门下接受他的指导。从培养基的配制、灭菌、接种，到生物反应器的设计和使用，我在伦教授的实验室里，接受了发酵专业非常基础的技能训练和严格的科研思维的熏染。”

二、考入伦世仪先生的门下继续读硕

“正是在这样的科研氛围的熏陶下，逐步踏上发酵工程的探索之路。我对当年攻读硕士学位期间的一些事记忆犹新，感触最深的是他对学生的指导模式。有的老师指导学生是事必躬亲，鞠躬尽瘁型的，每个细节、每个环节都亲自过问把控，这种模式可以为学生成长保驾护航，但是也或多或少减少了学生直面风雨的机会。而伦教授的教育方式正好相反，首先他会考虑学生的背景与特点，帮助学生划定一个宽泛的课题方向，给予学生一定的自由度，然后让学生根据课题方向自由探索，尊重学生的意愿和选择，但是在关键路口的抉择以及碰到瓶颈问题时，他能够高屋建瓴，凭借敏锐的眼光和渊博的知识，给出恰当并且正确的建议，让人醍醐灌顶，问题迎刃而解。

伦教授对待学生，特别爱护，同时也特别严格，使我终身受益。伦教授知识渊博，治学严谨，为人师表，以身作则，潜移默化地影响着实验室的每位成员，为我们树立了光辉典范。作为他的学生，我们谨言慎行，因为先生对于科学逻辑分析、课题认知、文献把握等各个环节，都有着缜密的指导和严格的要求。我们当时觉得他太严格了，对我们的要求这么高，但是现在看来却是受益终身。在伦教授的谆谆教导和言传身教下，我硕士毕业后，又攻读了博士学位，并去美国继续博士后研究。在美国学习工作6年后，于2006年回国，致力于将国外酶学的最新理论技术为国内服务。”

三、在发酵与酶工程领域崭露头角

“受伦先生科技兴国思想的影响，我带领团队也注重研究与国计民生相结合，力争把科研成果写在祖国大地上。怀着对母校、对恩师深厚的感情，从美国回来后，我还是选择母校作为我的学问归属，我将自己的所学所得，系统地梳理归纳，觉得完全可以与江南大学的优势学科——发酵工程、食品科学以及纺织工程的学科方向开展有机结合，围绕着共同感兴趣的课题，利用现代生物技术开发新型酶制剂，使之在这些领域得到全新的应用，并对其间的共性理论基础和关键技术开展深度的研究，这应该是我的进取目标。”

吴敬说：“重要的是，注重发扬伦院士甘为人梯、精育后辈的教育理念和精神。当年伦院士授业、传道、解惑的一系列育人模式，给我留下了深刻的印象。我也站到了三尺讲坛，在授课育人过程中我经常采用由核心知识到实例介绍，并穿插人生科研经历的教学内涵和学问探讨模式，激发学生对本学科、本领域的科研兴趣，让他们充分了解本领域的科技进步对于国计民生的贡献，并借此育人平台，传递出平和的处世心态和积极的人生态度。我的责任是，薪火相传，生生不息。

近年来，团队通过10多年的通力协作，艰难公关，取得了一些研究成果。我和团队成员先后合作发表了学术论文200余篇（其中SCI 128篇），出版专著1本，主编教材2部，授权国际和国内发明专利50多件，获国家科技发明二等奖（图13-5）、教育部科技进步一等奖、江苏省自然科学一等奖、中国商业联合会科学技术特等奖等6项科技奖。主持国家自然科学基金重点项目等20余项国家及省、部级项目。我个人获聘长江学者特聘教授，获国家杰出青年基金资助，入选国家“万人计划”科技创新领军人才，获全国优秀科技工作者，全国‘三八’红旗手荣誉称号。这些也是老一辈科学家培养和鼓励的结果。我国是世界发酵大国，但还不是发酵强国，大部分的技术还处于跟跑或陪跑的状态。我们必将秉承伦院士等老一辈科技工作者艰苦奋斗、科技报国的精神，为祖国的腾飞奉献一生！”

图 13-5　吴敬教授在人民大会堂受奖

第四节　学科交叉，精育博士

一、理科硕士到工学博士

在国际著名的 ADM 公司任高管的曹宁军博士是伦教授的首批博

士生。他从吉林大学化学系硕士毕业后，分配到无锡轻工学院（江南大学前身）发酵工程系工作。这次他在稿件中写道：“有幸认识了伦教授，当年，我义无反顾地一心要考取他的博士生，甚至有点死心塌地。当时伦教授任发酵工程系主任，主管学科发展和科研平台建设；他为人公正，学术造诣高，是发酵行业的领军者。更吸引我的是，他还不断地汲取最前沿的知识，发现新事物，探索新知识，绝不墨守成规。就这样我考取了伦院士的博士，成了他的第二个弟子，被戏称为‘二师兄’。

读博开始，迎接我的不是喜上眉梢，而是当头一棒。横亘在我面前的不是探究新知识的困难，而是理科与工科思维上的不兼容。如何开展适合我的课题与研究方向，如何把握理科与工科的平衡，如何把纵向的深度与横向的宽度合理设计交融？这些问题深深困扰着我，一度让我几近放弃。关键时刻是伦先生点化了我，他指出‘以理辅工，知行合一’，简约的八个字，让我这叶在暗黑大海中航行的小舟看到了明亮的灯塔。我尽快自学发酵工程专业的教材和国内外学术著述，重点关注如何用生物化学的知识来破解工业发酵中的问题。直到今日我在 ADM 公司管理百人的中外团队，我依然遵循‘以理辅工，知行合一’的教导，要求注重对第一现场的第一手资料、第一手数据、第一手现象的掌握，避免纸上谈兵，找到最合理的解决方案，做到理工结合，做出最符合解决问题的工程应用方案。

严师慈父，我心里一直这样定义伦先生。他治学严谨，不苟言笑，对学生要求严格。1989 年的博士论文答辩准备中，因没有计算机，60 页论文的详细摘要，用粉墨打印机打印耗时费力，错处多多，有的同学把有打印瑕疵的论文摘要提交了。伦先生当时大发雷霆，批评道：‘看似简单的论文答辩详细摘要，要呈送给几位国内国外知名学者评审，你的不认真就是对他们最大的不尊重。’这让我终身谨记，凡事都得认真严谨，一丝不苟。”伦教授对学生的学习严格有加，对他们的生活非常关心。曹宁军博士说：“当时，我夫人在苏州工作，两地分居，聚少离多，那个年代，工作调动特别困难，那时我们已过而立之年，尚无子女，工作又忙。伦先生了解后，亲自出面协调人事关系调动，促成我夫人调到无锡工作，从此夫妻团聚，后来又有了孩子，学术和工作上再无后顾之忧。只要有机会，我就来无锡看望我的恩师，感谢他对我的栽培和关心。”

二、企业经历的优秀教授

现任江南大学党委常委、副校长的堵国成教授也是伦世仪院士的博士生。基于学术造诣深厚，科技成果突出，他曾入选“教育部长江学者特聘教授”“全国优秀教师”、国家“万人计划”教学名师等。尽管他一直谦让，不想将他的成长经历写入本章，但作为农学本科的学缘背景，又有着多年发酵工业技术岗位锻炼的经历，我们了解一下伦世仪院士对他是如何培养的。

农学本科的学生考到无锡轻工业学院修读工科硕士。“我的本科是从一所省属大学的农科专业毕业的。当年指导我毕业论文的刘自强教授是知名的农产品加工专家，他与无锡轻工业学院发酵工程系的一批教师经常有机会开展学术交流。刘教授告诉我，工业发酵的发展前景很好，而无锡轻工业学院的发酵专业在国内首屈一指，极力推荐我报考该校发酵专业的硕士生。我非常向往，并努力备考，完成本科学业后就考上了唐孝瑄教授的硕士生。当年，伦教授担任发酵工程系主任期间，他以开放的胸襟和创新的举措，吸引了一批国内外知名的生物化工和工业发酵的教授、专家，与本系的教授们联合培养研究生，唐孝瑄就是其中之一，他曾是交通大学创始人唐文治的孙子，当年出国留学是欧美同学会的骨干，后来任华北制药厂的总工程师，是发酵工业界的泰斗之一。他的学术、工程背景和英语实力给了我无声的鞭策。

五年多的企业岗位锻炼，奠定了我扎实的工程实践背景。1989年硕士毕业后，我在镇江制药厂工作了五年多，厂里的领导对我非常信任，后来让我负责红霉素发酵生产的技术引进和消化吸收。那几年在发酵车间的实践过程中，我遇到过不少技术和管理上的难题，学会了以问题为导向，独立思考，审慎辨析，一步一个脚印解决工业生产的实际问题。企业工作的几年无疑是充实的，但我心中对科学研究有着挥之不去的热情，于是萌发了继续深造的想法，争取将来在更大的舞台上发挥自己的作用，我准备报考伦教授的博士生，可是，工厂的领导不放手，迟迟不肯在报考推荐书上签字。我向伦教授，也向母校责任部门和发酵系赵光鳌主任反映了这一情况，没想到伦教授非常重视，他敦促主管部门与系主任一定要想办法，尽力帮助我解决报考的推荐，哪怕亲自到厂里去协调，也要让有志深造的青年实现他们的愿望。在母校各位老师们的极力争取后，工厂领导终于签字了。”

伦世仪院士慧眼识才，欢迎具有农学和工学双重背景的学生报考他的博士生。其实一开始堵国成有点担心，那时，学校正在为伦世仪教授申报中国工程院院士，而堵国成的本科专业源自农学门类，后来又在工厂抓技术、抓生产，工作了若干年，他不知伦世仪教授是否能看上他。伦世仪教授翻阅了堵国成的简历，又听取了当年硕士指导小组成员的意见，听说这个考生勤奋好学、相当努力，在企业里也能独当一面，解决了不少技术问题。他当场表态，理论的拓展和应用需要学科交叉，再说科研成果的转化还真需要有企业工程背景的青年人。伦世仪教授的表态使得堵国成信心倍增，他在工作之余，全身心投入备考，好在平时他也一直在应用所学理论，指导工业过程技术问题的解决。堵国成说：“伦世仪院士广纳人才，悉心培养具有农学和工学双重背景的博士生。我是 1994 年秋季报考的，顺利地考取了伦教授的博士生。因厂里当时引进了红霉素新菌种，需要我解决复壮、扩培与发酵工艺的调整等工作，我只好推迟到 1995 年春季才真正重回学校。”堵国成毕业时，伦世仪院士对笔者说：“我带这个博士生很省心，他在发酵工艺和过程控制方面有着丰富的实践经验，他一开始选修博士课程时，就制定出他自己的博士课题研究计划；他又非常自觉自律，尽管已经成家了，负担很重，他依然能夜以继日，各个研究环节都抓得很紧，丝丝入扣。他带着强烈的紧迫感，竟然能在三年不到的时段中，完成了别人需要花五年时间才能完成的博士论文。这是个很好的苗子，我决意要留他在学院里工作。”

博士毕业后，堵国成在母校工作如鱼得水，2000—2001 年，他在香港科技大学从事博士后研究一年；2003 年晋升为教授之后又到美国夏威夷大学访问研修，学术视野和英文水平大有长进。他是教学科研双优型教授，他担任“生化工程”课程的主讲教师，在他和团队的共同努力下，这门课建设成为国家精品资源共享课（2013 年）和国家一流本科课程（2020 年）。他主持和参与的多项教学改革荣获江苏省和国家教学成果奖，还获得了“全国优秀教师”称号。从教 20 年，他是江南大学首位国家“万人计划”教学名师获奖者。

堵国成说：“最难忘的是博士刚毕业那几年，正好赶上太湖水治理攻坚战。常常是每天睁开眼，就坐在电脑前做设计，画图纸，半夜 12 点后睡觉。虽然辛苦，但内心有一个信念，想通过科学的工程设计，帮助企业减少污染排放，保护太湖水。认准目标就踏实做下去，这段经历磨砺了自己的意志。”企业工作经历使得堵国成更了解企业需求，研究上更接“地气”。堵国成教授作为教育部创新团队带头人，围绕着国民经济与社会的重大需求，在微生物发酵工程领域，追踪国际前沿，他先后主持或完成“十三五”国家重点研发计划、国家科学基金重点项目、面上项目、国家“863”课题、教育部重大项目、973 课题等 20 多项。发表 SCI 收录论文 260 篇；申请国家发明专利 68 项，授权国家发明专利 72 项。参加开发的高产量、高转化率和高生产强度相统一的发酵过程优化技术被成功应用于多种发酵产品的过程优化和技术提升，在国内率先实现了食品加工用酶——谷氨酰胺转氨酶的工业化生产，打破了日本味之素公司的长期垄断；开发的微生物发酵法生产透明质酸技术，被9家公司购买应用，其中3家国外公司在境外建厂投产。多年来，堵国成先后完成了15项科研成果的产业化工作，成果转化累计为企业新增产值超16亿元、利税超5亿元，为国家发酵行业的科技进步和经济与社会事业的发展做出了积极的贡献。他参加的科研成果获国家科技进步二等奖1项、国家技术发明二等奖2项、省部级科技奖励一等奖2项。

图13-6为堵国成教授正在实验室工作。

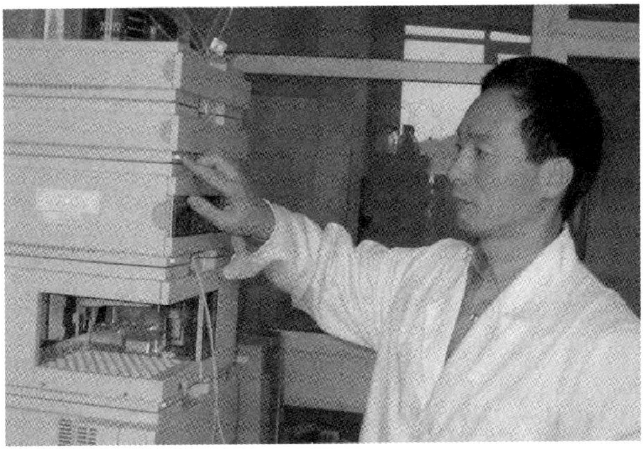

图13-6　堵国成教授正在实验室工作

三、生工教授成科技局长

华兆哲教授很幸运地成为伦世仪院士关门博士弟子之一。他从1987—1994年一直在南京大学学习，获环境化学专业学士、硕士学位，毕业后至无锡轻工业学院（江南大学前身）发酵工程系工作，1996年攻读伦世仪院士的博士研究生，于2000年获博士学位，后继续担任江南大学生物工程学院副教授、教授，曾被评为“新世纪优秀人才”。2007年调往无锡市滨湖区政府机构任职，从事生物医药园区建设，现任无锡市滨湖区科技局局长。

初见恩师。华兆哲临近硕士毕业时，高校已不实行为毕业生分配工作。南京大学程树培老师建议：“为何不去无锡轻工业学院发酵工程系？全国顶级学科，特别是有着伦世仪教授这样的学界泰斗！”这句话给华兆哲留下了非常深刻的印象。“1994 年初，寒假回无锡时我就找到无锡轻工业学院，抱着试试看的心理来到发酵工程系办公室说明来意，值班老师随即拨通了伦世仪先生家的电话。先生马上从半山坡上的家中赶了过来，他比实际年龄看着年轻，温文尔雅，讲话缓慢，待人亲切。他带我参观了实验室，介绍了学科情况和未来发展方向，特别提到发展环境生物技术的设想。先生还着重介绍了陈坚老师（当时正在日本留学），说他也是从清华环境专业考到无锡轻工业学院发酵工程专业的，很欢迎我也加盟环境生物技术事业，这一下子就打消了自己从理科转到工科、从化学背景转向生物领域的顾虑。初见名师，倍感亲切，他既为我指引了进一步的科研方向，也坚定了我成为一名无锡轻工业学院教师的信心。”

首个课题。1994 年 8 月，华兆哲到发酵工程系任教师，报到伊始，正值淮河中下游刚发生了严重的水污染事件，伦世仪教授就将他和团队其他成员召集在一起。“先生让我们去做实地调研，他介绍了这起事件的大致情况，分析了对环境可能造成的影响，提出了实地调研要关注的重点问题，最后特别关照我们一定要注意安全。这是我参加工作后第一次出差，我们去淮安、宿迁一带，交通很不方便，花了一周左右实地勘察了污染现场，走访了当地环保部门，采集了污染样品，整理形成调查报告交给先生，先生认真阅后，先肯定了调研的认真态度与所取得的第一手资料，接着对调研中疏忽的细节以及报告撰写中不完善之处逐一点评，让我们受益匪浅。这次调研，在我人生中留下深刻记忆，先生对环保事业的高度关注、开阔的学术视野以及严谨求实的学风，使我深受教育。”

幸入师门。华兆哲在伦世仪教授实验室工作了一年多之后，愈发觉得自己需要提高学识，他非常渴望在先生门下深造。“按工作合同要求三年后才能考博，我怀着忐忑的心向先生提出深造愿望，没想到他马上回答："这是好事！我去向学校提，重点专业领域应当不受面上条件的限制！"在先生的帮助下，我得以顺利报考。1996年春，考试合格，我终于幸运地成为先生的关门弟子之一。"

受益终身。博士论文选题至关重要，伦世仪院士总是让博士生广读大量文献，追踪国际研究前沿，结合实验室基础方向，提出两三个备选课题以供讨论立题。"经与先生和陈坚教授三番五次的请教讨论后，终于确定了当时国内很少有人涉足的石油污染生物修复领域的研究课题作为我的博士论文主攻方向，这既考虑到环境生物技术研究方向的前瞻性，也兼顾到我原有的环境化学专业基础。经过先生四年的悉心指导，我获得了博士学位，研究成果也发表在*Water Research*等环境领域的主流刊物上。除了对博士论文的悉心指导，年逾古稀的先生亲自为我修改学术论文就达五遍之多，在我的学术成长过程中，先生所付出的心血始终铭记在心里！伦世仪先生的"严师之教"与"慈父之爱"是我们每一位弟子的共同感受。后来我的工作岗位有所变动，到无锡马山参加生物医药园区的创建，参加地方科技管理工作，但先生紧跟前沿、尊重科学、严谨求实的大师风范，成为我做人做事的终身榜样！"

四、化工背景的环境专家

同济大学知名教授陈银广也曾是伦世仪院士的博士生。1989年，他考入江苏化工学院（今常州大学）应用化学系；1993年，到无锡轻工大学（今江南大学）化学工程系攻读硕士；1996年，成为伦世仪院士的博士生。这是一位从校门到校门的好学生，学习刻苦认真，为了转向环境生物技术方向，他付出了很大的努力，积累微生物学和生物化学方面的理论知识。

在陈银广攻读博士学位期间，伦世仪老师和陈坚老师从课程选择、论文选题、成果凝练等方面，花费了大量心血给予悉心指导。

陈银广在他传来的稿件中写道："在制定培养计划时，伦院士通过深入交流，了解到学生的知识背景，结合拟开展的博士论文课题，给我制定了详细的课程学习计划，这为课题的顺利开展及今后的学习和工作奠定了扎实的理论基础。老师还通过平时的课题组活动，引导并督促我们阅读更多的、更前沿的与环境生物技术相关的书籍和文献，我积累知识的习惯正是从那个时候开始养成的。在确定博士论文的研究方向时，老师都要根据学生的科研兴趣和多次讨论，并且在3年的攻读博士学位阶段，结合国内外发展动态，对研究计划进行适当调整，确保研究成果处于国内外领先地位。对于研究过程中的挫折，老师总是给予鼓励，并通过他的渊博知识，指导学生学会总结，在科研过程中减少失败。最令我难忘的是，老师通过课题组的活动，循循善诱地教会了我们如何让科研做得更系统，以及如何反复凝练科研成果。"

陈银广说："在国内及美国开展博士后研究工作期间（1999—2003年），伦院士仍然关心学生的科研，并在研究思路和方法上继续给予指导。当得知我的研究内容主要涉及活性污泥法处理城市污水的营养盐去除效果与机制调控时，每次邮件和电话交流，老师总能根据他积累的工程研究经验及阅读的国内外最新文献，给予我创新性的思路和建议，让我认识到常规的研究纯种微生物思路并不一定适合于污水处理的混合微生物体系；混合微生物系统不只涉及功能微生物生长和代谢及不同污染物之间的相互作用，还有功能微生物与非功能微生物及好氧微生物与厌氧微生物之间的相互关系，这些相互关系与作用对于混合活性污泥系统中的污水生物处理效果产生很大影响。可见，老师在二十年前就已经洞察到微生物生态学及代谢工程在污水生物处理体系中的重要性，这为学生在美国期间顺利开展科研工作以及日后回国独立开展课题研究提供了新的研究思路和方法。我于2003年11月回到同济大学工作至今。

老师一直对学生们的生活与工作给予关心，并且一直提醒学生要做有意义的工作，要在做好工作的同时注意身体。最令我难以忘忘的是，在研究室成立30周年的大会上，先生虽然年近90岁，但仍然思路清晰，讲话条理清楚，时刻关心研究室发展与学生们的生活和工作。在他讲话的20分钟时间里，深情回顾了研究室的发展历程与取得的重要成就，讲述了研究室发展历程中几个重要的与国家和行业发展息息相关的典型例子，勉励大家要将研究方向与国家的重大需求相结合，做出实实在在的创新成果，并将研究成果应用到解决实际问题的技术和工程领域，为国家、社会及各自研究的领域做出贡献。他特别要求学生们协调好工作与生活的关系，不应该为了工作而忽视了生活和身体，做到生活和工作双丰收，只有好的身体才能有好的工作。先生的这些讲话和关心，让参加会议的所有学生永远铭记于心！”

陈银广非常感慨：“有幸成为伦院士的学生！虽然毕业二十多年，有了一点成绩，但一直铭记老师的教诲和鼓励。老师总是通过言传身教、德高为范的方式，影响和感染他的学生，让学生们终身受益！虽然我在上海工作，不能经常与先生见面，但他的教诲和关心时刻激励和鞭策学生不断前行，让学生明白如何在科研上做到不断创新，更让我理解了‘教书育人，为人师表’是大学教师应具备的师德这句话的内涵！”

陈银广，现为同济大学环境科学与工程学院教授，博士生导师，污染控制与资源化国家重点实验室副主任，国家杰出青年科学基金获得者，“万人计划”科技创新领军人才。他在废水生物处理与资源化及能源化、污染物环境行为与生物再利用等领域，在SCI主流期刊上发表过几十篇学术论文，担任 *Water Research* 期刊的副主编。他主持过国家自然科学基金课题（4项）；国家863课题（3项）；国家水污染控制与治理重大专项课题。因此陈银广也获得了教育部科技进步二等奖；教育部技术发明一等奖；2014年入选科技部中青年科技创新领军人才，成绩斐然！

五、跨界培养出年轻院士

2019年11月22日，中国工程院第14次院士增选过程共产生了75位院士，伦世仪院士的博士生、南京大学教授任洪强新当选为中国工程院院士。任洪强1990年毕业于河北轻化工学院（今河北科技大学），1997年毕业于华北电力大学环境工程专业获硕士学位，2000年毕业于无锡轻工大学发酵工程专业获博士学位，2001—2002年进入南京大学环境科学与工程博士后流动站。从工业分析，到环境工程，再到发酵工程，任洪强院士的学问背景是典型的“跨界交叉、融会贯通”。

在河北科技大学（原河北轻化工学院）环境工程学院工作了十年之后，任洪强有幸考到无锡轻工大学伦世仪院士的门下攻读博士生。因为任洪强觉得他需要深造，他说：“我意识到需要吸收其他的先进科技来优化环境工程的理论和应用手段，当时对无锡轻工大学伦世仪院士引领的环境生物技术大方向非常感兴趣，就决心报考伦院士的博士生。”谈到伦世仪院士的指教，任洪强说：“尽管我在原单位参加过一些环保应用项目，具有一定的工程技术背景，但理论基础还有待加强。伦院士当面指教，什么是逻辑的思维与科学的表达，应该如何认识课题、把握文献等，他都提出缜密的要求、做出指导。当时觉得导师管得太严，现在回想起来真是受益终身。无论做什么，首先要沉下来，而且要能坚持下来，坐冷板凳是一件难事，但坐冷板凳的同时，又能做成事则更难，因而坚持再坚持尤为重要。我对科研的态度一直不放弃、不放缓，相信只要努力一定会有结果。”

多年后，即便任洪强已成为著名教授，在科研道路上，他依然承袭导师的风范。回忆起那段博士研修生活，任洪强教授深有感触：“伦院士严谨治学的态度潜移默化地影响了我。科学的驯养，理论的推演，帮助我走进一流大学的讲坛。如果说，河北轻化工学院奠定了我发展的基础，如果没有这个基础我也没有这个空间；那么是伦世仪院士在学问和科研道路上给我指明了方向；而南京大学接着给了我进一步发展的平台。”

2003 年 1 月，任洪强进入南京大学环境学院工作，先后任教师、环境工程系主任、副院长、院长。在南京大学环境学院，任洪强将博士研究期间的成果发扬光大，他带出一支“水处理与水环境修复生物技术”团队，在理学见长的南京大学，以工科优势促进了理工交融。他率领的团队，以生物强化净化技术研究与开发为核心，重点开展有机污染物生物降解与转化机理、氮磷营养物的增强净化机制、环境微生物菌群解析与调控、高性能微生物固定化新材料、高效微生物反应器、污染物毒性筛查与致毒机理、水质安全评估与保障等方面的基础与应用研究。

2006 年以来，任洪强带领团队获得了显著的科研成果。他先后主持国家及省、部级重大科技项目和企业委托项目 50 余项，发表 SCI 论文 130 余篇，获授权国内外发明专利 115 项（中国 91 项/美国 15 项/欧洲 2 项/澳大利亚 4 项/南非 3 项），专利转化率 70% 以上，产业化应用遍布全国 20 多个省份。主编发布国际标准/国标/行标/地标/团标 42 项。共获国家及省级高新技术（自主创新）产品 36 个、国家（省）级环保优秀（示范）工程 20 余项。成果以第一完成单位获国家技术发明二等奖 2 项、国家自然科学二等奖 1 项、省部级一等奖 6 项。他是教育部“长江学者特聘教授”“何梁何利基金科学与技术创新奖”获得者。

他领衔团队建起了南京大学第一个校外“政产学研科技创新平台”——南京大学宜兴环保研究院。该单位先后被命名为江苏省环保技术公共服务平台、江苏省十佳中小企业公共服务平台、国家中小环保企业公共技术服务平台，在中小环保企业发展和产业高端转型的进程中发挥了显著的引领作用，被地方产业界誉为“水医院”，获 2014 年度中国产学研合作促进奖。还建成了国家技术标准创新基地（水环境技术与装备）、教育部水处理与水环境修复工程研究中心、江苏省产业技术研究院水污染控制与资源化工程技术研究所、江苏省环保装备产业技术创新中心、国家博士后科研工作站，是国际标准化组织工业水回用分委员会（ISO/TC282/SC4）主席单位、江苏省环保产业标准化技术委员会秘书处单位、中国质量检验协会水环境工程技术与装备委员会理事长单位、国家节能降耗水处理装备技术创新战略联盟副理事长单位、江苏省环保产业技术创新战略联盟理事长单位。

图 13-7 为任洪强院士做学术报告。

图 13-7　任洪强院士做学术报告

伦世仪院士的育才人生跨及六十个春秋，他培养出的各层次专业人才不胜枚举，其中有一批在国内一流大学任教，有的在中科院系统工作，有的成为小有名气的企业家，还有的弟子走出国门，在国际大型企业担任重要职务。伦世仪院士直接指导的博士生中，不少弟子堪称卓越人才或社会精英，已有两名成长为中国工程院院士，多名成为生物工程及环境工程的学科带头人，还有几名担任高校领

导职务。本章撰写过程中，如何选择卓越弟子的样例曾令我们左右为难，几度搁笔，因为实在难以取舍。可是这一章终究还是要写好的，我们逐渐形成了这样的共识：分别从人才获得学位的不同层次分节概列；同时选择精育人才的样例也兼顾到弟子的从业背景和不同身份。伦世仪院士的弟子们都秉持恩师低调务实的作风，他们大多不肯介绍自己在毕业后所取得的学术成就以及所做出的社会贡献，编者只能依他们的自述表达，浓缩汇编成本章的内容。

第十四章 领衔轻工学界

第一节　成为轻工纺织学科评议组召集人

一、连续担任了三届学科评议组的成员

二、作为轻纺学科评议组召集人的故事

第二节　协助其他单位的创建与学术发展

一、与江西中德联合研究院结缘

二、作为副团长代表中方赴德国谈判

三、成为中德院特聘教授和研究生导师

第三节　被原解放军总后勤部聘为特邀顾问

一、无锡轻工业学院与原解放军总后勤部军需部的结缘

二、为军需科技发展提出很好的建议

1973—1979年期间，在无锡酶制剂厂参加技术服务的伦世仪，一直到了知天命之年，才得以返回学校。1978年底，邓小平同志主持了党的十一届三中全会，发出改革开放动员令，党和国家的知识分子政策得以全面落实，伦世仪总算回到他心仪的三尺讲台。恢复高等人才培养事业迫在眉睫，同一关键的历史时刻，国家恢复了研究生培养事业，由于无锡轻工业学院在“文革”前已培养出多届研究生和外国留学生，自然就成为首批恢复招收研究生和留学生的高等院校之一。伦世仪回到学校不久，因著述、教材、科研等方面的工作成绩突出，很快就晋升为副教授；从20世纪80年代初开始，他就获得研究生导师资格；1986年他晋升为教授，还被国务院学位委员会审批为博士生导师。除了对本校的研究生专业建设和培养过程改革屡有建树，伦世仪教授对整个轻工学界的学科、专业建设给予一系列前瞻性的统筹和指导，他从1985年到21世纪初，担任过三届的国务院学位委员会纺织轻工学科评议组成员，并担任第三届和第四届学科评议组的召集人。他参与了两轮《授予博士、硕士学位和培养研究生的学科、专业目录》的大调整，领衔轻工纺织类学科专业的结构性改革与优化，还为校外的一些业务关联单位担当顾问，给予关键性的学术指导。他在整个轻工学界享有很高的声望。

第一节　成为轻工纺织学科评议组召集人

一、连续担任了三届学科评议组的成员

国务院学位委员会学科评议组（简称：学科评议组）是中华人民共和国国务院学位委员会领导下的学术性工作组织。该组织一般

由国务院学位委员会委员、学术水平较高的博士生指导教师和一定数量的优秀中年学者、专家组成，依据授予学位的学科门类，按一级学科或几个相近一级学科组合，设立若干个学科评议组进行工作。评议组成员由国务院学位委员会聘任，原则上每届任期 5 年，可连续聘任。建立伊始其主要任务为：评议、审核授予硕士学位、博士学位单位及其学科、专业的权限；审核博士生导师的资格；提出修订各授予学位的学科、专业目录的建议；协助制定贯彻实施《中华人民共和国学位条例》的规章、办法。国务院学科评议组成员的资格要求具有指导博士研究生的丰富经验，并在教学与科研工作中取得了显著成绩，在同行业中具有较高的学术水平，有一定的社会影响力。学科评议组成员由国务院学位委员会遴选产生，每个评议组成员数一般为 7~13 人，每个评议组设召集人 2~3 名。

1985 年 2 月 26 日，第二届国务院学位委员会学科评议组经调整后成立，本校的伦世仪和刘复光分别被聘为工学评议组（纺织轻工分组）成员。第一届国务院学位委员会学科评议组是于 1981 年 6 月 13 日正式宣布成立的，共分为十个大类组别，除了国务院学位委员会的 29 名委员参与其中，另有 407 名资深专家教授成为学科评议组成员。1985 年换届，伦世仪副教授当此重任后，曾经在学校召开的研究生工作会议上介绍国务院学位委员会学科评议组的职责拓展为："贯彻实施《中华人民共和国学位条例》及其暂行实施办法；根据学科发展趋势和国家发展要求，就学位与研究生教育发展和改革的重大问题进行研究，向国务院学位委员会提供咨询或提出建议；对新增、调整和撤销学位授予单位及其学位授权学科进行评议，提出审核意见；对调整和修订学位授予和人才培养的学科目录进行研究，提出意见或建议；参加质量检查和监督，对本学科领域学位授予和人才培养的质量进行调查研究，向国务院学位委员会和教育部就学位授予单位的学科建设、人才培养和学位授予等工作提供咨询或提出建议；而且根据需要，还可能承担国际交流中学位相互认可及评价等专项咨询工作”。

他觉得自己肩上的担子很重，虚心向同组的专家学习请教，并与他们保持多年的君子之交。伦世仪教授觉得轻纺学科评议组的使命非常神圣，且分量很重，应该对相关高校与其他学科加深了解。他在参加学科评议组会议间隙，总是抓住机会，向来自兄弟高校不同学科背景的评议组成员学习调研。西北纺织工学院的姚穆教授是著名的纺织材料专家，他与伦教授共同历任多届轻纺学科评议组成员，伦世仪教授曾说：“姚穆教授长期从事纺织材料和纯化学纤维的仿毛技术研究，开拓人体着装舒适性研究新领域，为我国极地服、宇航服和作战服等服装的设计奠定了坚实的理论基础，就纺织材料与工程方面的许多知识和相关学科的发展状况而言，姚穆教授就是我的老师。”笔者之一在20世纪90年代后期，参加过对西北纺织工学院的本科教学评估工作，届时姚穆教授已年近古稀，他依然身体力行，坚守在科研一线，经常独自一人在纺织新材料实验室里工作，测试新材料的理化特性，为节省时间，中午他常以一包方便面充饥。笔者参观他的实验室时，表达了对他的崇敬，而姚穆教授就把话题转到伦世仪院士的身上，他说：“我平时专注于纺织材料的研发，对其他专业了解得不多，而你们的伦院士博学多才，我从他那里了解到生物技术的神奇，那是个很有发展前景的新领域，也许与我们的纺织材料可以交叉，我要向伦院士学习。”姚穆教授亦于2001年当选为中国工程院院士。

对轻工、纺织高校学位点设置与调整做出了重要的推动。中华人民共和国成立初期到20世纪50年代末，我国基本上沿袭了苏联的产业大类结构，分为重工业、轻工业和农业三大板块。轻工业主要是指生产消费资料的制造业，轻工业与重工业既相对，又有交叉。轻工业与人民日常生活息息相关，其产业类型和范围宽泛，在吸纳就业人员，出口创汇，产生工业产值方面，占了将近30%的贡献度。但也由于长期以来轻工业的分类有着不同的原则依据，轻工高等教育事业的规划也处于不断的变化调整之中，轻工类学科设置如何调整，始终是个难题。伦世仪教授认为："轻工业部所属的轻工院校有8所，所涵盖的专业类别也很多，凡是能为国家经济发展起到重大贡献，且相关产业亟需高层次人才的学科专业，都应该成为重要的学科分支和重点发展的二级学科。"他提到："至于这些轻工业类的学科专业如何挂靠，需要慎重研究，如无锡轻工业学院的发酵专业，不同时期中经历了发酵食品、发酵工程、工业发酵等不同的定名，在系科设置方面，它曾经隶属食品工业系（20世纪50年代）、化工系（20世纪70年代中期），又回归食工系（20世纪70年代到后期至80年代前期），后于1984年独立建成'发酵工程系'，其间经历多番周折。实际上，到20世纪80年代初，全国发酵工业产值（包括传统酿造业、发酵酒精和溶剂工业、发酵抗生素产业在内）贡献了5%的工业生产总值。发酵工程是各类生物技术实现产业化的落地技术，在发展现代生物工业的过程中起着关键作用。所以我们要宣传发酵工程对于国计民生的重要性，坚持将'发酵工程'作为二级学科，长期建设发展下去。"

他总是善于利用各种机会，虚心向兄弟高校（指当年隶属轻工业部的8所高校）同行切磋，也对有关的学科建设提出中肯的建议。伦世仪教授一贯内敛谦逊，一开始，觉得自己与其他的轻工纺织类高校接触不多，有恐于对评议组范围内的其他学科专业不够了解，只要有机会参加轻工业部组织的高校教学科研工作交流、教材合作编写、项目成果鉴定等会议和活动，他都会认真地向同行了解对方学校的学科特色，听他们反映存在的问题和诉求。他自己也毫无保留地向兄弟院校的同行介绍本校学科的发展思路、研究生培养计划，甚至介绍本学科组织编写的研究生教学讲义。一时间，轻工兄弟高校的教师只要有机会到本校参会和调研，都提出要拜访伦世仪教授，也都想到本校的教材库去购买自编的研究生教学讲义。当年国内还有9所隶属纺织工业部的高校，伦世仪教授非常尊重评议组成员中纺织学科教授的意见，他积极支持“纺织品新材料”“无纺布制造”等新领域的开拓。在互动的过程中，伦世仪教授逐渐对轻工纺织类兄弟高校的学科现状有了更深入的了解，也在互动中得到兄弟单位同仁的敬重。

在认真调研的前提下，他不主张把轻工高校所设置的专业都归纳在“轻工技术与工程”的大学科名下。他认为，特别是有些学科的基础很明显地具有典型无机化工内涵，可归在“化学工程”大类中；有的很显然是以机械为基础的，如“轻工机械”应该归在“机械工程”的大类之中。至于一些非常重要的、交叉性较强的、对轻工业而言又是非常重要的学科专业，如发酵工程、制浆与造纸工程、皮革化学与工程等，他认为应该归纳在“轻工”大学科的名下。

二、作为轻纺学科评议组召集人的故事

1992 年，国务院学位委员会学科评议组换届之际，伦世仪教授被推荐为第三届“纺织轻工学科评议组”的召集人，这是必然的结果（图 14-1）。召集人应具有高尚的学术道德、较高的学术水平和较强的组织能力，熟悉学位与研究生教育工作，其所在单位对学科评议组的工作能够提供较大支持。如集人由本学科评议组第一次全体会议，从成员中选举产生。召集人选举的基本程序：（1）国务院学位委员会办公室与各学科评议组成员协商后，提出召集人候选人；（2）本学科评议组成员对候选人进行无计名投票；（3）获得全体成员 1/2 以上同意的候选人，担任本学科评议组召集人。若候选人同意票未达到全体成员的 1/2，则由国务院学位委员会根据同意票的得票数量，从候选人中指定本学科评议组召集人。伦世仪担任第二届学科评议组纺织轻工分组成员的次年，晋升为教授，同时他紧锣密鼓地推动“工业发酵”学科平台的建设，为无锡轻工业学院创建第一个国家级重点学科点——发酵工程（1988 年获批成立）做出了重要的贡献（图 14-2），他对全国轻纺类高校的学科建设也做过一定

的指导，他当选为召集人，实至名归。

图 14-1　伦世仪任国务院学位委员会第三届学科评议组成员证书

图 14-2　国家级重点学科点——发酵工程标牌

伦世仪教授刚担任第三届“纺织轻工学科评议组”的召集人不久，轻工业部和纺织工业部就撤销了。伦世仪教授在全国同行中享有很高的学术声望，担任召集人期间，他与其他召集人共同主持了学科评议组的各项既定任务。他坚持原则，不徇私情，认真负责。当年他向学校汇报工作时谈到：“我总想在学科设置、学位点把关等方面获得更理想的结果，不过具体工作方面可不是那么轻松的，学位点设置指标很紧，竞争激烈，更没想到参加第三届学科评议组工作刚开始，就面临着更严峻的挑战。1993年国务院机构再次进行大调整，这次机构改革是在确立社会主义市场经济体制的背景下进行的，核心任务是建立起适应市场经济体制的行政管理体制。国务院机构改革任务是，要减少、压缩甚至撤销一部分工业专业经济部门，随即面临轻工业部和纺织工业部的撤销。轻工业部转设为中国轻工总会，而纺织工业部转设为中国纺织总会，原先下属高校格局暂时不变。虽然两个总会对高校的指导关系依然存在，但权威性明显有所减弱，直接影响到行业性学科结构、专业名称的存在与变革问题”（注：两个总会现更名为“中国轻工业联合会”与“中国纺织工业联合会”）。

20 世纪 90 年代中期开展的全国性学科专业目录调整的过程中，刚当上中国工程院院士不久的伦世仪面临着巨大的压力。1996 年，国务院学位委员会学位办发出【1996】37 号文，提出了修订《授予博士、硕士和研究生培养的学科、专业目录》通知，在这个方案中，拟将“发酵工程”“制浆造纸工程”“皮革化学与工程”学科纳入“化学工程与工业化学”一级学科的名下；纺织类归属的一级学科名称改为“织造工程”；而“食品科学与工程”一级学科拟列入“农学”门类。这一调整方案引起轻纺类高校和相关学科很大的反响。一些轻纺高校主管研究生教育的领导和研究生导师向伦世仪院士反映了他们的担忧。同时期，本科招生专业目录也经历较大的调整，笔者之一由于工作关系，曾应教育部高教司理工处指派参加了全国高校工科本科专业目录调整的工作小组，工作讨论过程中，工科小组的其他专家亦认为，既然轻工业部和纺织工业部已经撤销，以后本科毕业生不可能按照相关行业门类分配性就业，故而相关的两个一级学科与其他纯粹以产业定名的二级学科都应该属于调整的对象，甚至其他成员提出，服装只是纺织的后道工序，可取消“服装工程”专业，并入“纺织工程”。笔者曾将有关情况向学校，也向伦世仪院士汇报，希望得到指教。

伦世仪院士提出可设立新的一级学科“再生资源工程”，并支持无论是在研究生还是本科生专业目录中都保留“纺织科学与工程”一级学科。他指出：“按照原先轻工业部的界定，轻工业是城乡居民生活消费品的主要来源，按其所使用原料来源的不同，可分为两大类：一是，以农产品为原料的轻工业，和以工业品为原料的轻工业。”他认为：“以农产品为原料的，经过化学或生物化学为主转化生产的技术工程可以归为一个范畴之内，不过若是冠以‘农产品资源加工’之类的名目，可能与原先的‘农产品加工’和‘食品工程’专业相混淆。”他与兄弟高校的专家沟通协商后，提出独到的见解，他在填写《专业目录修订意见表》时，正式提出，如果一定要取消“轻工”的名目，那就设立新的一级学科“再生资源工程”，同时将“发酵工程”“制浆造纸工程”“皮革化学与工程”这些二级学科，调出“化学工程与工业化学”一级学科的范围，归于新的“再生资源工程”一级学科的名下，他认为：“这样有利于将资源利用、技术创新与环保工程相结合，这是那些老专业发展的新方向。”他组织学科评议组的其他专家，一起对上述的建议做了系统的论证，附了厚厚的一叠调研和论证材料。

他同时也关心并指导纺织类学科专业调整的思路。伦世仪院士指导笔者，向纺织总会的高教管理部门，纺织学科的院士，以及北京服装学院进行咨询调研有关纺织类学科专业的调整思路。笔者走访多方后，取得了一系列很有说服力的数据和佐证材料，经过伦世仪院士的审阅指导后，整理成富有说服力且简明扼要的报告，并带到本科专业工科目录调整工作的反馈意见汇总会上做申辩汇报。这次申辩中，让其他专家了解到，服装设计与工程对国计民生的贡献不容忽视，改革开放初期，我国出口创汇总量中，服装出口创汇占了很大的比例；再说纺织品的研发日新月异，纺织产品中只有1/3左右用于制作服装，新型的无纺布、工业用布等在航天、航海、高速公路、医疗卫生等领域的用途不断拓宽，因而保留原先“纺织科学与工程”一级学科，替代“织造工程”的名目，很有必要。“服装工程”“服装设计”作为二级学科保留，仍然挂在“纺织科学与工程”的名下。研究生专业目录进而与本科专业目录相对统一。同一个学科评审组的纺织材料专家姚穆教授、王善元教授都认为，伦世仪院士对纺织学科设置的建议与指导起到权威性的重要作用。

伦世仪院士续任第四届学科评议组召集人期间，又遇到了新的机遇和挑战。国务院又一轮机构改革方案中，将“轻工总会”转制为“中国轻工业联合会”，这样以行业协会为主要职能，意味着，原先麾下领导的轻工高校必须转给所在地的各省管理，其中只有水平办学实力相对上乘的一所大学有可能纳入教育部直属高校行列。哪一所高校不想成为教育部直属高校嘛！1952 年全国院校大调整时，第一批归属教育部的有 23 所高校，其中包括北京大学等在内的 12 所号称“苏联式综合大学”和清华大学等 11 所工科或师范类大学；“文革”前归属教育部的有 3 所高校；“文革”结束至 1990 年期间，又有 9 所高校纳入；届时又一批国务院原主管行政部门撤销了，成了行业联合会，作为事业单位甚至社团组织，再承担领导与管理高校的职责就不合适了。1998 年，一批行业性高校又有机会划归教育部直接领导，这是个巨大的红利。至于原来隶属于中国轻工业联合会的几所较为知名的高校，究竟哪一所有可能获此机会？大家开始议论、揣测、打听。时值第四届学科评议组刚建立不久，伦世仪院士续任召集人，其他高校的一些人通过本校部门进行联系，想来拜访他，打电话联系他时，伦世仪院士保持着非常客观谨慎的学者态度，他说：“不了解情况，不轻易接受咨询，不会随便表态，我支持教育部的这项工作，希望能够顺利地、及时地完成。”尽管有人认为“无锡轻工大学”水到渠成，轻工高校中，无锡轻工大学是第一所恢复研究生和留学生招生，第一批培养博士生的单位，第一个获批国家重点学科，第一个获准更名为“大学”，第一个争取到 211 工程建设项目的高校，纳入教育部直属高校应该毫无悬念。可伦世仪院士认为：“学校不能躺在过去成绩的基础上，那些在小圈子范围内的优势，到了更高的层面后可能只是弱势。应该认真研究，有可能进入教育部直属的范围之后，本校如何加大基础学科建设，加强原创性理论研究，提出促使自身尽快超越自我，提高综合实力和社会影响力的长远规划，才是最紧迫的任务。”1998 年那一批，共有 10 所原行业高校划转为教育部直属，无锡轻工大学有幸列于其中（图 14–3），这对学校后来的腾飞发展而言，不失为最重要的转折点。

教育部办公厅

关于东北大学等10所学校划转为我部直属高校的通知

特此通知。

图 14–3　无锡轻工大学成为教育部直属高校的文件

因年岁的关系，2002 年后，伦世仪院士和丁霄霖教授不再参加学科评议组的工作。所幸后来从第五届到第八届，“轻工技术与工程”“食品科学与工程”“纺织科学与工程”学科评议组中，都有本校年富力强的教授参与其内，如徐岩、葛明桥、高卫东、陈卫、陈坚等教授担任成员。陈坚教授历任第七届和第八届“轻工技术与工程”学科评议组召集人，第七届期间就当选为中国工程院院士。陈坚院士是由伦世仪院士直接指导下获得硕士和博士学位的嫡传弟子，他又接手了“轻工技术与工程”学科评议组召集人的工作，伦世仪院士感到十分宽慰和自豪。

第二节 协助其他单位的创建与学术发展

一、与江西中德联合研究院结缘

伦世仪院士参与江西中德联合研究院（以下简称：中德院）创建工作的背景：中德院是由当年江西省教育委员会、江西省科学技术委员会、江西大学（现南昌大学）和西德波恩东亚研究院于1988年9月联合创立的、以食品科学与技术为主要研究方向的科研机构，其宗旨是“发展江西食品科学、为区域经济建设服务”。中德院成立之初，西德波恩东亚研究院曾派出四位德方专家，包括“中国通”郝思汉博士在内，组成筹办中德院的考察团，走访中国一些知名的食品科技与教学单位，开展调研，寻求合作。该考察团访问无锡轻工业学院时，校长丁霄霖安排了伦世仪教授和李礼尧副校长等参加了接待、洽谈。笔者之一当年参加过世界银行贷款项目的建设工作，也参与了接待、陪同参观和翻译工作。记得郝思汉博士说得一口流利的汉语，他很坦率地表达了这个项目立项的动机和背景：“江西省教育委员会的一位领导曾经是留学东德的访问学者，作为牵线搭桥人，他积极与德方联系，争取到这个世界银行援建项目。德方认为中国大城市发展的援助工作，已有其他国家介入，西德的方略是选择“次中心”省份作为援助对象，江西是个农业大省，但食品加工方面的人才短缺。西德通过与江西省联合共建食品科技与工程研究院，一是可促其发展食品科技与教育；二是西德本来也负有国际援建任务，该项目采用不付资金，按照建设计划，直接提供相关设备和承担人员培训的方式，予以援助。”实际上，德方也准备将一些富余的对口设备直接送到江西。

伦世仪教授和丁霄霖教授作为两个学科的带头人，分别介绍发酵学科与食品学科的建设经验。伦世仪教授作为第二届国务院学位委员会轻纺学科评议组成员，不仅对本校刚刚建立的国家级重点学科点——发酵工程进行了全面的介绍，他还谈到了中国轻工类学科的概况，并描绘了生物技术在食品科技的应用前景，他说：“我认为，新办的中德联合研究院应设立食品生物技术或发酵工程的方向，在创建的前期，可以按照国务院学位委员会设定的相关专业，先借力联合培养或定向培养硕士研究生，继而选拔出优秀者接受继续深造，作为贵单位的人才队伍储备。”伦世仪教授又介绍了无锡轻工业学院接受的世界银行第二次大学贷款项目，引进的价值约400美元的先进设备，是如何发挥出重要的学科支撑作用。伦世仪教授话中有话，他指出：“希望德方能将最先进的仪器设备送过来，武装中德院，真正为江西建设一所高水平的食品科研与教育机构。”德方专家听取了伦世仪教授的一番意见与建议之后，立马掂出了他的分量，接下来的交谈中，他们随即表态，一定要聘请伦世仪教授作为他们的专家顾问，参与中德院的建设及后续的研究生人才培养工作。

二、作为副团长代表中方赴德国谈判

1990年，德方邀请中方专家访问团到德国考察，签订中德院项目。当年正值东德与西德酝酿合并，原德意志民主共和国（东德）于1990年10月3日通过并入德意志联邦共和国（西德）的方式完成德国统一，成为完整独立的国家。就在紧锣密鼓筹建统一德国（The Germany Unified）的关键年头，以江西的佘世望教授（后为中德院常务副院长）为团长，伦世仪教授为副团长的中方访德代表团还是得以成行。他们对波恩东亚研究院、霍恩海姆大学、柏林工业大学、波恩大学等，进行了为期两周的访问考察。伦世仪教授虽然身为副团长，却是代表团成员中的主心骨（图 14-4）。

图 14-4　伦世仪教授在德国谈判

在德国考察期间，伦世仪教授在中德院方向设置、建设计划、引进重大设备等方面的洽谈中，起到了至关重要的作用。他在那次出访回国后曾经提到："我参加德国考察团期间，在讨论援建计划时，还是颇费心思的，问题的关键在于，怎样说服德方减少一般性食品加工设备的投放，而增加先进仪器设备的份额，这些是要据理力争的。我总是站在中德院的角度，为它的长远发展去考虑问题。当然德国的科技进步走在国际前沿，在参观访问的过程中，我也顺便了解到德国知名大学和研究所在生物技术、食品科技和环保技术方面的若干科技前沿动态，这对于我开拓视野、启迪思维、开辟新的学科方向，大有裨益。"伦世仪教授毫无保留地为中德院提供了本校发酵工程学科实验室建设的思路和经验，使得该单位在科研平台创建初期少走弯路，很快进入正常的运行状态。

三、成为中德院特聘教授和研究生导师

1988 年底，江西省教育委员会邀请我校伦世仪和丁霄霖两位教授赴赣访问，聘其为中德院的兼职研究生导师。在当时本校研究生

招生指标极为紧张的情况下，本校每年至少腾出两个名额作为双方联合培养，这对中德院创建算是很大的支持。这些研究生先在本校跟班学习，修完全部的课程，再到南昌去开题，培养过程中主要的科研基地设在南昌，但学生还是要到无锡轻工业学院来请教导师，商讨研究方案和问题的解决，他们也要使用无锡轻工业学院世界银行贷款购进的高级分析仪器。伦世仪教授对联合培养生一视同仁，甚至花费更多的心血，以通话、信函、耳提面命等多种方式进行指导。中德院创建初期，其“食品生物技术”方向在很大程度上套用本校的思路，工业生物技术方面的实验室建设和人才引进等，基本上也依赖伦世仪教授的指导。

1994 年国家学位委员会批准中德院依托南昌大学，设立“食品科学”硕士学位授予点。南昌大学是于 1993 年由江西大学与江西工业大学合并组建的，同年有了江西省的第一个博士学位授予点；1996 年 1 月，南昌大学在全国地方高校中第一个通过了 211 工程部门预审，1997 年经国家计委批准立项，开始 211 工程重点建设。在此之前，江西因缺少一所重点大学和博士学位点，而严重制约了高等教育的适时发展。南昌大学成立后随即成为江西省的重点大学，中德院划归南昌大学乃顺势而为，继而又设置了食品加工与冷藏、食品资源开发与利用、食品化学、功能食品与分析、食品生物技术等五个研究方向，先后招收了七届共 21 名研究生。1996 年，中德院依托南昌大学，又获得设立食品科学博士授权点的机会，下设“食品生物技术”和“食品加工与保藏”两个研究方向，有博士生导师 2 人，在读博士生 5 名。

中德合作共建中德院的时间为 15 年。中德双方合作期满，2003 年 9 月 24 日，中德院整建制移交给了新成立的南昌大学。十三年来，德方共投资了价值 759 万马克的仪器设备，中方（主要是江西省）累计配套投入 1895 万元人民币。届时中德院有了一幢建筑面积为 4000 多平方米的教学科研大楼，设有食品工程、生物工程和精细化工三大学科；拥有260多台/套进口仪器设备，食品加工、分析测试设备配套齐全；科研力量雄厚，其中高级职称者二十多人，约半数曾在德国、美国、芬兰等国家留学深造。在1989—1993年期间，中德院创建初期的学术引领、科研方向设置与研究生联合招生培养，主要依托于无锡轻工业学院，其间伦世仪教授和丁霄霖教授参与该单位创建，并联合指导研究生长达六年之久，他们所做的基础性贡献值得一提。

第三节　被原解放军总后勤部聘为特邀顾问

一、无锡轻工业学院与原解放军总后勤部军需部的结缘

将军级专家，校友吴仁钴曾任原解放军总后勤部军需部副部长。军用食品是指按军队规定的技术标准筹措、供应的各类制式食品的总称，是军队给养的重要组成部分，具有贮存期长、营养全面、功能性强、包装可靠、携带使用方便等显著特点，是唯一可以全员使用、全程使用、最直接有效的战地饮食保障手段。原解放军总后勤部还录用了本校好几位毕业生，研发军用食品及配套机械。本校校友吴仁钴多年来专注于战地食品机械的研发，成绩卓著，晋升为少将，并任原解放军总后勤部军需部副部长。作为将军级专家，吴仁钴校友热爱母校，关注母校的科技成果，向原解放军总后勤部军需部推介本校知名专家学者参与研发咨询和学术指导。

无锡轻工业学院曾经为军需科技做过科技服务。南京工学院食品工业系整建制搬迁到无锡，独立建成无锡轻工业学院不久，就由

粮食加工权威专家沈学源教授领衔，研发蒸谷米、脱水米饭等项目(1962—1966年)。速煮主食原本是20世纪40年代开始出现的一种方便食品，携带方便，食用简捷，无需烹煮，仅用热水，甚至冷水浸泡亦可入口，为长期在野外工作或旅行者提供主食。不过一些老产品适口性较差，连续食用倒胃口。沈学源教授利用当时较新的膨化技术和复配技术，在保留和加强了营养成分的前提下，改善了速煮成品质构和适口性。有关的科研开发成果不仅受到当年主管粮食流通与商贸的商业部的好评，也引起了原解放军总后勤部的关注。沈学源教授曾经是原解放军总后勤部军需部的科技顾问，特别是就营养质量、口感、保藏期等方面，参与过军用主食的研发、改良方面的咨询指导。

二、为军需科技发展提出很好的建议

伦世仪教授成为国务院学位委员会轻纺学科评议组召集人后，自然引起原解放军总后勤部军需部的重视。认识到基因工程、细胞工程、酶工程、发酵工程等新兴生物工程技术领域在军用食品研发中潜在的应用前景，原解放军总后勤部军需部专家拜访了伦世仪教授等学术权威，邀请他们去部里介绍生物技术前沿动态进展。伦世仪教授指出：“常规食品研发领域所应用到的生物技术，应该都适用于军用食品的研发与改进，特别是应用生物技术，生产安全可靠的生命功能因子；对功能食品的原材料进行营养性、质构性的改良；利用发酵技术生产新型食品添加剂或抑菌防腐生物材料；借助生物技术对军用食品开展快速的安全检测；对军用食品剩余物的环境友好性生物处理等，都具有非常光明的前景。”

1997年，伦世仪院士被原解放军总后勤部军需部正式聘为“军需科技发展特别顾问”（图14-5）。受聘仪式在北京隆重举行，伦世仪院士介绍了科研团队最新的工作进展，特别是利用新型生物技术和工程技术相交叉，产生多种生理活性因子，利用生物技术处理有机废水等成果，以及生物合成可降解生物塑料用于包装等成果。他强调："生物技术与其他高新技术的交叉融合，将促进军用食品由营养型向全面功能化转变，生物技术在军用食品研发领域的渗透与集成，对于提高军需供给质量，提高军事体能素质起到不可忽视的作用。"伦世仪院士清晰的思路与鲜明的观点引起了共鸣，对军需科技发展提出了很好的建议。

图 14-5　原解放军总后勤部聘请伦世仪院士为特别顾问

伦世仪院士一生踏踏实实做学问，不应酬，不许诺，不随便接受外单位的邀请，相对而言，他身上的兼职很少。平日里对外单位给予关心和指教的事可能也不少，可是他从不放在心上，也难得提起，我们很难全面地反映他在整个轻工学界所做的点滴工作。本章中，主要回顾了他为校外承担过的一些非常重要的职务，以及他统筹过、指导过、帮助过的一些非常重要的事项，仅仅作为例举。很显然，免不了挂一漏万，更不足以表达他对轻纺高等教育以及对本校学科建设和学位点建设的重大贡献。

第 十五 章 执着敦朴清名

第一节　正直的禀赋，执着的追求

一、自幼铸就的家国情怀

伦世仪院士出生在国难时期，1937 年，日本侵略者开始了全面的侵华战争，中华民族到了最危险的时候，他的家乡鲁东南一带更是战火不断。小小年纪的他，就领略了饱受日军侵扰、举家迁居避难的艰辛岁月；稍事长大，他就跟随小伙伴们爬到山头上，边收集枯枝干草，为家里积攒柴火，边观察隔岸日军动静，以便及时向大人通报敌情。他萌生了正义感，有了为村里安全而警觉放哨的担当；大敌当前，他的家国意识开始萌生。

中小学读书期间，认真听讲，努力用功，战火的蔓延几度中断了少年伦世仪的基础阶段教育；学校被迫停课之后，他靠着强烈的求知欲望和执着的上进追求，在家自学，请教长辈，他饱览自家和舅舅家的存书，不自觉间，国文和算术水平大有长进。和今天多数的孩子完全不同，只要有消息、有可能，他总是尽自己最大的努力，奔向最好的教育资源，去争取最理想的学习机会。因为父亲过早的离世，那些优质的基础教育资源多是靠他自己想尽办法，历尽千辛万苦才争取到的。少年的他就把争取考上国立中学作为自己的奋斗目标。

国立中学，在我们今天看来，也许是一个陌生的名字，但那却是抗战时期（1937—1945 年）中国教育史上一段高亢、悲壮、传奇的存在。在日寇长驱直入、烧杀抢掠、生灵涂炭的年代，当年国立中学竖起的校训是“众志成城”，宗旨是“培养国家元气，拯救陷区青年”。少年伦世仪在炮火纷飞的年代，几经辗转，总算考上了国立22中学，这亦是他家国情怀、人生大写的起点。仅有八年历史的几所国立中学，在流亡迁徙过程中竟然培养出十万余名高素质的学子，一串串闪亮的名字与之联系在一起，其中就有：国务院前总理朱镕基、第九届全国人大常委会副委员长彭珮云、中国“两弹元勋”邓稼先等许多专家泰斗、将军、艺术家、政治与社会活动家。在极其艰苦的环境下，国立中学催生了青年学生抗日爱国、追求进步、民主革命的优秀学风，也为中华民族培养了一批杰出的人才。

伦世仪院士的自述中记载着，当年他随着国立中学的众多求学青少年，不愿做亡国奴，他们离开原学校，冒着日军战机的突袭轰炸，跟着大队伍迂回转移迁徙，一路颠沛流离，奔向大后方。国难期间，在长江两岸、黄河之滨，到处都可见衣衫褴褛但生气勃勃的身影，听到高昂而不辍的琅琅读书声，这曾是抗战时期中国大后方之一大特色，为抗战胜利和人才复兴打下了深厚的根基。从当年的国立中学走出了好几十位院士，其中也包括了伦世仪院士。那是他一生都值得自豪的经历，正是因为当年的翩翩少年有着强烈的爱国情怀和执着的进步追求，才能踏入国立中学的校门；也可以说这段充满战争硝烟、历尽流亡迁徙、极富传奇色彩、潜移默化育人的峥嵘岁月，赋予了青少学子无悔奉献青春和随时甘洒热血的家国情怀。少年伦世仪在国立22中学的经历，是他人生起步的精神财富。

二、专业志向的终生情愫

青年伦世仪从国立中央大学附中高中毕业，以班级成绩前三名的资格免考被保送到国立中央大学。按规定他可任选专业，但认识到当时国民政府日渐衰败，国内各业凋敝，各地民不聊生，加上自己前期辗转各地，求学艰难，条件极差，健康状况不佳，但在如何选择专业的问题上，他还是从国计民生的需要，从科技发展的前景出发，果断地选择了发酵专业。当时那是个全新的专业，听上去好像远离“高大尚”，可他知道该专业研究酒类酿造和酒精等化学剂以及抗生素发酵生产，是国家亟待发展，也是民生非常需要的生物制造技术。从国立中央大学变成南京大学，再转到南京工学院学习，他一直坚守着发酵专业。干一行，爱一行，对于那个年代人而言，并非难事，可是伦世仪院士能兢兢业业，与发酵工程相濡以沫一辈子，把这一行的事业一步又一步推上高潮，这份特殊的情愫为他成为全国发酵业界的第一位中国工程院院士，奠定了良好的基础。

也就在伦世仪主持发酵工程系的第二年，《中共中央关于教育体制改革的决定》（以下简称：《决定》）于1985年5月颁布。《决定》提出“根据同行评议、择优扶植的原则，有计划地建设一批重点学科”的任务。1987年8月，原国家教育委员会接着颁发《国家教育委员会关于做好评选高等学校重点学科申报工作的通知》，启动了第一轮高等学校重点学科评选工作。中年伦世仪在系主任的岗位上，非常专注地从中捕捉到了关键的信息，他暗下决心要趁势而上，推动发酵工程学科跨上一个新的台阶。他带着年轻教师走访轻工业部有关司局，虚心求教，收集全国发酵工业的汇总数据；走访其他高校的学术专家，聆听他们的见解；调研发酵产业技术瓶颈问题。他对专业建设、学科发展的长远眼光和不懈努力，赢得大家的赞赏。当年意识到发酵产业的产值竟然接近全国工业总产值的5%左右，他高瞻远瞩地把发酵学科的发展，与解决四个现代化建设中的重要理论问题、技术问题和实际问题相联系起来，不仅为相关领域的国家重大决策提供科学依据，也为开拓发酵学科新的发展方向做出了较大贡献。

虽然伦世仪院士与发酵专业结缘很深，但并非囿于这个范畴。他身体力行，中年时期自学专攻生化工程，将之列为发酵工程最核心的专业基础，他亲自编写教材，为研究生上课。他从发酵下游技术入手，延伸到研究发酵废水与其他有机废水的综合处理与循环利用，继而拓展出新的学科方向——环境生物技术，他再一次领衔为之著书立说。他还大力支持引入基因工程、细胞工程和酶工程等方面的新兴领域人才，使得传统的发酵学科不断开枝散叶，不久后成为了轻工一级学科。

三、爱校荣校之雪泥鸿爪

事关专业引领与学科提升以及学校建设与发展的历程中，也处处留下了伦世仪院士的印迹。1983年秋季，轻工业部组织食品发酵专家访问美国，中年伦世仪算是全团成员中最年轻的一位，也是思维非常活跃、善于捕捉灵感的一位。这次访问涉猎的学术范围宽泛，美方大学参加接待的校院领导也谈到了办学方略、治学举措、学科发展等更高层面的话题。笔者有幸参与访美代表团的部分活动，并担任翻译，其间印象很深的是，伦世仪老师在每次交流场合中，都极为专注，认真记录所见所闻，且抓住机会，提出一些关键的咨询问题。我们从学校档案馆查到了所保存的那次访美汇报材料，那是誊写在方格纸上，共计120余页，总字数多达2万多字的文字材料。1985年轻工业部食品发酵考察团赴日访问，也留下了1.2万字的汇报材料。当年随团赴日访问的伦世仪副教授也是主要的记录人和汇报稿的整理者。那叠发黄酥脆的方格稿纸上，誊写过的蓝墨水痕迹已经褪色，字里行间记载着伦世仪老师和访问团的各位学术专家专心致志的治学态度和高度负责的敬业精神。重新拜读当年留下的笔迹，我们从心底佩服当年的泰斗，因为他们的虚心好学、博采众长，所凝集成的可贵建议，后来果真融入学校的发展大计之中，在此后的十年里，学校从非重点高校一跃成为轻工高等院校的领头羊，其间带有这几位泰斗的印迹。

世纪翻页前，伦世仪院士已经年及古稀，他逐渐将学科发展和学术提升的重担交给了学术后辈，但依然关心学校的进步。在学校争取列入国家“211工程”建设行列的过程中，他参与了211建设方案的筹划和准备，对“发酵学科”和“食品学科”两个子项目的建设提出了不少重要的建议，特别强调两大特色学科应加强相关的基础研究力度。他与国家教委派来的“211 工程建设预审专家组”的组长、时任南京理工大学校长李鸿志院士和东南大学的钟秉林副校长等深入交换意见，从较高的理性思维层面，诠释了几个重点学科发展对于国计民生的重要性所在。几位专家组成员都表达出对伦世仪院士意见的尊重和赞赏。

21 世纪之初，三校合并组建全新的江南大学，紧接着学校领导班子又开始策划新校区建设，当年的这项决策并非都能得到老领导、老专家的全面赞成和支持。当时任学校主要领导上门拜访听取意见时，伦世仪院士则从高等教育发展的大局出发，认为这是件好事，尽管有较大的难度，但他相信校领导班子有决心也有能力，按照正确的原则、理性的思路，去尽力推进。他也提醒，扩大校园面积，改善办学硬件条件固然重要，但更关键的是充实人才队伍，他希望更多地引进一流大学的人才，加强基础研究，提高学术水平。他和当年的一把手党委书记简大钧同志一直保持着很好的关系，后来双双都退出重要岗位，分居不同的城市，但只要有机会，还会顺访探望、交流思想。简大钧书记和笔者之一在编撰《江南大学史》的过程中，也非常尊重伦世仪院士的意见和建议，伦世仪院士不仅对原稿中关于学校后期发展的事项予以评述，他还从过来人的角度，对学校前身（从国立中央大学到南京工学院阶段）的一些重大发展脉络给予提醒和点拨，特别是关于我校发酵学科源头的追溯问题方面，伦世仪院士的指教起到了决定性的指导作用。

第二节　敦朴的性情，儒雅的风姿

一、尊重关心实乃真性情

伦世仪院士多年前曾接受过本校《江大青年》期刊记者的采访，他对自己大学期间的师长依然记忆犹新，非常敬重。访谈中，他带着很深的感情，提到毕业于麻省理工学院的时钧教授，还有张有衡、戴树和教授主讲的化工原理课程，给予他很深的教益；毕业于法国巴斯德学院的朱宝镛教授和毕业于日本九州大学的沈学源教授不仅讲授专业课，并亲自带领班上同学去我国第一家抗生素厂（据说是由联合国提供的全套设备）实习。学问大师的耳提面命使他大开眼界。尊重师长成了伦世仪院士终身秉持的习惯。前面已经提及赫赫有名的“五驾马车”，除了丁耀坤教授过早地离世，其他的四位对伦世仪都很看重。中年伦世仪在关键的时期，受命担任发酵工程系主任，上任伊始，他就非常认真地邀约当时还在系里工作的三位前辈，花了整整半天时间，向他们请教学术方向、系科发展和存在问题等方面的思路和建议，让他们无话不说，畅所欲言。三位前辈分别是发酵工艺、发酵工程和工业微生物这三个方向的泰斗，他们有着厚实的学术背景以及在全国业界的较大影响力。伦世仪主任性情敦朴，他总是虚心请教和诚恳交流，他与老前辈之间的交流非常通透，非常愉快，使他得到了前辈极大的信任和支持。从三位泰斗的真知灼见中，伦世仪主任获得了引领发酵系科跨越式发展的信心和动力。

多年兼职于校内外的各种学术评审组织，伦世仪院士总是能做到客观评审，他重在考量申报人的实际能力与业绩，而并非只看他们的学历、学位、职位。他曾经鼓励青年教师破格晋升副教授职称，并提议请国内最知名的专家学者对年轻教师的学术论文进行评审，这在当时的副教授职称评定要求中并无此项规定，但伦世仪教授认为，如果国内顶级的教授专家都能认可其学术水平，那么破格晋升就有了过硬的支撑。那次也许是校内第一次出现的由助教直接晋升副教授的案例，对于改革开放后高校普遍存在的师资队伍青黄不接的现象，不失为一次大胆的尝试。

伦世仪教授对本专业的年轻人都很了解，不仅关心提携青年教师，对实验员人才也不例外。当年发酵工程系的一位实验员术业有专攻，自己通过专门的进修培训，取得操纵高级仪器设备的资格，但因为当年是以工人身份招到学校，当上了实验工，他的工程师职称申报不被准许，问题长期搁置着。他对这位同志的能力和业绩很了解，于是提出应该允许当事人参加相应的工程师职称条件考试，如果得以通过，也应该允许他破格申报工程师职称。伦世仪教授当时列举了一个非常有说服力的例子，那就是复旦大学的蔡祖泉教授原来也是电光源实验室的工人，并无大学学历，可是他勇于创新，发明了好几种新的电光源器具，引领该行业不断取得新的进展。在伦世仪教授的据理力荐之下，这位实验员的申报最终得到准许，随后通过了职称考试和委员会的票决，获得工程师资格。三十多年来他所操纵管理的世界银行贷款的高级仪器为校内外提供了千百次的优质服务，深受好评。

伦世仪教授对青年教师的关心，还体现在亲自出面，帮助解决青年骨干教师夫妻分居两地的问题。他了解到有两位青年教师的配偶有一定学历，专业背景也很对口，一是学校的分析检测中心需要补充青年技术人员，负责管理高级分析仪器；二是发酵专业也需要有高学历的年轻人加盟。伦世仪教授亲自出面，请学校有关部门按照可行的政策制度，帮助解决上述人员的调动事宜。他既是青年才俊的良师，也是他们的益友。

二、儒雅交往国际友谊深

伦世仪院士谦厚、儒雅的禀赋不仅得到国内同行和师生的赞誉，在他为数不多的国际交流与合作事务的过程中，也往往能在第一时间得到国际友人的信任和赏识。1987 年，他前往荷兰参加国际会议，回来后不仅带回了新的学术思想，还带回了一段友好佳话。飞往阿姆斯特丹的航班上，邻座的是一对刚从中国访问返程的荷兰夫妇，他们与伦世仪老师用英语交谈，得知他是中国学者代表，前往阿姆斯特丹参加学术会议，而且会议地点距离他们的寓所很近，这对荷兰夫妇立即邀请伦世仪老师在会议期间住到他们家中。男主人是位退休的官员，风度翩翩、博识多才；女主人热情好客、优雅大方，尽管这是伦世仪老师第一次住到外国友人家中，他感到十分舒适自如，见识了一回荷兰人的生活方式，也体验到不可多得的欧洲文化礼仪（图 15-1）。我们年轻时听过这个故事，当时没有太多的感触，待到我们也有了国际交往的能力和机会，我们才体会到，能在第一时间得到陌生的国际友人的信任，那完全是靠与生俱来的禀赋以及不断塑造的学识修养和儒雅气质，才有可能实现的。并非人人都有这样的运气。

图 15-1　伦世仪赴荷兰开会期间与房东合影

伦世仪院士与美国里海大学 Humphrey 院士之间也保持着长期的友谊。1982 年，他们邂逅于由中国化工学会与美国化学工程师学会在北京共同举办的首届“中美化学工程会议”，Humphrey 院士是国际“生化工程”领域的先行者，长此以往对中国十分友好。他在那次会议上做了重要的学术报告，他的气场之大，在会议上产生了极大的影响力。当时的伦世仪老师还是个副教授，他十分敏感地捕捉到“生化工程”新的发展方向，会议期间他向 Humphrey 院士虚心请教，并得到了访问里海大学的热情邀请，可见中年伦世仪的学者气质带给 Humphrey 院士留下很好的印象。他们互换名片，开始了跨洋学术书信往来，次年，轻工业部组织高等教育代表团访问美国，伦世仪老师作为成员之一，主动提出可以由他牵头联系 Humphrey 院士，让代表团前往里海大学参观学习。而后的十余年时间内，双方一致保持着学术研究和人才培养方面的合作。中年伦世仪风度翩翩、谦逊敦朴、待人诚笃，大名鼎鼎的 Humphrey 院士接触过许多东方学者，但对中年伦世仪一见如故，印象很好，并保持着长期的友好情谊（图 15-2），实属不易。

图 15-2　与里海大学 Humphrey 教授夫妇合影

本书第九章中，已经介绍了日本北海道大学高尾彰一教授与伦世仪院士的友情，他们之间的友好交往也保持了许多年。高尾彰一教授夫妇每次来无锡轻工业学院访问，都到伦世仪院士家中做客。尤其是第一次来无锡前，就提出来了以后想在伦世仪教授家吃晚饭。1985 年，伦世仪教授随团出访日本时，也应高尾彰一教授的邀请，到他的家里做客。1997 年 11 月，那是高尾彰一教授最后一次访问我校，他看到学校已经升格为无锡轻工大学，发酵工程系也发展壮大成了生物工程学院，更让他高兴的是，伦世仪教授已经当选为中国工程院院士。高尾彰一教授决定将毕生积蓄的部分薪金捐给了我们学校，设立“高尾彰一教授奖学金”。隆重的颁奖仪式，浓郁的友好氛围，让高尾彰一教授夫妇非常感动。可是不多久后，有一天伦世仪院士突然打电话询问笔者，语气非常焦虑：“你是否听到关于高尾彰一教授去世的消息？我是间接从日本留学生那里听到的，我推测他最后一次来校访问，可能是瞒着我们带病前来颁奖的，我心里很不好受。”那时的高尾彰一教授刚过古稀之年，我们感到非常意外，特别揪心，也难以接受。那时的互联网还不像今天这么发达畅通，通过熟人到处打听，终于得到了如是答复。伦世仪院士立即与我们商量，分别以学校和他个人的名义，拟写了真挚沉痛的唁函，经友人之手，辗转送到高尾彰一教授夫人的手中。

第三节　低调的一生，持恒的清名

一、低调朴拙的谦谦君子

心如明镜，这是伦世仪院士很突出的优点。在历次的政治运动中，他善于学习，勤于思考，明辨是非，不随便发表不负责任的意见，不说过头的话，不随意“检举揭发”他人。对于 20 世纪 50~60

年代的几场运动，他始终保持着清醒的头脑，不轻易听信，不盲从。对于“文革”中乱扣的“帽子”，他能坚持自己的原则，不该承认的就不承认，耿直面对，不违心“认错”，以至于被迫调出教学岗位，放到生产单位工作了好些年，就这样他也不低头讨好，不做违心的事。改革开放之后，他活跃在工作和学术的岗位上，从不高谈阔论，从不敷衍，也不恭维，而是据实说事，以理服人。

和谐共事，伦世仪老师一贯如此，哪怕是下放在生产单位工作阶段，当年尽管有些冤屈，他还是怀着非常淳朴的心态，来到无锡酶制剂厂的办公室报到，他没有提出任何个人要求，尽管在厂方负责人接听的电话中，他听到了关于“让伦世仪前去接受改造”的一通交代，可是他并没有产生负面情绪，而是真诚地与厂领导沟通，简述自己的专长，以及可能接受的科研工作任务。他在工厂里工作了六年，取得了很好的成果，无论是厂方领导、技术骨干，还是配合工作的青年工人，对他的科研水平和为人做事都十分赞赏。离开工厂后，他仍然帮助厂方查阅资料，共商技术攻关的思路。他和工厂的同事们保持了几十年的友谊，到如今当年的工厂同事也已年及耄耋，前不久他们听说年过九旬的伦世仪院士从成都回到无锡新居，便相约前来看望，老同事再次相聚，其乐融融（图 15-3）。

图 15-3　伦世仪院士与原无锡酶制剂厂老同事合影

就简负重，他担任系主任后，非常尊重系科领导班子的各位成员的想法和意见；他善于发现骨干教师的特点，充分发挥他们的作用。对身边的同事们，他与人为善，都能和睦相处。他尊重前辈，团结同辈，提携后人。靠他承上启下，扭转了系科多年来存在的能人很多但不够团结一致的毛病。他出差在外，与同行人一道因陋就简，克服困难。记得争取发酵工程国家重点学科期间，他和几位同事在北京调研、整理材料、准备答辩，住的是最简陋的招待所，和大家一起在路边的小店用简餐，从不挑剔。尽管当时就有校友在北京的政府部门工作，但他不想打扰他们，一心都放在手头的工作上。在准备答辩的环节中，他一遍又一遍不厌其烦地听取其他三位同事的意见和建议，并能迅速地凝练出要义。他在工作上能够如鱼得水，除了得益于渊博的知识和长远的眼光，还与他真诚朴拙、与人为善的禀赋是分不开的。

低调内敛，是伦世仪院士一贯的作风，留给弟子印象很深的还有一件事："1995 年，伦世仪教授当选为中国工程院院士，当时学校依然归属中国轻工总会领导，中国工程院的通知书先传给中国轻工总会，再由中国轻工总会以文件形式直接通知当选人本人。伦世仪院士接到书面通知后，并不急于声张，他默默等待着学校的正式通知，可是一个星期过去了，校方并无动静，这才悄悄地与我说起，他自己已经当选之事。"弟子大喜过望，觉得这是好事："为何不早点告诉学校?"可伦世仪院士说："首先考虑到的是，不知本校其他的申报人是否当选，自己应该低调唯是。"他不赞成在公开的场合马上就宣布这一消息，也不愿接受任何祝贺性的活动。他以非常低调、平实的心态看待自己当选为中国工程院院士。不过这件事倒是给同事们和他的弟子们留下了深刻的印象，或者可以说是一种潜移默化的师德教育。

二、正派清名的一贯作风

正派清名是伦世仪院士一贯的风格。在他就任系主任的几年里，工作非常繁忙，那段时间，原夫人刚刚病故，他是家庭的顶梁柱，可几乎无暇照顾家庭，生活上因陋就简。喜欢吃面食的他，有时在周末就自己揉面，做上好些个馒头，做一次，吃好几天；餐桌上的佐餐菜少之又少。即便如此，他也不吭声，平日里不想麻烦同事，总是自己默默克服困难。后来年事渐高，孩子们赴外地读书，有些家事确实需要别人帮忙，他对信得过的弟子、朋友总是极度放心，赋予最大的权限去处理问题，且对办事过程从不质疑、从不催促，结果反而使得每件事都能顺利完成。

20世纪80年代，改革开放带来了经济社会发展的勃勃生机，但也难免出现了一些不正之风，对于打招呼、拉关系、走后门之类的行为，伦世仪院士最是看不惯，平时的交谈中，每当说到社会上发生的不正之风林林总总，伦世仪院士总是表现出非常地不屑和鄙视，他时常会说，真不知这些人为什么一定要这么做？又怎么会屡禁不止？

1995年年初，中国工程院正式启动了首批新增院士的申报工作，无锡轻工业学院根据当时主管单位——中国轻工总会转发的通知，组织在中国工程科学技术方面做出重大的、创造性的成就和贡献，热爱祖国，学风正派，品行端正，具有中国国籍的本校教授，申报新增院士。伦世仪教授接到学校的推荐通知后，开始整理自己的学术积累，他没有向家人透露有关自己准备申报的消息。据他的夫人回忆，那段日子他总在书房忙碌到很晚，知道他一定有重要的业务要处理，可根本就没想到他在整理申报工程院院士的材料。夫人说，他就是这么个审慎低调的人，平时做了一些重要的项目，或是获得了一些荣誉，不会在家人面前提及。1995年7月11~14日，中国工程院第二次院士大会在北京举行，公布了首批新增216名院士的名单，伦世仪院士正是其中之一。家人说：感到荣耀的同时，说实在话，更多的是感到惊喜。

而后高等教育和科技研究的学术组织建设，研究生学位点的扩增等，也进入了快车道，鉴于他的学术地位，经常要参与一些非常重要的科研立项、学术职称晋升、学位点申报等评审事务，他总是非常认真地了解真实情况，判断申报材料中事实依据。每当接到有人想来当面汇报的电话，他总是好言劝说，拒绝上门；有的被评审单位采取不预约，直接登门递送材料的做法，这往往引起伦世仪院士的反感，他曾经告诉我们：有一次某单位领导人带着申报材料的负责人突然登门拜访，一番自荐，表达了志在必得的决心，留下了一堆佐证和支撑材料，请伦世仪院士审阅和支持。访客刚离开，伦世仪院士翻阅材料时，突然掉下了一个信封，内有一沓钞票。伦世仪院士顿时感到非常气恼，他不假思索，抓起这个信封就冲出家门，沿着院外的小道，一路奔跑追赶，退还那个信封。事后他出现了心脏不适的状况，但还是觉得当时他自己必须这么做。他与弟子们多次聊起这些往事的目的，就在于身先垂范，教导弟子们牢树自律自廉之风，做正人君子；也是为了向外界传达他清正廉洁的原则，以杜后患。耳闻目睹，了解他的人多了，此类事情也不再出现了。

三、谦逊看待院士的称号

十几年前，《江大青年》的学生记者采访伦世仪院士时，提到了社会上有人质疑我国院士制度的话题，伦世仪院士说："我知道有关院士话题的议论早已存在。院士制度乃国际之常规，但由于国内社会上浮躁氛围不断高涨，院士成为日益热炒的对象，拥有院士的数目也成为所在单位的一种攀比，许多弊端便由此而引发。"伦世仪院士再三强调："院士只不过是一个荣誉称号，是对当选人过去学术水平、工作成就的充分肯定，其中更蕴含着国家的培养和时代的机遇。成为一名院士，也是师长、同事教育和帮助的结果，应谦逊地看待，正确地评价自己，切不可以'学术权威'自居。另外作为院士，还应该专注于自身学科专业的发展，避免参加与自己的学问不相关的评审、鉴定、咨询、挂牌等活动。"最后，伦世仪院士告诉学生记者："我作为一名资深的教授，不管在什么情况下，都应当保持优良的学风和高尚的师德，带头营造科学民主的学术环境和氛围。作为一名院士，多年以来我一直以能培养和提携超过自己的学生，作为对社会最大的回报，也看成是自己最高的荣耀。"

伦世仪院士做学问、做事、做人的佳话不胜枚举，正因为他低调内敛，他很少记录，也很少提及自己的成就。他的学问人生中一定还有不少可圈可点的故事，或许有的已经淹没在年代久远的辙痕中。如何客观恰当地评述伦世仪院士的形象特点，并非易事。他自己不希望，而我们也不打算把他描绘得非常"高大上"，这不是他的风格所在，亦非他的性情使然，我们只想实事求是，以平实的点滴小事，来映衬伦世仪院士执着、朴拙和清明的特质。希望这些故事对学界、对后人而言，能转化为一种润物细无声的生动教育。

附　录

伦世仪院士学术论文、教材与著作目录

伦世仪院士大事年表

伦世仪院士学术论文、教材与著作目录

第一部分　学术论文

一、环境生物技术

（一）环保生物新材料——聚β-羟基烷酸的发酵、提取和降解

1 陈坚，堵国成，李寅，陈银广，高海军，伦世仪. 细菌合成生物可降解塑料聚羟基烷酸（PHAs）的研究现状和未来. 中国科学基金，1999，13（2）：73-76.

2 Guo-Cheng Du, Jian Chen, Hai-Jun Gao, Yin-Guang Chen, Shi-yi Lun. Effects of environmental conditions on cell growth and poly-β-hydroxybutyrate accumulation in *Alcaligenes eutrophus*. World Journal of Microbiology & Biotechnology, 2000, 16: 9-13.

3 堵国成，陈坚，尹洪波，高海军，伦世仪. 真养产碱杆菌生产聚β-羟基丁酸的流加发酵条件研究. 应用与环境生物学报，1997，3（4）：371-374.

4 堵国成，陈坚，高海军，陈银广，伦世仪. 真养产碱杆菌 WSH3 的连续培养动力学研究. 化学反应工程与工艺，1998，14（1）：61-65.

5 堵国成，陈坚，陈银广，高海军，伦世仪. 真养产碱杆菌二级连续培养系统中稀释率对聚β-羟基丁酸合成的影响. 生物工程学报，1998，14（2）：187-192.

6 堵国成，陈坚，尹洪波，高海军，伦世仪. 真养产碱杆菌利用葡萄糖生产聚β-羟基丁酸的摇瓶发酵条件. 无锡轻工大学学报，1998，17（1）：14-18.

7 堵国成，陈坚，郁明，陈银广，伦世仪. 真养产碱杆菌合成3-羟基丁酸与

3-羟基戊酸共聚物发酵条件研究. 微生物学报，1999，39（3）：247-254.

8 堵国成，陈坚，高海军，陈银广，伦世仪. 真养产碱杆菌积累聚β-羟基丁酸发酵条件的研究. 生物工程学报，2000，16（1）：103-107.

9 堵国成，陈坚，尹洪波，高海军，伦世仪. 氮源流加对 *Alcaligenes eutrophus* 积累聚β-羟基丁酸的影响. 微生物学报，2000，40（3）：290-295.

10 郁明，陈坚，堵国成，陈银广，伦世仪. 利用真养产碱杆菌生产β-羟基丁酸和β-羟基戊酸的共聚物的摇瓶发酵条件. 无锡轻工大学学报，1998，17（2）：1-5.

11 Dayong Jin, Jian Chen, Shiyi Lun. Production of poly（hydroxyalkanoate）by a composite anaerobic acidification-fermentation system. Process Biochemistry, 1999, 34（8）: 829-833.

12 金大勇，陈坚，伦世仪. *Alcaligenes eutrophus* 利用不同有机酸生产聚β-羟基烷酸的比较研究. 应用与环境生物学报，1999，5（2）：199-202.

13 金大勇，陈坚，高海军，陈银广，伦世仪. 有机废水厌氧酸化和聚羟基烷酸生产组合系统的研究. 应用与环境生物学报，1999，5（4）：400-403.

14 金大勇，陈坚，伦世仪. *A. eutrophus* 利用有机废水生产聚羟基烷酸. 中国环境科学，1999，19（1）：38-41.

15 Yinguang Chen, Jian Chen, Cairong Yu, Guocheng Du, Shiyi Lun. Recovery of poly-3-hydroxybutyrate from *Alcaligenes eutrophus* by surfactant-chelate aqueous system. Process Biochemistry, 1999, 34（2）: 153-157.

16 陈银广，陈坚，堵国成，伦世仪. 生物可降解塑料 PHB 提取的研究进展. 化工进展，1998，17（1）：41-45.

17 陈银广，陈坚，堵国成，伦世仪. β-羟基丁酸戊酸共聚酯作为药物黄体酮缓释载体的初步研究. 无锡轻工大学学报，1998，17（1）：29-33.

18 陈银广，陈坚，堵国成，余彩荣，伦世仪. 聚β-羟基丁酸酯提取方法的比较. 无锡轻工大学学报，1998，17（3）：5-9.

19 陈银广，陈坚，余彩荣，堵国成，伦世仪. 真养产碱杆菌的化学破胞过程. 高校化学工程学报，1999，13（1）：82-85.

20 陈银广，陈坚，堵国成，金大勇，伦世仪. 聚β-羟基丁酸戊酸酯（PH-

BV）为载体的药物缓释微球的制备．高校化学工程学报，1999，13（2）：129-134.
21 高海军，陈坚，堵国成，吴玉娴，伦世仪．不同环境条件下聚羟基烷酸（PHAs）薄膜生物降解性研究．中国环境科学，1997，17（4）：330-334.
22 高海军，陈坚，吴玉娴，堵国成，伦世仪．聚β-羟基烷酸薄膜的好氧和厌氧降解．环境科学，1997，18（4）：17-20.

（二）生物表面活性剂的生产及处理石油污染

23 朱文昌，陈坚，华兆哲，伦世仪．甘露赤藓糖醇脂的微生物生产．工业微生物，1998，28（1）：32-37.
24 朱文昌，陈坚，张志军，陈银广，伦世仪．甘露糖赤藓糖醇脂分离纯化条件的研究．日用化学工业，1998，3：39-42.
25 华兆哲，陈坚，朱文昌，伦世仪，方云．新型生物表面活性剂甘露糖赤藓糖醇脂（MEL）的分离与表面性质研究．天然产物研究与开发，1999，11（3）：11-16.
26 华兆哲，陈坚，朱文昌，伦世仪．甘露糖赤藓糖醇脂的分批发酵动力学．无锡轻工大学学报，2000，19（1）：23-26.
27 华兆哲，陈坚，朱文昌，徐星和，伦世仪．假丝酵母（*Canadida antarctic* WSH112）生产生物表面活性剂及降解正构烷烃的研究．南京大学学报，1998，34（2）：149-154.
28 华兆哲，陈坚，伦世仪．石油烷烃降解与生物表面活性剂生产的相关性研究进展．石油化工，1998，27（12）：925-929.

（三）有机废水生物处理工程

29 李小明，陈坚，伦世仪．含对苯二甲酸有机废水厌氧降解动力学．中国环境科学，2000，20（1）：27-30.
30 任洪强，陈坚，伦世仪．两级厌氧工艺处理酒精废液的工业化研究．无锡轻工大学学报，1999，18（2）：64-67.
31 任洪强，陈坚，伦世仪．UASB-CAAS 技术处理酒精废醪的生产性研究．中国沼气，1999，17（2）：10-13.
32 任洪强，陈坚，伦世仪．生产性 UASB 反应器快速启动过程研究．中国沼气，2000，18（3）：17-20.

33 王歆鹏，陈坚，华兆哲，伦世仪，乐涛．硝化菌群在不同条件下的增殖速率和硝化活性．应用与环境生物学报，1999，5（1）：64-68.

34 郑展望，任洪强，陈坚，伦世仪．酿酒酵母对铜离子的吸附．水处理技术，2000，26（4）：240-244.

二、生物反应器

（一）废水生物处理反应器

35 任洪强，丁丽丽，陈坚，伦世仪．废水厌氧生物反应器的研究进展．无锡轻工大学学报，1999，18（增刊）：169-172.

（二）光催化反应器

36 华兆哲，陈坚，李丽洁，伦世仪．新型光催化反应器降解典型有机污染物2，4-二硝基苯酚．无锡轻工大学学报，1998，17（3）：66-69.

37 李丽洁，华兆哲，陈坚，伦世仪．新型光催化固定膜反应器对2，4-二硝基苯酚的降解研究．水处理技术，1999，25（3）：151-154.

38 李丽洁，华兆哲，陈坚，伦世仪，白石文秀．新型光催化反应器降解土腥素的初步研究．无锡轻工大学学报，1999，18（2）：68-71.

（三）轴向流搅拌桨的开发和应用

39 阮文权，陈坚，傅为民，祁汝峰，伦世仪．发酵罐中新型轴向流搅拌桨的冷模试验．无锡轻工大学学报，1999，18（1）：6-10.

40 赵建国，陈坚，傅为民，唐正宁，伦世仪．轴向流搅拌器及其在井岗霉素生产中的应用．无锡轻工大学学报，1998，17（4）：21-25.

41 傅为民，陈坚，阮文权，詹晓北，祁汝峰，伦世仪．在轴向搅拌桨发酵罐中进行PHB和结冷胶的发酵实验研究．化学反应工程与工艺，1999，15（1）：79-84.

42 傅为民，陈坚，阮文权，祁汝峰，伦世仪．轴向流搅拌桨发酵罐生产红霉素的研究．中国医药工业杂志，1999，30（10）：465-469.

43 阮文权，陈坚，伦世仪．气升环流式生物反应器（ALR）的特性与应用．药物生物技术，1997，4（3）：188-191.

三、生物过程工程

(一) 氨基酸的生物合成和发酵生产

44 尹洪波，陈坚，堵国成，伦世仪．赖氨酸摇瓶发酵条件的优化．无锡轻工大学学报，1999，18（2）：1-6.

45 尹洪波，堵国成，陈坚，伦世仪．赖氨酸发酵工业化研究——赖氨酸流加发酵中氮源浓度的选择及控制模式．食品与发酵工业，1999，25（6）：5-9.

46 张伟国，陈坚，伦世仪．L-异亮氨酸高产菌育种机理的初步研究．无锡轻工大学学报，1998，17（1）：19-23.

47 张伟国，陈坚，伦世仪．L-异亮氨酸的发酵条件．无锡轻工大学学报，1998，17（3）：46-49.

48 尹洪波，陈坚，李静，李华钟，伦世仪．左旋多巴的酶法合成．生物技术，1998，8（2）：5-8.

(二) 丙酮酸的生产技术

49 Yin Li, Jian Chen, Da-Fang Liang, Shi-Yi Lun. Effect of nitrogen source and nitrogen concentration on the production of pyruvate by *Torulopsis glabrata*. Journal of Biotechnology, 2000, 81（1）: 27-34.

50 李寅，陈坚，梁大芳，伦世仪，芮新生，龚小玉．营养条件对光滑球拟酵母发酵生产丙酮酸的影响．生物工程学报，2000，16（2）：225-228.

51 李寅，陈坚，伦世仪，芮新生．维生素在丙酮酸过量合成中的重要作用．微生物学报，2000，40（5）：528-534.

(三) 谷胺酰胺转氨酶的发酵生产

52 陈坚，郑美英，堵国成，伦世仪．谷氨酰胺转氨酶的发酵生产和应用研究．中国食品添加剂，1999，3：7-12.

53 郑美英，堵国成，陈坚，伦世仪．pH 值和初始淀粉质量浓度对发酵生产谷氨酰胺转氨酶的影响．无锡轻工大学学报，2000，19（4）：331-335.

54 郑美英，堵国成，陈坚，伦世仪．*Steptoverticillium mobaraense* 分批发酵生产谷氨酰胺转氨酶：氨基酸代谢流分析及其初始淀粉浓度的影响．应用与环境生物学报，2000，6（1）：76-82.

（四）谷胱甘肽的生物合成

55 Yin Li, Jian Chen, Ying-ying Mao, Shi-Yi Lun. Yoon-mo Koo. Effect of additives and fed-batch culture strategies on the production of glutathione by recombinant *Escherichia coli*. Process Biochemistry, 1998, 33 (7): 709-714.

56 Li Yin, Chen Jian, Zhou Nandi, Fu Weimin, Ruan Wenquan, Lun Shiyi. The effect of environmental conditions and glucose feeding in shaking flask on glutathione (GSH) production. Chinese Journal of Biotechnology, 1998, 14 (2): 85-91.

57 李寅，陈坚，毛英鹰，伦世仪，Yoon-Mo Koo. 重组大肠杆菌生产谷胱甘肽发酵条件的研究. 微生物学报，1999，39（4）：355-361.

58 李寅，陈坚，周楠迪，傅为民，阮文权，伦世仪. 环境条件及摇瓶补糖策略对谷胱甘肽发酵的影响. 生物工程学报，1998，14（2）：147-152.

59 陈坚，李寅，毛英鹰，伦世仪，Yoon-Mo Koo. 培养模式对重组大肠杆菌高密度培养生产谷胱甘肽的影响. 生物工程学报，1998，14（4）：452-455.

60 李寅，陈坚，毛英鹰，伦世仪，Yoon-Mo Koo. 前体氨基酸和三磷酸腺苷对重组大肠杆菌生产谷胱甘肽的影响. 无锡轻工大学学报，1998，17（2）：11-15.

61 李寅，陈坚，周楠迪，伦世仪. 氨基酸和酵母膏对谷胱甘肽发酵的影响. 中国医药工业杂志，1998，29（12）：537-542.

62 李寅，陈坚，伦世仪. 高密度培养工程菌生产谷胱甘肽. 中国医药工业杂志，1999，30（1）：1-4.

63 李华钟，林金萍，李寅，陈坚，伦世仪. 谷胱甘肽的生物合成. 中国医药工业杂志，2000，31（5）：236-240.

64 周楠迪，李寅，陈坚，阮文权，伦世仪. 从酵母中提取谷胱甘肽的初步研究. 生物技术，1997，7（4）：30-34.

（五）面包酵母的特性研究

65 Li Yin, Chen Jian, Song Qi, Lun Shiyi. Yoshio Katakura. Fed-batch culture strategy for high yield of baker´s yeast with high fermentative activity. Chinese

Journal of Biotechnology, 1997, 13 (2): 105-113.
66 李寅，陈坚，宋琪，Yoshio Katakura，伦世仪. 高发酵活力面包酵母的高产率流加培养策略研究. 生物工程学报，1997，13 (2): 160-167.
67 宋祺，李寅，陈坚，伦世仪. 海藻糖对面包酵母耐贮存力的影响. 无锡轻工大学学报，1997，16 (3): 32-36.

(六) 透明质酸的生产工艺

68 高海军，陈坚，管轶众，堵国成，伦世仪. 不同培养方式下兽疫链球菌发酵生产透明质酸的研究. 应用与环境生物学报，1999，5 (6): 614-617.
69 高海军，陈坚，管轶众，堵国成，伦世仪. 兽疫链球菌摇瓶发酵法生产透明质酸. 无锡轻工大学学报，1999，18 (3): 17-22.
70 郭育涛，陈坚，高海军，伦世仪. 发酵液中透明质酸提取的新方法. 无锡轻工大学学报，2000，19 (5): 437-439.

四、综　　述

71 陈银广，陈坚，伦世仪，陈银生，殷福珊. 反胶团萃取及反胶团酶反应研究进展. 无锡轻工大学学报，1997，16 (4/A): 22-27.
72 李寅，陈坚，伦世仪. 高细胞密度和高生产率发酵技术. 无锡轻工大学学报，1998，17 (增刊): 155-159.
73 李寅，陈坚，伦世仪. ATP 再生系统及其应用. 食品与发酵工业，1998，24 (3): 60-65.
74 郑美英，李寅，陈坚，伦世仪. ATP 的生物合成. 生物学通报，1998，33 (8): 42-43.
75 郭育涛，陈坚，伦世仪. 微生物发酵法生产肌醇的研究. 西北轻工业学院学报，1998，16 (1): 116-119.
76 任洪强，陈坚，伦世仪. 重金属生物吸附剂的应用研究进展. 生物技术，2000，10 (1): 33-36.
77 伍晓林，陈坚，伦世仪. 生物表面活性剂在提高原油采收率方面的应用. 生物学杂志，2000，17 (6): 25-28.

第二部分 会议学术论文

（一）Proceedings of 4th Asia-Pacific Biochemical Engineering Conference. October, 1997, Beijing, China.

78 Du Guocheng, Chen Jian, Chen Yinguang, Yu Ming and Lun Shiyi. Control of nitrogen concentration in fed-batch culture of *Alcaligenes eutrophus* for enhancement of poly-β-hydroxybutyrate accumulation. 1: 642-645.

79 Pan Feng, Feng Pinru, Chen Jian and Lun Shiyi. Intelligent control of the production process for L-isoleuine fermentation. 2: 1279-1282.

（二）Proceedings of the 5th Asia-Pacific Biochemical Engineering Conference. November, 1999, Phuket, Thailand.

80 Li Yin, Chen Jian, Lun Shiyi. Effect of nitrogen source on the fermentative production of pyruvic acid by *Torulopsis glabrata* in flask and fermentor culture. P-IB90.

81 Hua Zhaozhe, Chen Jian, Lun Shiyi, Wu Kang. The mode and mechanism of n-alkane uptake by *Candida antarcti*. P-IB92.

82 Ren Hongqiang, Chen Jian, Lun Shiyi. Industrial scale treatment of alcohol distilleries' wastewater by combination of UASB and CAAS reactor. P-Env9.

83 Gao Haijun, Chen Jian, Zhang Yanfang, Du Guocheng, Lun Shiyi. Effect of agitation speed on hyaluronic acid production by *Streptococcus zooepidemicus*.

（三）97 国际酒文化学术研讨会论文集，1997 年 11 月，无锡

84 陈坚，阮文权，华兆哲，任洪强，伦世仪. 酒精废水厌氧—好氧处理工程研究. 204-209.

（四）第二届全国发酵工程学术讨论会，1998 年 5 月，无锡

85 堵国成，陈坚，高海军，陈银广，伦世仪. *Alcaligenes eutrophus* 积累聚β-羟基丁酸的机制和条件研究. 285-288.

86 陈银广，陈坚，张志成，堵国成，伦世仪. 生物合成的高分子 PHB（V）在新型药物制剂中的应用. 289-292.

87 金大勇，陈坚，伦世仪. 有机废水生产聚羟基烷酸（PHA）耦合系统的初步研究. 293-296.

88 任洪强，陈坚，伦世仪. 大型 UASB 高温厌氧发酵处理酒糟废液启动方式的研究. 297-300.

89 华兆哲，陈坚，徐星和，蒲斌，伦世仪. *Candida antarctica* 摄取烷烃模式的研究. 301-304.

90 尹洪波，堵国成，陈坚，伦世仪. 赖氨酸发酵工业化生产研究. 313-316.

（五）中国科协第三届青年学术年会论文集，1998 年 8 月，北京

91 陈坚，李寅，堵国成，陈银广，伦世仪. 细菌合成生物可降解塑料［聚羟基烷酸（PHAs）］—过去、现在和未来. 175-178.

（六）第八届全国生物化工年会，1998 年 12 月，南京

92 堵国成，陈坚，伦世仪. 供氧方式对真养产碱杆菌生物合成 PHAs 的影响. 83-86.

93 陈银广，陈坚，伦世仪. 胞内产物 PHB 清洁提取技术的研究进展. 397-401.

94 李寅，潘丰，陈坚，伦世仪. 乙醇浓度监测仪的研制及其在酵母生产中的应用. 665-669.

（七）第三届全国青年微生物学者学术研讨会（摘要），2000 年 5 月，无锡

95 华兆哲，陈坚，伦世仪. 生物表面活性剂对南极假丝酵母代谢烷烃能力及其细胞表面特性的影响. 86-87.

（八）江苏省首届环境科学青年论坛，2000 年 11 月，南京

96 任洪强，丁丽丽，陈坚，伦世仪. 厌氧颗粒膨胀床（EGSB）反应器的研究进展. 285-287.

第三部分　教材与著作

1 华南工学院、大连轻工业学院、天津轻工业学院、无锡轻工业学院四院校合编 . 发酵工程与设备 . 轻工业出版社，北京，1982.

2 伦世仪. 生化工程 . 中国轻工业出版社，北京，1993.

3 伦世仪，陈坚，曲音波. 环境生物工程 . 化学工业出版社，北京，2002.

4 伦世仪，堵国成. 生化工程（第二版）. 中国轻工业出版社，北京，2008.

伦世仪院士大事年表

1928.11.09　出生于山东省诸城县

1934—1937　就读山东诸城观海书院小学（县立第一小学）

1937—1941　随父母迁往山东范家车村避难，自学

1941—1943　就读诸城榆林初中

1944—1945　就读民国时期国立第22中学

1945—1948　就读国立中央大学附中

1948—1951　保送国立中央大学（1949年为南京大学）

1951　在南京大学加入共青团

1951—1953　因病休学

1953—1954　就读南京工学院食品工业系发酵专业

1954—1958　担任南京工学院食品工业系助教

1958—1961　担任无锡轻工业学院发酵专业助教

1961　参编《发酵生产设备》（全国高校教材，财经出版社）

1961　评上无锡轻工业学院先进工作者

1961—1981　担任无锡轻工业学院讲师

1973—1979　在无锡酶制剂厂参加科研

1979　获无锡市重大科技成果二等奖，江苏省重大科技成果四等奖

1979　评为无锡轻工业学院先进工作者

1981　晋升为副教授，参与指导硕士研究生

1983　编写《发酵工程与设备》（统编教材，轻工出版社）

1983.09~10　出访考察美国六所大学和其他单位

1984　参编《微生物酶制剂》（科学出版社）

1984—1989　担任无锡轻工业学院发酵工程系系主任

1984—1989　主持发酵工程系的世界银行贷款设备引进项目

1985　第二届国务院学位委员会学科评议组成立，被聘为工学评议组（纺织轻工分组）成员

1985　担任中国食品科技学会常务理事

1985　担任《中国生物工程学报》编委

1985.11　出访考察日本多所大学、研究所与企业

1986　晋升为教授

1986.07　由国务院学位委员会批准，获得博士生导师资格

1986—1990　主持国家“七五”攻关项目——酒精废液单细胞蛋白

1987.06　赴荷兰参加第四届欧洲生物技术研讨会，顺访瓦格宁根大学

1988.07　教育部批复我校“发酵工程”入选国家重点学科点，伦世仪为学科带头人

1988—1997　担任江苏省第六届、第七届政协委员

1989　获无锡轻工业学院、无锡市优秀教育工作者称号

1989　评为江苏省高校优秀研究生导师

1990　兼任《工业微生物》杂志编委

1990　为“中德联合研究院”特聘教授，赴西德参与组建谈判

1991　被评为无锡轻工业学院优秀科技工作者

1991　享受国务院颁发的政府特殊津贴

1991　被学校推荐为中国科学院学部委员候选人

1991　担任农业部厌氧微生物重点实验室客座教授

1992　被推荐为第三届国务院学位委员会“纺织轻工学科评议组”的召集人

1992　赴美国里海大学等参加学术研讨会

1993　担任《中国沼气》杂志编委

1995　当选中国工程院院士

1996　担任《中国沼气》编委

1997　被推荐为第四届国务院学位委员会“轻工学科评议组”召集人

1997　被聘为解放军总后勤部军需部“军需科技特别顾问”

1997　获国家教学成果二等奖，“在学科建设中培养高质量硕士研究生的实践

与探索”（伦世仪，章克昌，陶文沂，王武，陈坚）

1998 被聘为全国博士后管理委员会第四届专家组成员

2003 被聘为全国博士后管理委员会第五届专家组成员

2006 “以高产量、高转化率和高生产强度为目标的发酵过程优化技术”（陈坚，堵国成，李寅，伦世仪，华兆哲，刘和，刘登如，刘立明）获国家科技进步二等奖

2008 被聘为食品科学与技术国家重点实验室第一届学术委员会委员

2009 以“化工园区工业废水处理新技术及工程应用”（任洪强，丁丽丽，严永红，伦世仪，张国平，王路光）获国家技术发明二等奖

后　记

在江南大学校党政主要领导的关心和支持下，2020年6月，校党委宣传部启动了《伦世仪传》的编写。伦世仪院士年逾九十，是本校的第一位院士，他的一生，折射出近百年来中国社会的沧海巨变；他从教近七十年的讲台人生，也见证了学校从金陵前身东迁到无锡独立建校以来所发生的跨越式嬗变，以及中国发酵学科发展的轨迹。

全书分为十五章，基本上按照历史阶段与工作成就，循序渐进地讲述了伦世仪院士在各个不同时期的成长、学问和做人做事的故事与形象。本传记以自述和他述方式相交融，力图从各个不同的角度，较为翔实地展现伦世仪院士对学科、学校乃至轻工高等教育事业所做的贡献。

编写组主要由伦世仪院士的学生——陈坚院士、王武、堵国成、刘龙、刘延峰等教授和生物工程学院的部分领导和青年教师组成。校审工作由校党委常委、宣传部长倪松涛和校档案馆副馆长蔡爱国副教授担任。宣传部和档案馆的部分同志参与了档案资料和照片的查索、数据核对和图文对应整理。非常感谢伦世仪院士本人提供了多年前写下的近3万字的自述回忆资料，他的家人也对初稿提出了很多中肯的修改建议。在本书即将出版之际，再次向所有为本书提供资料和整理文稿的同志，表示最诚挚的谢意。

尽管我们力图全面总结伦世仪院士一生的卓著贡献和优良师德，

可是伦世仪院士本人一贯谦虚低调，从不宣传自己的业绩，再加上教授们的学术任务极为繁重，编撰出版的时间较为紧迫，全书篇幅有限，多有遗漏，在所难免，尤其是早年与伦世仪院士有过深度交往的人物，以及早期富有时代意义的、精彩的故事，编者未必能翔实了解，而未能纳入文稿之中。借此表示遗憾和道歉。

更期盼《伦世仪传》能够为中国工程院院士传记出版物再增添一份鲜活的、有价值的史料，成为一部值得后辈学者争相阅读、汲取力量的优秀读物。

江南大学《伦世仪传》编写组

2022年6月